幼儿园民间游戏
多样化设计与实践

武汉市武昌区紫阳湖幼儿园课题组　主编

武汉大学出版社

图书在版编目(CIP)数据

幼儿园民间游戏多样化设计与实践／武汉市武昌区紫阳湖幼儿园
课题组主编. -- 武汉：武汉大学出版社，2025.7. -- ISBN 978-7-307-
24953-0

Ⅰ.G613.7

中国国家版本馆 CIP 数据核字第 20257E08E7 号

责任编辑:吴月婵　　　责任校对:汪欣怡　　　版式设计:马　佳

出版发行: **武汉大学出版社**　（430072　武昌　珞珈山）
（电子邮箱：cbs22@ whu.edu.cn　网址：www.wdp.com.cn）
印刷:湖北云景数字印刷有限公司
开本:720×1000　1/16　印张:27　字数:407 千字　插页:1
版次:2025 年 7 月第 1 版　　2025 年 7 月第 1 次印刷
ISBN 978-7-307-24953-0　　定价:99.00 元

编委会名单

序

民间游戏作为中华优秀传统文化的重要组成部分，经过长期的发展与沉淀，厚植在丰富的地域文化中，颇具民族、地方特色，并以其简单易懂、趣味性强的特点深受大众的喜爱。发挥民间游戏的教育价值，将其运用到幼儿园游戏课程中，对促进幼儿体能和认知的发展以及良好性格和积极情感的形成具有重要意义。

3岁到6岁的幼儿是祖国的未来、民族的希望，因此培育未来社会所需要的人才必须立足于中华优秀传统文化。加强对幼儿中华优秀传统文化的启蒙教育，提升幼儿对中华优秀传统文化的认同感，激发他们学习和传承中华优秀传统文化的兴趣，是培养中华优秀传统文化的继承者和弘扬者的重要途径。将民间游戏融入幼儿园课程，发挥其作为课程资源的重要教育作用，让幼儿在游戏中自然而然地接触和感受传统文化的魅力，学会尊重和理解多元文化，有利于丰富幼儿园的教学内容，增强教育的趣味性和吸引力。

武汉市武昌区紫阳湖幼儿园是一所由武昌区教育局于2017年举办的公立幼儿园，秉承"蒙以养正，趣以生慧"的办园理念，致力于弘扬中华优秀传统文化，基于幼儿的兴趣需要将民间游戏融入游戏课程之中，发挥民间游戏对幼儿的积极作用。幼儿园通过创新游戏形式、更新游戏元素等方法，让幼儿初步感受经典的民间艺术，培育幼儿热爱家乡、热爱生活、亲近自然的情感。同时，幼儿园在开展民间游戏的基础上，重视地域文化特色资源的挖掘与改编，让民间游戏更能适应幼儿的生活。幼儿园依托对幼儿园民间传统游戏的内涵阐释、幼儿园民间传统游戏的传承与创新、幼儿园民间游戏的素材汇编以及幼儿活动需求的变化，不断生成新的课程活动。

本书收录的民间游戏考虑不同年龄段幼儿的差异，形成从简单到复杂的游戏梯度。教师兼顾同一年龄段不同幼儿的个体差异，创设丰富多样的游戏形式，并根据幼儿的整体发展需要，准备不同类型的民间游戏供其选择，丰富幼儿的游戏体验。民间游戏的开展要以幼儿为本，从幼儿的兴趣出发，满足幼儿的发展需求，充分调动他们的主动性，最终使其在游戏中获得快乐、满足与成长。

民间游戏沉淀着朴素的教育和生活智慧，具有独特的教育功能，是中华优秀传统文化的重要体现，将其科学运用到幼儿园课程构建中，可为幼儿身心的全面发展提供有力支持。武汉市武昌区紫阳湖幼儿园立足幼儿的实际发展情况以及"幼儿园五大领域"开发民间游戏课程资源，开展多样化的民间游戏，为幼儿创造充满乐趣、富有文化底蕴的成长环境，在课程中寓教于乐，促进幼儿身心的全面发展，让游戏点亮幼儿的快乐童年。

胡 慧

武汉市武昌区教育局教研培训中心

CONTENTS 目录

民间游戏设计篇

小班

中班

大班

民间游戏案例篇

小 班

中 班

大 班

民间游戏设计篇

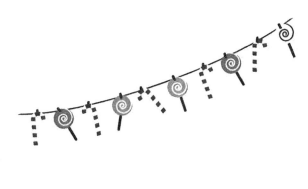

小 班

玩沙包

游戏简介：

"玩沙包"是经典的民间游戏之一，最早可以追溯到远古时代，那时，人类的祖先常常会用石头等硬物来击打猎物。随着时代的发展和文明的进步，儿童开始用沙包来代替石头进行游戏。"玩沙包"这一民间游戏对于场地和器材的要求不高，其规则灵活多变，幼儿参与度也很高。该民间游戏能有效强化幼儿的规则意识，提高幼儿的投掷和快速反应能力，锻炼幼儿手臂、腿、脚部力量和平衡能力，提升幼儿投掷动作的灵活度和协调性，同时，游戏要求多名幼儿的参与，在一定程度上也有助于幼儿合作能力的提升。

游戏准备：

1. 游戏材料准备：沙包、跳圈、兔子头饰和陀螺。
2. 场地准备：空旷的户外场地。

教师预期：

1. 幼儿乐于积极探索沙包的多种玩法，体验"玩沙包"游戏的乐趣。
2. 幼儿初步了解"玩沙包"的游戏规则，尝试自己创新游戏的玩法。
3. 幼儿能遵守游戏规则与同伴一起玩沙包，在游戏中锻炼手臂、腿、脚部力量和平衡能力。

玩转游戏：

（一）传统游戏

丢沙包

玩法：

每两名幼儿之间相隔两米，幼儿面对面站立。教师在距离幼儿一米的位置放置圆圈桶，幼儿在听到指令后开始丢沙包。游戏中，幼儿需要通过大臂的力量带动小臂将沙包丢进圆圈桶内，将沙包丢进桶内的幼儿即为获胜者。

小贴士：

1. 幼儿要站在各自的起点线上，不能超越起点线。

2. 幼儿听到指令后才能丢沙包。

3. 幼儿参与游戏时，每人只有一次丢沙包的机会，且要避开对方的脸部。

（二）多样玩法

游戏一：沙包大作战

玩法：

参与游戏的幼儿被分为两组，四名幼儿为一组，两组各有十个沙包。音乐响起后，两组各四名幼儿将沙包互相抛到对方的身上，幼儿进行躲避，游戏中被沙包砸中的幼儿停止游戏。音乐停止后，最终留在场上的人数最多的那一组，即为获胜方。

图1　沙包大作战

小贴士：

1. 幼儿要站在起点线上，听到指令后才能开始拿沙包进行抛掷。

2. 每组四名幼儿参与比赛，前面

一局幼儿下场后，观战幼儿才能接替补上。

3. 在游戏中，教师应提醒幼儿避免将沙包砸向其他小朋友的脸部。

游戏二：兔子蹦蹦跳

❋ 玩法：

幼儿戴上兔耳朵的头饰，站在起点处用两脚夹住沙包，双脚跳起，通过收腹向前摆动双腿跳进圈圈中，按照圈圈排列的方向跳跃行进，跳完最后一个圈圈时，幼儿用脚夹住沙包，运用腿部的力量将沙包投掷进终点的圈圈内，用时最短的幼儿则为"最灵活的小兔子"。

图 2　兔子蹦蹦跳

❋ 小贴士：

1. 幼儿确保在跳跃前进的过程中，不让沙包掉下来。

2. 跳跃途中如沙包掉落，幼儿需要重新开始。

游戏三：愤怒的小鸟

❋ 玩法：

教师将轮胎叠放成三层，然后在最上面一层竖着放置一圈轮胎。两名幼儿在距离轮胎三米处的起点线后站着，将沙包当成"小鸟"，运用大臂带动小臂的力量快速地往轮胎里投沙包，每人有三次投掷的机会，沙包穿过轮胎即为成功。

❋ 小贴士：

1. 根据穿过轮胎的沙包数量来排定名次。

图 3　愤怒的小鸟

2. 沙包投掷过程中，教师应注意观察轮胎周围是否有幼儿逗留，提醒幼儿在安全的地方观看。

游戏四：躲避"子弹"

玩法：

将沙包当作"子弹"。每三名幼儿为一组，三人分别站在一条直线上，第一人和第三人相向站立，中间站一名幼儿。游戏开始后，第一人和第三人将沙包当作"子弹"互相投掷，中间的幼儿须躲避两边的"子弹"。若幼儿被"子弹"击中，可换第一人或第三人进行游戏，三人轮流游戏，直至游戏结束。

小贴士：

1. 教师应提醒幼儿不要将沙包往其他幼儿脸上投掷，尽量往腿部的位置投掷。

2. 前面一名幼儿结束游戏，后面的幼儿才能开始游戏。

纸飞机

游戏简介：

纸飞机是我们童年的美好记忆之一，只需要一张纸我们就可以折出纸飞机。纸飞机的折叠方法有很多，在纸飞机游戏中，幼儿需要掌握简单的折叠方法，并在纸飞机上进行装饰，再来到户外感受投掷纸飞机的快乐。该游戏不仅能培养幼儿的创作能力，还能锻炼幼儿在大肌肉运动中的协调平衡能力，让幼儿对民间游戏有更全面的认识。

游戏准备：

1. 游戏材料准备：纸飞机。
2. 场地准备：空旷的户外场地。

教师预期：

1. 幼儿愿意参加"纸飞机"游戏，主动与同伴进行互动。
2. 幼儿体验一起玩纸飞机的快乐。
3. 幼儿知道在人少的地方玩游戏，不把纸飞机投向其他小朋友。
4. 幼儿能尝试投掷纸飞机的正确方法，初步学习肩上挥臂投掷动作。

玩转游戏：

(一)传统游戏

★ 玩法：

幼儿站在起点线后，听到教师指令后一起投掷纸飞机，捡到飞机后要回到起点线后重新投掷。

🌟 **小贴士：**

1. 幼儿必须在起点线后投掷，飞得远的纸飞机所属者获胜。

2. 幼儿返回时应注意安全，不与其他幼儿相撞。

(二) 多样玩法

游戏一：看谁飞得准 1

🌟 **玩法：**

幼儿按顺序站在起点线后，待前面的人捡完纸飞机后，再将纸飞机投进拱门。

🌟 **小贴士：**

1. 将纸飞机投进拱门里的幼儿即获得胜利。

2. 教师可以根据拱门的大小调整起点线的远近。

游戏二：看谁飞得准 2

🌟 **玩法：**

幼儿站在圈圈里投掷纸飞机，让纸飞机穿过报纸上的洞。待前面的幼儿捡完纸飞机后，后面的幼儿再开始投。

🌟 **小贴士：**

1. 让纸飞机穿过报纸上的洞的幼儿即为胜利者。

2. 教师应注意让幼儿尽量在报纸的同一边进行投掷，避免伤到其他幼儿。

图 4　看谁飞得准

游戏三：看谁接得住 1

⭐ **玩法：**

两名幼儿为一组，面对面站立，一名幼儿将纸飞机向对方投掷，另一名幼儿捡起纸飞机后将其投掷回来。

⭐ **小贴士：**

1. 两名幼儿每次只能投掷一次。

2. 可以在任何位置进行游戏。

图 5　看谁接得住

游戏四：看谁接得住 2

⭐ **玩法：**

男生和女生各站一队，每队的第一名幼儿站在圈内进行投掷。幼儿将纸飞机投掷进对面的圈圈并拿到纸飞机返回后，将纸飞机交给下一名幼儿。

⭐ **小贴士：**

1. 纸飞机掉落后，幼儿应在原地继续投掷，可投掷多次。

2. 前面的幼儿回到队伍后，后面的幼儿才能投掷。

骑竹马

🏠 游戏简介：

骑竹马作为一种古老的儿童游戏，在民间非常流行。《后汉书》和《世说新语》都记载着与"骑竹马"游戏相关的内容。敦煌壁画中也有描绘儿童玩"骑竹马"游戏的画面：一位贵妇人的身后画有一个小顽童，他将一根弯弯的竹竿"骑"在胯下当作马，一只手握住竹竿，另一只手挥舞着一根带叶的竹梢，作为赶马的鞭子。"青梅竹马"这一成语便与"骑竹马"游戏有关。

🏠 游戏准备：

1. 游戏材料准备：竹竿、梅花桩、呼啦圈等。
2. 场地准备：空旷的户外场地。

🏠 教师预期：

1. 幼儿乐意参与民间游戏"骑竹马"，感受游戏带来的快乐。
2. 幼儿知道"骑竹马"游戏的基本玩法，并能初步尝试多种玩法。
3. 幼儿能合作参与游戏，并逐步提高自我控制能力和听说应变能力。

🏠 玩转游戏：

(一) 传统游戏

骑竹马

⭐ 玩法：

教师用一根长为 1 米至 1.5 米的竹竿作为"竹马"，让幼儿夹在两条腿之间，幼儿左手握住竹竿的一端，让竹竿的另一端拖地，右手作持"马鞭"状。多名幼儿同时玩时，以 15~30 米为赛跑长度，同时往前跑，快者即获胜。

☆ 小贴士：

1. 教师在幼儿活动时需要设置起点与终点。
2. 教师应选择较安全的游戏器材进行游戏。
3. 游戏时，教师应提醒幼儿注意安全，避免竹竿戳到同伴。

(二) 多样玩法

游戏一：骑马过障碍

☆ 玩法：

幼儿分为两组，进行绕障碍比赛，从起点骑到终点，先完成的一组即为获胜方，小组成员可以获得奖励(贴纸)。

☆ 小贴士：

1. 游戏时，教师应提醒幼儿注意安全，使用竹竿时避免戳到同伴。
2. 在班级人数较多的情况下，教师可以将幼儿分成多组同时游戏。

游戏二：我们去旅行

☆ 玩法：

幼儿骑竹马从起点(家)出发，通过绕"S"弯来跳过"大石头"(梅花桩)，跳过"小坑"(呼啦圈或者其他器材)，最终到达终点(旅游地点，如草原等)。在骑马时，幼儿若在中途碰到游戏器材，应重新开始游戏。

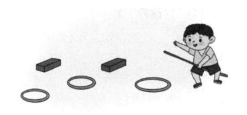

图6　我们去旅行

★ **小贴士：**

1. 教师在设置游戏障碍时，可与幼儿商讨更换游戏器材，使游戏更适合本班幼儿。

2. 游戏前，教师可以提前设置情景，在终点处准备一些相应的景色图片或"特产"等，丰富幼儿的游戏体验。

游戏三：骑马去哪里？

★ **玩法：**

"骑马"的幼儿自由骑行，与发指令的幼儿进行对答游戏。发指令的幼儿问："谁骑马儿，最神气？"其他幼儿答："我骑马儿，最神气！我们骑马，去哪里？"发指令的幼儿答："我们骑马，去那里!"幼儿骑竹马到指定的地点去，先到的幼儿获得胜利。

★ **小贴士：**

1. 在游戏开始之前，教师可与幼儿一同规划好游戏场地，例如：打印好地点图片，贴在标识杆上，幼儿根据图片上的地点，说位置，这样做便于幼儿游戏。

2. 幼儿们可以自行创编、更改问答儿歌，以使其更适合班级幼儿。

图7　骑马去哪里

附：

儿　歌

谁骑马儿，最神气？
我骑马儿，最神气！
我们骑马，去哪里？
我们骑马，去那里！

揪尾巴

游戏简介：

　　民间游戏"揪尾巴"的由来并没有明确的历史记载，它可能起源于古代的儿童游戏，经过多年的演变和传承，逐渐成为一种具有地方特色的游戏活动。在一些地区，幼儿在玩耍时喜欢模仿动物，其中受欢迎的动物之一就是牛。他们仿制牛的尾巴，用绳子将其系在腰间，模仿牛尾巴摆动的动作，然后"揪住"对方的尾巴。此外，在一些文化中，"揪尾巴"也被视为一种象征，代表着对坏人的惩罚。在一些传说和神话中，揪下尾巴也被视为一种胜利和荣耀的象征。"揪尾巴"是互动性与能动性较强的民间游戏，游戏材料简单。该游戏不仅能锻炼孩子们快跑和躲闪的能力，体验民间游戏的快乐，而且能在游戏中培养幼儿的规则意识，是一个适合各年龄段孩子进行专项体育锻炼的民间游戏活动。这一项快乐又有一定难度的游戏活动，能给孩子留下许多美好的回忆。

游戏准备：

　　1. 游戏材料准备：自制尾巴、圈圈。

　　2. 场地准备：空旷的室内或户外场地。

教师预期：

　　1. 幼儿能了解民间游戏"揪尾巴"的玩法。

　　2. 幼儿能尝试进行两人游戏及多人游戏，在游戏中能与同伴一起提高反应能力。

　　3. 幼儿能了解常见动物尾巴的特征及作用。

玩转游戏：

（一）传统游戏

揪 尾 巴

玩法：

两名幼儿为一组进行游戏，一名幼儿去揪另一名幼儿的"尾巴"。幼儿们应在圆圈内跑动，如果有戴尾巴的幼儿坐下来，另一名幼儿就不能继续揪他/她的"尾巴"。

小贴士：

1. 先揪掉对方"尾巴"的幼儿即为获胜者。

2. 幼儿在跑动时不能跑出圈。

（二）多样玩法

游戏一：猫抓老鼠

玩法：

幼儿以两人或多人为一组，分别扮演猫或老鼠。扮演猫的幼儿去揪扮演老鼠的幼儿的"尾巴"。在由彩色圈圈围成的大圆圈内，幼儿们通过听音乐进行揪尾巴游戏，音乐停止时，幼儿要站到对应的彩色圈圈内。

小贴士：

1. 幼儿若在进圈前被揪掉尾巴，则停玩一轮。

2. 幼儿在跑动时应注意脚下，避免绊倒，追逐时不拉扯同伴。

游戏二：木头人长尾巴啦

图8　木头人长尾巴啦

✦ 玩法：

　　戴好尾巴扮演木头人的幼儿站在终点线上，背对其他幼儿念口令，其他幼儿站在起点线上。在终点线上的幼儿念到口令"123"的时候，起点线后的幼儿可以向前去揪他/她的尾巴，当木头人转过身说"木头人"时，前进的幼儿需要停止前进并保持原地不动，看看谁能成功揪掉木头人的尾巴。

✦ 小贴士：

1. 幼儿若揪掉木头人尾巴且不被抓住，即可视为游戏成功。
2. 木头人转身后大家不能动，也不能跑回起点。
3. 幼儿在奔跑时应注意安全，避免与同伴相撞。

游戏三：尾巴在哪里

✦ 玩法：

　　两名幼儿为一组进行游戏，一名幼儿戴着"尾巴"通过拍手的方式提示位置，另一名幼儿用眼罩蒙住眼睛去找方向，揪掉对方"尾巴"即可视为游戏成功。

✦ 小贴士：

　　1. 游戏过程中观众须保持安静，蒙眼的幼儿不能偷看。

　　2. 游戏中，观看的幼儿不可以上前干扰，以免误伤同伴。

图9　尾巴在哪里

游戏四：圈圈才安全

玩法：

　　幼儿以两人或多人为一组，在由彩色圈圈围成的大圆圈内听音乐进行"揪尾巴"游戏，音乐停止时站到对应的彩色圈圈内。

小贴士：

　　1. 在进入圈圈前尾巴就被揪掉的幼儿停玩一轮。

　　2. 幼儿进入圈圈后，同伴不可再揪其"尾巴"。

图 10　圈圈才安全

石头 剪刀 布

游戏简介：

"石头剪刀布"又称"猜丁壳"，源自中国古代人民发明的猜拳游戏。猜拳游戏从汉代开始流传，是中国流传最广、上手最为容易、可玩性最高的传统游戏之一。作为一种容易上手、适宜幼儿的民间传统游戏，该游戏活动不仅可以培养幼儿的规则意识，还可以锻炼幼儿的逻辑思维能力，引导幼儿学会与同伴协作等，并带给孩子们快乐。

游戏准备：

1. 游戏材料准备：圈圈、沙包。
2. 游戏场地准备：空旷的户外场地。

教师预期：

1. 幼儿乐意参与民间游戏"石头剪刀布"，感受游戏带来的快乐。
2. 幼儿知道"石头剪刀布"游戏的基本玩法，理解并遵守游戏规则。
3. 幼儿能用身体的不同部位进行游戏，自身逻辑思维能力得到锻炼。

🏠 **玩转游戏**：

（一）传统游戏

石头 剪刀 布

✨ **玩法**：

两名幼儿为一组，通过出示"石头剪刀布"的手势进行猜拳。游戏参与者根据"石头>剪刀，剪刀>布，布>石头"的规则进行游戏，采取三局两胜制，最终获得胜利的幼儿即为本轮游戏的胜利者。

✨ **小贴士**：

1. 幼儿一起喊"石头剪刀布"口号，喊完口号后一起出手势。

2. 游戏中，幼儿如给出相同的手势，则重新开始游戏。

（二）多样玩法

游戏一：圈圈猜拳乐

✨ **玩法**：

幼儿分为两组，进行跳圈猜拳比赛，获得胜利的幼儿可以向前跳一个圈，先跳完的一组获得胜利，可以获得贴纸。

图11 圈圈猜拳乐

✨ **小贴士**：

1. 先到达终点的幼儿即为获胜者。

2. 教师应提醒幼儿注意保持平衡，避免摔倒。

游戏二：猜拳大变样——身体玩法

图12 猜拳大变样——身体玩法

✦ 玩法：

脚并拢代表"石头"，脚一前一后代表"剪刀"，脚水平张开代表"布"。幼儿们一起喊"石头剪刀布"，喊完口号后同时做出脚上的动作。

✦ 小贴士：

1. 游戏时要一起喊口令，再出示脚部的动作。

2. 教师应提醒幼儿在游戏中注意安全。

游戏三：图画大作战

图13 图画大作战

✦ 玩法：

两名幼儿为一组，在纸上画"石头""剪刀""布"的图案，然后举起纸片来进行游戏。

✦ 小贴士：

1. 在游戏时，幼儿应同时出示自己所画的图案。

2. 在游戏时，如幼儿所画手势相同，则重新开始游戏。

网 小 鱼

游戏简介：

网小鱼游戏源自我国古代民间，是传统文化中常见的一种游戏。在古代，人们在农闲时或逢年过节时会举行众多游戏，以增添节日气氛并为幼儿提供娱乐。网小鱼就是这些游戏中的一种，它通过模拟渔民捕鱼的场景，帮助幼儿锻炼反应能力，同时培养他们的团队合作精神。

随着时代的发展，虽然网络和其他休闲娱乐方式已经逐渐取代了传统的民间游戏，但网小鱼等民间游戏仍然在某些地区或文化中流传下来，并被引入现代幼儿教育活动中，以帮助幼儿了解和传承传统文化。

游戏准备：

1. 游戏材料准备：渔网、海底动物头饰、木桩、呼啦圈等。
2. 场地准备：空旷的户外场地。

教师预期：

1. 幼儿对参与"网小鱼"游戏感兴趣，感受这一民间游戏带来的乐趣。
2. 幼儿能理解并适应一个游戏的多种玩法，逐步提高自我控制能力和听说应变能力。
3. 幼儿能扮演游戏中的角色，与同伴一起合作玩游戏。

玩转游戏：

（一）传统游戏

网 小 鱼

图 14　网小鱼

玩法：

　　两位幼儿为一组手拉手搭起渔网，其余幼儿假扮成鱼，站成纵队从"渔网"下钻过。游戏开始，"搭渔网"的幼儿唱："许多小鱼游来了，游来了，游来了，许多小鱼游来了。""鱼群"则一个跟着一个由网下钻过，"搭渔网"的幼儿接着唱："快快捉……住！"在说出最后一个"住"字的同时，"搭渔网"的幼儿立即放下双臂，捉住"小鱼"。被抓住的"小鱼"则在休息区休息，等待"鱼儿"全部被捉完后，重新开始新一轮游戏。

小贴士：

　　1. 多次游戏后，教师可让幼儿互换角色，根据幼儿对游戏的掌握情况，适当增加游戏难度。

　　2. 在游戏时，教师应引导幼儿注意安全，避免在奔跑时发生碰撞。

（二）多样玩法

游戏一：呼啦圈网鱼

玩法：

　　游戏开始前，幼儿可以利用"剪刀石头布"游戏分成两组。一组是"网鱼组",另一组是"小鱼组"。教师在网鱼组里选出一名"捕鱼人",其余幼儿一人拿一个呼啦圈,连接起来,围成一个大圆,并盘腿坐好当"渔网",而小鱼组则围绕"渔网",边念儿歌边进行游戏,当听到"快快捉……住!"时,"捕鱼人"拿着呼啦圈捕鱼,小鱼需要通过钻进呼啦圈里,躲避捕捉,没有被抓到的小鱼获得胜利。

小贴士:

　　1. 教师应选择空间比较宽敞的场地进行游戏,避免幼儿摔伤。

　　2. 游戏时,幼儿可以交换角色进行游戏。

游戏二:渔夫网鱼

玩法:

　　两位幼儿扮演渔夫,牵起渔网,其他幼儿扮演小鱼。游戏开始时,扮演小鱼的幼儿一边唱儿歌,一边自由地在渔网下游来游去,与同伴玩耍(模仿鱼群嬉闹的样子),当听到"快快捉……住!"时,"小鱼"要快速逃离渔网。"渔

图 15　渔夫网鱼

夫"降下渔网时被抓住的"小鱼"结束游戏,没有被捉到的"小鱼"获得胜利。

小贴士:

　　1. 在游戏时,教师应引导幼儿注意安全,避免在奔跑时发生碰撞。

　　2. "渔网"可用安全的布来代替。

游戏三:深海捕捞

玩法:

　　幼儿扮演小鱼、螃蟹或章鱼等海洋动物,珊瑚(呼啦圈或者其他游戏器材

图 16　深海捕捞

来代替)即为海洋动物的家,老师扮演"渔民"出海捕捞。游戏开始,幼儿唱起儿歌,小鱼、螃蟹、章鱼可以在海里自由地游玩,当听到"快快捉……住!"时,为了躲避渔夫的追捕,小鱼、螃蟹、章鱼要快速回到自己的"家",被捉到的小鱼、螃蟹、章鱼不能再继续游戏,要在"渔夫"的"渔船"里休息。等待"海洋动物"全部被捉住后,重新开始新一轮游戏。

小贴士:

1. 游戏前,教师可以提前营造"海洋"情景氛围。

2. 教师可以根据幼儿游戏情况,增加难度,让幼儿扮演渔夫进行游戏。

附:

儿　歌

许多小鱼游来了,

游来了,游来了,

许多小鱼游来了,

快快捉……住!

拉 大 锯

游戏简介：

《拉大锯》是一首来源于北京胡同的童谣，历史悠久，在我国北方家喻户晓。这首童谣有很多种版本，但语言都简单直白、充满童趣，配上相应的动作，就变成了一种游戏。这种游戏既可以由两个幼儿一起玩，也可以由一个成人带着两个幼儿一起玩。具体玩法为两人盘腿对坐互相拉扯手臂，一俯一仰，一拉一送，就像两位伐木工人相对拉锯一样，再配合朗朗上口的童谣，节奏感十足，深受幼儿喜爱。

游戏准备：

1. 游戏材料准备："拉大锯"儿歌。
2. 场地准备：空旷的室内或户外场地。

教师预期：

1. 幼儿喜欢童谣，乐意参与活动。
2. 幼儿能学习两人合作游戏，体验快乐。
3. 幼儿能体验一边诵读童谣一边合作玩游戏的乐趣。
4. 幼儿能学会童谣《拉大锯》的基本内容和"拉大锯"游戏的相应动作。
5. 幼儿能跟着韵律协调地做出相应的动作，并能团结合作进行游戏。

玩转游戏：

（一）传统游戏

拉 大 锯

玩法：

两人对坐并拉住对方的手，双腿自然盘曲，边念儿歌边做拉锯似的前俯后仰的动作。

小贴士：

1. 教师应提醒幼儿在游戏时要注意安全，不要用力过大或忽然松手，以免伤到同伴。

2. 在游戏时，如果有一方中途手松开，即重新开始游戏。

（二）多样玩法

游戏一：背对背拉大锯

图 17　背对背拉大锯

玩法：

两名幼儿背对背，手拉手坐下，背部紧贴，边唱儿歌边做"拉大锯"的动作。

小贴士：

1. 游戏过程中，背部要贴紧，不能松开。

2. 若游戏一方将手松开，则游戏结束。

游戏二：拉大锯——抢球大战

玩法：

两名幼儿面对面站立，将篮球置于两人中间，游戏开始，两人手拉手，同时一边唱儿歌一边做前俯后仰的"拉大锯"动作，当唱完儿歌最后一句"边吃边看笑盈盈"后，便开始抢球，谁先抢到球谁就是获胜方。

❋ **小贴士：**

1. 两名幼儿同时唱完儿歌后才能开始抢球。

2. 唱完儿歌后，幼儿应通过手部去抢球，注意安全，避免被球绊倒。

游戏三：拉大圈

❋ **玩法：**

八至十人手拉手围成外圈，三至四人手拉手围成内圈，外圈的幼儿一边唱歌谣，一边沿顺时针方向转圈，内圈的幼儿做"拉大锯"的动作。唱完一遍歌谣后，内圈的幼儿则手拉手一边唱歌谣一边沿顺时针方向转圈，外圈的幼儿原地坐下做"拉大锯"动作。

❋ **小贴士：**

1. 幼儿手拉手转圈时不能松手。

2. 教师应提醒幼儿在拉手转圈圈时要注意安全，不要使劲拉两边小朋友的手。

图 18　抢球大战

图 19　拉大圈

🧱 **附：**

儿　歌

拉大锯，扯大锯，
姥姥家唱大戏；
接姑娘，请女婿，
小外孙子也要去；
今儿搭棚，明儿挂彩，
冰糖葫芦串串红，
边吃边看笑盈盈。

木 头 人

游戏简介：

"木头人"是家喻户晓的传统民间游戏之一，是旧时儿童经常参与的多人经典游戏。作为一款可静可动、适宜幼儿的游戏，它的玩法简单，不仅可以激发幼儿的活动兴趣，增强幼儿的体质，还能够培养其乐观、坚强的态度，萌发规则意识，加强心理活动体验，增进孩子们之间的情感，让幼儿懂得如何控制自己的情绪，增强人际关系，拉近幼儿之间的心理距离。

游戏准备：

1. 游戏材料准备：无。

2. 场地准备：空旷的户外场地。

教师预期：

1. 幼儿对参与"木头人"这类集体游戏感兴趣，了解民间游戏"木头人"的玩法。

2. 幼儿能听懂指令性语言，迅速作出相应的身体反应。

3. 幼儿能适应"木头人"的多种玩法，敢于大胆说出自己的想法。

4. 幼儿能与同伴一起边念儿歌边玩游戏，逐步提高自我控制能力和听说应变能力。

玩转游戏：

（一）传统游戏

木头人

玩法：

游戏开始后幼儿一起说："山上有个木头人，拿起枪来打敌人。一不许动，二不许笑，三不许露出大门牙。"幼儿在说话的同时一起甩动手脚，话音一落，幼儿都得保持话音刚落时的动作，然后像木头人一样。

小贴士：

1. 动了的幼儿停玩一轮。

2. 教师应提醒幼儿相互之间不能拉扯。

（二）多样玩法

游戏一：花园里的木头人

玩法：

幼儿手拉手围成圆圈后盘腿坐下，当念到儿歌"三不许露出大门牙"时，幼儿应友赶快学"木头人"保持不动。多轮游戏后，在幼儿学木头人保持不动时，老师可以尝试逗幼儿笑。玩几次后，教师可派出一名幼儿当小老师。

图20　花园里的木头人

小贴士：

1. 坚持到最后不动的幼儿则为胜利者。

2. 教师可提醒幼儿注意控制表情。

游戏二：木头人 pk 大灰狼

玩法：

老师当大灰狼，幼儿当木头人跟在大灰狼后面一边走一边说儿歌，说到"三不许露出大门牙"时，幼儿马上停住并摆出任意造型，但是不能动也不能笑。多次游戏后，请幼儿扮演大灰狼去抓动了的木头人。

小贴士：

1. 动了的幼儿则被视为游戏失败者，被大灰狼抓住就停玩一次游戏。
2. 教师应提醒幼儿不可相互推搡，以免受伤。

游戏三：123，木头人

图 21　123，木头人

玩法：

幼儿站在起点线上，教师站在终点线处。幼儿在听到"123，木头人"后往终点线处走；教师念完儿歌后，转身观察看幼儿是否保持不动。幼儿到达终点线后，拍拍教师的背，然后迅速跑回起点线，教师去抓没有迅速回到起点线的幼儿。

小贴士：

1. 被老师发现的幼儿停玩一次游戏。
2. 幼儿应注意控制四肢动作和表情。

附：

儿　歌

山上有个木头人，

拿起枪来打敌人。

一不许动，
二不许笑，
三不许露出大门牙。

钻山洞

游戏简介：

　　"钻山洞"游戏改编自游戏"过城门"（或称"走城门"），这是长江中下游地区民间非常常见的一种儿童集体游戏，盛行于清末至20世纪五六十年代。该游戏的起源已无从查证，民间有一种说法是它起源于南京。"过城门"游戏的歌谣讲述的内容与南京明城墙有关。作为一种南京传统的民间游戏，"过城门"记录了南京明城墙下的城市历史记忆。

　　"钻山洞"作为一种集体游戏，具有游戏适龄、歌谣易学上口、规则设计简单易行、趣味性高、安全性强等特点，有助于增强儿童遵守竞争规则等方面的意识。

游戏准备：

　　1. 游戏材料准备：拱门、圈圈、滚筒、报纸。

　　2. 场地准备：空旷的户外场地。

教师预期：

　　1. 幼儿对参与"钻山洞"游戏感兴趣，能了解民间游戏"钻山洞"的玩法。

　　2. 幼儿能初步学习"钻"这个动作，能低头弯腰"钻山洞"，游戏时不能触碰"山洞"。

　　3. 幼儿能低头弯腰一个跟一个地走。

🏠 **玩转游戏：**

(一)传统游戏

钻 山 洞

⭐ **玩法：**

幼儿排成一条长队，当音乐开始时，一个跟着一个有序地走向山洞，弯腰、屈膝钻过山洞；游戏反复进行。

⭐ **小贴士：**

1. 没有碰到拱门的幼儿视为成功完成游戏。

2. 教师应提醒幼儿在钻过拱门时，注意身体不要碰到拱门，以免被拱门伤到。

(二)多样玩法

游戏一：毛毛虫钻山洞

⭐ **玩法：**

三位幼儿每人各拿一个圈，排成"毛毛虫"状，其他幼儿有序地从圈圈里钻过去。

⭐ **小贴士：**

1. 碰到圈的幼儿，与拿圈的第一个幼儿交换角色进行游戏(后面碰到圈的幼儿依次交换)。

2. 钻圈时，幼儿应注意不要被圈绊倒。

图 22　毛毛虫钻山洞

游戏二：小虫子钻呀钻

玩法：

三名幼儿分别扶着三个滚筒，将滚筒连在一起，变成一个长长的"山洞"，幼儿以蜘蛛爬的方式钻过山洞。

小贴士：

1. 幼儿若顺利爬过山洞则挑战成功；碰到滚筒的幼儿，则按照顺序与扶滚筒的幼儿交换角色进行游戏。

2. 教师应提醒幼儿在钻山洞时，要轻轻地爬过去。

游戏三：小熊过山洞

玩法：

幼儿每人手拿一个圈，把圈举到头顶上，从上往下钻山洞。游戏反复进行。

图 23　小熊过山洞

小贴士：

1. 在钻山洞时，幼儿的身体不可以触碰到山洞，否则挑战失败，该幼儿暂停一次游戏；没有碰到圈的幼儿可以增加一个圈继续游戏。

2. 游戏时，幼儿应注意不要被圈绊倒。

投 壶

游戏简介：

投壶是古代士大夫宴饮时玩的一种投掷游戏，在战国时期较为盛行，在唐朝得到了发扬光大。投壶是把箭向壶里投，投中箭的数量多者为胜者，负者照规定喝酒。春秋战国时期，诸侯宴请宾客时的礼仪之一就是请客人射箭。后来，有的客人确实不会射箭，就用箭投酒壶来代替。久而久之，投壶就代替了射箭，成为宴饮时的一种游戏。如今投壶游戏十分受吹捧，投壶游戏不仅可以锻炼幼儿的手眼协调能力，还可以培养幼儿遵守规则的意识。

游戏准备：

1. 游戏材料准备：塑料筐、木棍、纸棍、塑料花瓶等。

2. 场地准备：空旷的户外场地。

教师预期：

1. 幼儿能认识中国传统游戏"投壶"，感受历史传承的乐趣，体验中国传统礼仪。

2. 幼儿能知道投壶游戏的规则方法，以及保持肢体平衡协调的方法。

3. 幼儿能够手眼协调灵活地将"箭羽"投入壶中，锻炼自身小臂的力量。

玩转游戏：

（一）传统游戏

投　壶

玩法：

双人对战，一人一轮可获得三支"箭羽"，站在三米外的起点线上，进行投壶，投进塑料筐子里的"箭羽"数量多的人为胜者。必须将"箭羽"投进筐内，越过起点线算作犯规，则投中的"箭羽"不算数。

小贴士：

1. 幼儿必须站在三米外的起点线上进行投壶。

2. "箭羽"不能投向旁边的幼儿或其他物体。

（二）多样玩法

游戏一：投壶"车轮"赛

玩法：

幼儿之间开展 PK 擂台赛，胜利者可以挑选小朋友与自己对战，最终胜利者获得"投壶小能手"称号。

小贴士：

1. 擂台赛采取三局两胜制。

2. 必须在上一个小朋友完成所有游戏的情况下，下一个小朋友才能开始游戏。

图 24　投壶"车轮"赛

游戏二：传球投壶

玩法：

小朋友们围成一个圈坐下，轮流传递沙包。音乐开始后，幼儿开始传递沙包；音乐停止后，沙包在哪个小朋友手上，哪个小朋友就进行投壶。

图 25　传球投壶

小贴士：

1. 在传沙包的时候，幼儿必须双手递给下一个小朋友。音乐停止后，不能再传球。

2. 音乐停止时，若沙包同时在两个小朋友手上，两名幼儿可分别依次进行投壶。

游戏三：沙包投壶乐

玩法：

幼儿在户外围成一个圈进行游戏。教师摇铃后，幼儿开始传递沙包，摇铃停止后，沙包在谁的手上，谁就进行"投壶"。

小贴士：

1. 摇铃停止后，沙包传递结束，手上拿着沙包的幼儿开始进行"投壶"。

2. 幼儿每次围成圆圈来开展游戏。

3. 传递沙包的过程中如沙包掉落地上，幼儿则重新开始游戏。

切西瓜

游戏简介：

切西瓜是深受幼儿喜爱的古老的跑圈游戏。该游戏具有一定的挑战性和竞争性，在奔跑追逐的过程中，幼儿必须快速躲闪并作出反应。该游戏还有很大的创编空间，游戏儿歌简单押韵、朗朗上口，可以引导幼儿回忆生活中需要切的水果，并创编出《切橙子》《切甘蔗》《切苹果》《切哈密瓜》等儿歌，丰富儿歌内容；游戏队形可以结合水果的形状进行相应的改变；游戏动作可以在练习跑的基础上练习爬、跳、蹲走动作等。教师在组织游戏时应充分挖掘游戏形式，不仅可以丰富游戏的内容，增添游戏的趣味性，还可以提高游戏的锻炼价值。

游戏准备：

1. 游戏材料准备：幼儿会唱《切西瓜》儿歌。
2. 场地准备：空旷的户外场地。

教师预期：

1. 幼儿能了解民间游戏"切西瓜"的玩法。
2. 幼儿能主动探索"切西瓜"游戏的玩法，提高自身游戏创新能力。
3. 在切西瓜游戏中，幼儿能获得成就感，增强自身自信心。
4. 幼儿能创新多种玩法，敢于大胆尝试自己想法。

玩转游戏：

（一）传统游戏

切 西 瓜

玩法：

幼儿牵手围成圆圈，中间有两名幼儿手牵手，大家一起念："切，切，切西瓜，我们的西瓜圆又大。想吃西瓜切开来。"然后，牵手的两名幼儿分别向两个方向跑，看谁先跑到原来的位置上。游戏循环进行，第一轮由教师唱儿歌并做动作示范游戏的玩法。

小贴士：

1. 游戏开始时，幼儿必须牵手围成圆圈。

2. 两名幼儿要往不同的方向跑，跑的时候注意及时松开手，避免受伤。

（二）多样玩法

游戏一：西瓜抱抱团

玩法：

幼儿手拉手围成一个圆圈，圆圈中间站一个小朋友，小朋友们唱儿歌："切，切，切西瓜，切了一个大西瓜，我们的西瓜香又甜，切了几块大西瓜?"儿歌念完后，中间的小朋友说出一个数字，其他小朋友根据数字按相应数量抱在一起。

图 26　西瓜抱抱团

小贴士：

1. 游戏时，所有的幼儿需听中间小朋友所发出的数字指令"抱团"。

2. 没有抱团成功的小朋友则被淘汰，剩下的小朋友继续游戏。

游戏二：找找西瓜颜色

玩法：

大家站在彩虹伞的边缘，一边拍手一边念儿歌："切，切，切西瓜，我们的西瓜香又甜，大家一起来切它。"老师说："切一个××色的西瓜。"这时候小朋友们都应站在相应颜色的彩虹伞上面。

图27　找找西瓜颜色

小贴士：

1. 踩到正确颜色的小朋友则胜利，可以继续游戏，否则出局。

2. 在游戏中，幼儿要站在彩虹伞的周围。

游戏三：大西瓜、小西瓜

玩法：

小朋友们牵着彩虹伞围成一个圆圈，请一个小朋友发指令。当说到大西瓜时，小朋友们就把彩虹伞拉大；当说到小西瓜时，小朋友们就把彩虹伞缩小。

小贴士：

1. 幼儿根据同伴的指令进行游戏。

2. 游戏中，教师应提醒幼儿注意安全，不疯闹。

附：

儿　歌

切，切，切西瓜，

西瓜西瓜哪里来？

农民伯伯种出来。

我把西瓜一切二，一切二！

炒 毛 豆

游戏简介：

"炒毛豆"是民间游戏中比较经典的小游戏，动作简单，配上朗朗上口的儿歌，节奏感极强，有着浓厚的趣味性，且不太受场地的限制，非常符合幼儿好奇、好动的特点，让他们在玩中乐，乐中学，玩中有得，玩中有创。该游戏能够给幼儿提供很好的互动交往的机会和空间，对幼儿的身体发展和语言发展起着多方面的作用。

游戏准备：

1. 游戏材料准备：两根绳子、彩虹绳。
2. 场地准备：空旷的户外场地。

教师预期：

1. 幼儿能了解民间游戏"炒毛豆"的玩法及儿歌内容。
2. 幼儿能尝试进行二人游戏及多人游戏，在游戏中能与同伴愉快玩耍。
3. 幼儿能一边念儿歌一边玩游戏，提高自我控制能力和听说应变能力。
4. 幼儿能感受参加集体活动的乐趣，理解并遵守游戏规则。
5. 幼儿能简单画出游戏过程及游戏道具。

🏠 **玩转游戏：**

（一）传统游戏

炒毛豆

✦ **玩法：**

两人一组，面对面手拉手站好，一边念儿歌"炒，炒，炒毛豆，炒完了毛豆翻跟头"。一边两手摇动做"炒毛豆"的动作；在念出儿歌最后一个字时，两人手牵手同时翻转身体背对背。两名幼儿背对背站好后，继续边念儿歌边摇动手臂；在念出儿歌最后一个字时，两人同时翻转身体成面对面状态；游戏可反复进行。

✦ **小贴士：**

1. 幼儿若成功跟随儿歌一起翻转身体，则视为游戏成功。
2. 两只手拉紧不能突然松开。
3. 幼儿不可拉扯对面的同伴。

（二）多样玩法

游戏一：小螃蟹炒毛豆

✦ **玩法：**

幼儿两人为一组站在起点线后扮演小螃蟹。游戏开始，两只"小螃蟹"开始炒毛豆，说完"翻跟头"这一句后，两人保持背对背牵手的姿势，像螃蟹一样横着走向终点，并在终点处继续炒毛豆并翻回身来。

图28 小螃蟹炒毛豆

✦ **小贴士：**

1. 先到达终点并完成一套动作的两名幼儿即为获胜者。

2. 教师应提醒幼儿要注意保持平衡，小心摔倒。

游戏二：炒大毛豆咯

玩法：

两名幼儿为一组，分别拉住绳子的两端，一边念儿歌，一边举起手通过绳子翻转身体。

小贴士：

1. 先成功翻过来的一组幼儿即为获胜方。

2. 幼儿不可拉扯绳子，导致同伴受伤。

图 29　炒大毛豆咯

游戏三：彩虹绳炒毛豆

玩法：

所有幼儿手拿彩虹绳围成圈站好。当音乐播放时，幼儿开始传递彩虹绳，当音乐停止后，所有小朋友立马一起钻进圈内；当音乐再次播放时，幼儿则钻到圈外继续传递彩虹绳，游戏反复进行。

小贴士：

1. 没有钻进圈内的幼儿则休息一轮再进行游戏。

2. 教师可根据彩虹绳大小，一次组织八至十人参加游戏。

附：

儿　歌

炒，炒，炒毛豆。

炒完了毛豆翻跟头。

踩 影 子

游戏简介：

踩影子游戏由一到两个儿童通过努力去踩其他几个儿童的影子，或者一群儿童之间互相踩影子，以是否踩到对方影子为标准来决出胜负。踩影子游戏还能锻炼孩子们动作的灵活性和协调性，同时也有一定创造性，培养孩子们丰富的想象力。

游戏准备：

1. 游戏材料准备：无。
2. 场地准备：空旷的、有太阳光的户外场地。

教师预期：

1. 幼儿对参与"踩影子"游戏感兴趣，能了解民间游戏"踩影子"的玩法。
2. 幼儿懂得仔细观察的重要性，从观察中发现游戏的乐趣。
3. 幼儿喜欢玩踩影子的游戏，体验踩影子带来的喜悦。
4. 该游戏能培养幼儿灵活地躲闪和有目标地奔跑的能力。

玩转游戏：

（一）传统游戏

踩影子

玩法：

踩影子游戏可由两名或多名儿童参与，以是否踩到对方影子为标准来决出胜负。

小贴士：

1. 以幼儿踩到对方影子为标准来决出胜负。

2. 教师应提醒幼儿在奔跑中注意安全。

（二）多样玩法

游戏一：踩踩足球影子

玩法：

两个小朋友为一组，一人拿着足球变换姿势，另外一个小朋友去踩足球的影子。

小贴士：

1. 以踩到足球影子为标准决出胜负。

2. 教师应选择有太阳的天气进行游戏。

图 30　踩踩足球影子

游戏二：彩虹影子

图 31　彩虹影子

玩法：

幼儿手拿光盘，找一个墙面，将光盘对着太阳，这样在墙上就会呈现彩虹的影子。

小贴士：

1. 教师要选有太阳的天气开展游戏。
2. 教师应选择颜色素净的墙面开展游戏。

游戏三：摸摸影子跑回来

玩法：

教师在离幼儿五十米远的地方设置两个一样的影子，幼儿分别站在起点线上。当老师喊"跑"的时候，两名幼儿跑过去摸到影子后返回，看谁的速度最快。

小贴士：

1. 幼儿必须要摸到地下的影子，否则被视为游戏失败。
2. 幼儿都要从起点线出发，跑的过程中应注意安全。

飞飞盘

游戏简介：

飞飞盘又称"飞飞碟"，飞飞盘作为一种健康的运动，深受普罗大众的喜爱。在各个季节，不管是在家里，还是在户外，只要有一块空地就能玩，而且玩法很多。飞飞盘可以由一人或多人同时玩耍，家庭成员之间、朋友之间可以比比看，看谁飞得远，飞得高，飞得准。该游戏既可以锻炼幼儿手臂力量，又可以提高身体控制能力，体验玩飞盘的乐趣。

游戏准备：

1. 游戏材料准备：飞盘、呼啦圈、拱门、垫子、塑料筐、锥桶、彩虹伞、滚筒、小兔子头饰、小蜘蛛头饰、小老虎头饰、大象头饰。

2. 场地准备：空旷的户外场地。

教师预期：

1. 幼儿对参与体育类集体游戏感兴趣，了解民间游戏"飞飞盘"的玩法。

2. 幼儿能运用手部力量，配合身体旋转，将飞盘平稳飞出 2 米以上。

3. 幼儿能感受参加集体活动的乐趣，理解并遵守游戏规则。

4. 幼儿知道不同材质的飞盘的特点，并乐于尝试探索。

玩转游戏：

（一）传统游戏

飞飞盘

玩法：

幼儿人手一个飞盘，两脚前后站好，手拿飞盘至胸部位置，甩动手臂将飞盘扔出的同时，身体重心由后向前转移。

小贴士：

1. 飞得最远的幼儿获胜。
2. 教师要提醒幼儿注意前方若有幼儿的话，就要换个方向飞。

（二）多样玩法

游戏一：运烧饼咯

玩法：

熊伯伯的烧饼店开张啦，来了很多客人，需要很多的烧饼，请你们来帮忙，让我们一起来把烧饼运给熊伯伯吧！幼儿分成两组运烧饼（飞盘），熊伯伯的店要经过水坑（呼啦圈两个）、山洞（拱门）、小山（垫子），然后将烧饼（飞盘）飞进烧饼筐（塑料筐）中。

小贴士：

1. 运进筐内的烧饼最多的小组即为获胜方。

2. 要经过所有的关卡才算获胜哦。

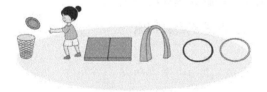

图 32 运烧饼咯

游戏二：小兔种萝卜

玩法：

幼儿分成三组扮演小兔子，在操场上布置三块"田地"，幼儿将萝卜(飞盘)飞进田地里。

小贴士：

1. 1分钟时间内，将"萝卜"飞进"田地"数量最多者即获胜。

2. 飞到田地外面的萝卜不算数。

3. 教师要提醒幼儿注意不要进入"田地"，以免受伤。

游戏三：森林接力赛

玩法：

幼儿分为四组，分别变身为小兔子、小蜘蛛、小老虎、大象。游戏开始后"小动物们"绕着锥桶前进，将飞盘飞给小河(彩虹伞)对岸的队友，再由队友将飞盘送进树洞(滚筒)。

小贴士：

1. 游戏结束后，运送飞盘数量最多的队伍为获胜方。

2. 如飞盘掉进小河，幼儿则回到起点重新开始。

图33　森林接力赛

吹泡泡

游戏简介：

吹泡泡是一种古老的娱乐活动，其起源可以追溯到古代中国和欧洲。在中国，古代人们已经开始使用竹筒或其他类似工具来吹气形成泡沫，成为人们喜爱的娱乐方式。"吹泡泡"游戏有着朗朗上口的儿歌，方便幼儿快速熟悉游戏的玩法，且增强了游戏的趣味性。小班年龄段的幼儿在语言和动作的发展上都需要进一步提升，因此"吹泡泡"游戏不仅能够锻炼幼儿跟读儿歌的能力，还能鼓励幼儿大胆想象，进行一些创造性的动作，根据儿歌的变化模仿泡泡的运动过程。与此同时，该游戏还能增强幼儿肢体动作的灵活性，促进幼儿身体运动协调发展，并培养幼儿的合作意识。

游戏准备：

1. 游戏材料准备：彩虹伞、即时贴。
2. 场地准备：空旷的户外场地。

教师预期：

1. 幼儿对参与"吹泡泡"集体游戏感兴趣，了解民间游戏"吹泡泡"的玩法。
2. 幼儿能听指令玩游戏，与同伴共同合作牵手围成一个圈且不松手。
3. 幼儿能理解并遵守游戏规则。
4. 幼儿能适应一个游戏的多种玩法，敢于大胆说出自己的想法。
5. 幼儿能与同伴一起边念儿歌边玩游戏，逐步提高自我控制能力和听说应变能力。

玩转游戏：

（一）传统游戏

吹 泡 泡

玩法：

幼儿一起手拉手围成一个圆圈，边走边念儿歌。当念到"吹了一个大泡泡时"，幼儿拉开手将圆圈变大；当念到"吹了一个小泡泡"时，幼儿拉拢手将圆圈变小。幼儿在老师指令下做变大变小、变高变低的动作，当念到"泡泡吹破了"时，幼儿便四散跑开。（教师可根据游戏实际情况变换不同的指令。）

小贴士：

1. 幼儿的动作须跟教师的指令相对应，否则属于违规。

2. 游戏时幼儿手拉着手不松开，松手属于违规。

3. 幼儿在游戏范围内跑，跑时要注意安全，避免撞到同伴。

（二）多样玩法

游戏一：泡泡伞

玩法：

幼儿手抓着彩虹伞的一个角，围着彩虹伞转圈圈，当教师指令吹"大泡泡"的时候，幼儿手拉彩虹伞向四周扩散，拉成大圈；当教师指令为吹"小泡泡"的时候幼儿手拉彩虹伞围成一个小圈。

图 34 泡泡伞

小贴士：

1. 玩游戏时，幼儿必须抓住彩虹伞不松手，松手则属于违规。
2. 幼儿动作须跟教师指令相对应，否则属于违规。

游戏二：彩虹泡泡

图 35　彩虹泡泡

玩法：

幼儿的身上随机贴上红、黄、蓝、绿四个标识，幼儿围着大圈顺时针走。当教师发出吹"绿泡泡"的指令时，身上贴有绿色标识的幼儿手拉手围成一个圈；当教师发出吹"红泡泡"的指令时，身上贴有红色标识的幼儿手拉手围成一个圈。教师还可以同时发出两种或两种以上不同颜色的指令；游戏可反复进行。

小贴士：

1. 幼儿听颜色指令，与同伴合作游戏。
2. 若幼儿的颜色认知错误，则暂停一次游戏。

游戏三：我们一起吹泡泡

玩法：

幼儿一起手拉手围成一个圆圈，边走边念儿歌，当念到"我们一起吹泡泡"时，幼儿边双脚有节奏地下蹲，边两手握拳转一圈。当念到"高高吹"时，向上拍手；当念到"低低吹"时，向下拍手，幼儿跟着儿歌做左拍手、右拍手动作。当念到吹个大泡泡、小泡泡时，幼儿手拉着手围成圆圈，跟随儿歌做变大、变小的动作。

 小贴士：

1. 游戏时幼儿必须手拉手围成一个圈站好。

2. 动作与指令不符则属于违规操作。

附：

图36 我们一起吹泡泡

儿 歌

吹泡泡，吹泡泡，

吹了一个大泡泡。

吹泡泡，吹泡泡，

吹了一个小泡泡。

泡泡变大了，泡泡变小了。

泡泡变高了，泡泡变低了。

泡泡吹破了。

 飘糖纸

游戏简介：

在 20 世纪 50 年代，可供幼儿把玩或收藏的东西实在很少，所以很多生于 20 世纪 70 年代的人有过集糖纸的经历。这种在现在看起来有些怪异的爱好流行于 20 世纪 80 年代初，那时糖果还很稀有，飘糖纸游戏应运而生。"飘糖纸"游戏玩法比较简单，符合小班幼儿年龄特点，不仅能锻炼幼儿的手眼协调能力，还能促进幼儿思维能力的发展。"飘糖纸"游戏适合多人共同参与，游戏参与者体验到游戏趣味性的同时，还能培养其竞争意识。

游戏准备：

1. 游戏材料准备：糖纸、纸片、扇子、桌子。
2. 场地准备：空旷的场地。

教师预期：

1. 幼儿对参与"飘糖纸"集体游戏感兴趣，了解民间游戏"飘糖纸"的玩法。
2. 幼儿能听指令来玩游戏，游戏时不用手摸糖纸。
3. 幼儿能感受参加集体活动的乐趣，理解并遵守游戏规则。
4. 幼儿能适应一个游戏的多种玩法，敢于大胆说出自己的想法。

玩转游戏：

（一）传统游戏

飘 糖 纸

玩法：

两人各自拿一张糖纸贴在墙上，放开手后，糖纸落地的位置离墙远的幼儿，就可把对方的糖纸赢过来。

小贴士：

1. 糖纸离墙远的幼儿，则为胜者。

2. 糖纸须被贴在墙上的同一高度，否则重新开始游戏。

（二）多样玩法

游戏一：落叶飘

玩法：

准备几个筐子和若干小纸碎片(叶子)，教师一张一张地抛出小纸碎片(叶子)，幼儿手拿筐子去接飘下来的小纸碎片(叶子)。教师应根据幼儿年龄来调整纸片大小和抛出的数量。可一名幼儿接纸片，也可多名幼儿同时接纸片。

图 37 落叶飘

小贴士：

1. 幼儿不能用手接纸片，否则属于违规。

2. 用筐子接住纸片多的玩家则为胜者。

游戏二：纸片过桥

图 38　纸片过桥

玩法：

将纸片置于桌面一侧，幼儿用嘴吹气将纸片吹向对方，只能吹三次，中途不能用手触摸纸片，以纸过中线且不落地为游戏成功的判定标准。

小贴士：

1. 一次过桥只能吹三口气，不能多，也不能少。

2. 先将纸片吹离桌面的人为输者。

3. 不能用手触摸纸片，否则属于违规。

游戏三：会跑的糖纸

玩法：

两人或多人为一组参与游戏，将糖纸放置在起点线上，用扇子扇糖纸，看看谁的糖纸跑得快，糖纸最先到达终点的幼儿为胜者。

小贴士：

1. 幼儿不能用手触碰糖纸，只能用扇子扇，否则属于违规。

2. 幼儿要站在各自的起点线上，不能超越起点线，否则属于违规。

3. 教师可用树叶或者纸片代替糖纸。

4. 游戏时，其他幼儿要远离，避免受伤。

藏　钩

游戏简介：

　　藏钩游戏据说是在汉武帝时被创制的。汉武帝的钩弋夫人，本姓赵，河间（今河北省沧州市）人，据说她从生下来就两手攥拳，从不伸开。汉武帝路过河间使其双手伸展，在其手中发现一钩。汉武帝娶她回宫，称其为"钩弋夫人"（又称"拳夫人"）。《三秦记》载，当时的女人纷纷仿效钩弋夫人，攥紧双拳，人们称这种姿态为"藏钩"。该游戏可以随时随地开展，可使用随手的物品，能有效锻炼幼儿的专注力。

游戏准备：

　　1. 游戏材料准备：贴纸、小纸团。
　　2. 场地准备：空旷的安全场地。

教师预期：

　　1. 幼儿对参与"藏钩"游戏感兴趣，能体验寻找宝藏带来的喜悦。
　　2. 幼儿能初步懂得仔细观察身边的变化，通过观察发现宝藏。

玩转游戏：

（一）传统游戏

玩法：

　　每两个幼儿为一组，通过"石头剪刀布"的方式获胜的幼儿选择"藏"或

"猜"，一位幼儿藏，另外一位幼儿猜猜藏在哪只手里。

小贴士：

1. 幼儿猜对则互换角色，猜错继续由"藏"的幼儿藏贴纸。

2. 教师应注意提供给幼儿藏起来的物品不要太尖锐或太小，避免幼儿吞食。

（二）多样玩法

游戏一：猜猜在谁的手里

玩法：

多名幼儿为一组，每组分得一个贴纸，三人为藏贴纸的人，其他人来猜在哪位幼儿的哪只手上。每人有一次机会。

小贴士：

1. 幼儿猜对则互换角色，猜错则不互换角色，继续游戏。
2. 教师也可以考虑将贴纸换成幼儿容易握住的物品。

游戏二：在哪里

玩法：

两名幼儿为一组，通过"石头剪刀布"赢的幼儿选择"藏"或"猜"，"藏"的

幼儿把选择好的物品藏在身体任何一个部位，另外一个幼儿来猜。

小贴士：

1. 幼儿猜对则互换角色，猜错则不互换角色，继续游戏。

2. 教师应注意所提供的游戏材料不要太尖锐或者太硬。

图 39　在哪里

游戏三：什么不见了

玩法：

桌面上摆五个物品，两人或多人参与游戏。教师指定一名幼儿把桌上的某一物品藏起来，其他幼儿说出有什么物品不见了。

小贴士：

1. 猜对的幼儿为下一位藏者，桌面上的物品需依次递增一个；幼儿没有猜对的话，则继续游戏。

2. 教师可以多加几个相同的物品或把顺序打乱，增加游戏难度。

图40　什么不见了

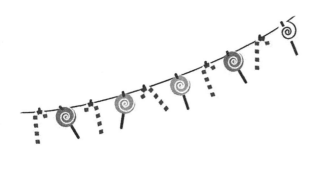

中 班

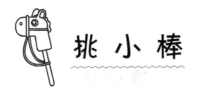

挑 小 棒

游戏简介：

    挑小棒也叫"撒棒"，是一项不受场地限制、简单易学的传统民间游戏，可单人玩，也可以多人合作玩，给无数人的童年带来了快乐。小棒易于获得，可以把冰棍棒、圆珠笔芯等当成小棒，也可以用竹子、木棍自制小棒。游戏中，每一次撒出的小棒形态都不一样，有单独落在一边的，有堆在一起形成空心的，有两头腾空呈"跷跷板"样式的，千变万化。游戏者需要专心致志地进行游戏，稍不留神可能会"牵一发而动全身"，因此失利。在游戏时，幼儿需要仔细观察、判断，较好地运用和控制自己的手指、手腕动作。

游戏准备：

1. 游戏材料准备：小棒若干。
2. 场地准备：空旷的室内或户外场地。

教师预期：

1. 幼儿能体验"玩小棒"民间游戏的乐趣。
2. 幼儿能初步了解"挑小棒"的传统玩法。
3. 幼儿能探索小棒的各种玩法，尝试自己制定游戏规则。

玩转游戏：

（一）传统游戏

挑 小 棒

玩法：

撒小棒的小朋友把一束小棒握在手中，让小棒垂直于桌面，然后松开手让小棒自由散落在桌面上。小朋友轮流将桌面上的小棒挑起来或用手直接收回，直到小棒完全被挑完。

小贴士：

1. 小朋友轮流挑小棒，每次只能挑一根。

2. 挑小棒时不能碰到其他小棒，如果碰到其他小棒，机会就要让给下一个小朋友。

3. 小棒被全部挑完后，最后数数谁拿到的小棒最多，谁就获胜。

（二）多样玩法

游戏一：挑彩棒

玩法：

参加游戏的小朋友每人各选择十根相同颜色的小棒，用"石头剪刀布"的方式选出一名小朋友起来撒棒。小朋友轮流将桌面上的小棒挑起来，直到小棒被挑捡完。

图41　挑彩棒

小贴士：

1. 小朋友轮流挑小棒，每次只能挑一根且只能挑自己选择的颜色（例：A小朋友选择了红色的小棒，那么在这一轮游戏中只能挑红色的小棒）。

2. 幼儿在挑小棒时不能碰到其他小棒，否则机会就要让给下一个小朋友。

3. 最先将自己所选颜色的小棒挑完者获胜。

游戏二：平衡木棒塔

玩法：

教师将小棒立起并用圆环套住，并保持平衡。小朋友轮流抽取小棒，游戏过程中要始终保持木棒塔的平衡。

小贴士：

1. 幼儿在抽取小棒的过程中要注意观察，找准小棒并迅速抽取。

2. 若一个小朋友抽取小棒后，木棒塔倒塌，则游戏结束，另一方取得胜利。

游戏三：小棒高楼

玩法：

游戏开始前，小朋友将小棒互相交错进行搭建"高楼"，搭建完成后，游戏开始。小朋友轮流抽取小棒，游戏过程中要始终保持"高楼"的平衡。

小贴士：

1. 小朋友们轮流抽取小棒，一次抽取一根。

2. 若一个小朋友抽取小棒后，小棒"高楼"倒塌，则游戏结束，另一方取得胜利。

图 42　小棒高楼

叠骨牌

游戏简介：

"骨牌"起源于中国，并于17世纪末18世纪初传入欧洲，是家喻户晓的传统民间游戏之一。骨牌属于低结构材料，具有结构简单、操作性强、玩法灵活多变的特点。在幼儿园游戏中，玩骨牌不仅能有效激发幼儿的探索操作兴趣，进而生成丰富多样的骨牌游戏活动，同时还能促进幼儿多元智能的发展，具有丰富的教育价值。码牌时，骨牌会因意外而一次次倒下，参与者时刻面临和经受着失败的打击，因此该游戏能激励小朋友们在遇到挫折时不气馁、不退缩，从而树立信心，鼓起勇气重新再来。

游戏准备：

1. 游戏材料准备：骨牌若干。
2. 场地准备：平坦的场地或桌面。

教师预期：

1. 幼儿能了解"叠骨牌"游戏的玩法及历史。

2. 幼儿喜欢挑战玩"叠骨牌"游戏。

3. 幼儿能主动探索民间游戏"叠骨牌"的不同玩法。

4. 幼儿能够与同伴相互协商，创新"叠骨牌"游戏的玩法和规则。

玩转游戏：

（一）传统游戏

叠 骨 牌

玩法：

游戏参与者将骨牌按一定间距排成单行，或组合排成一片，推倒第一张骨牌后，其余骨牌因连锁反应依次倒下。

小贴士：

1. 游戏过程中，幼儿需要保持较高专注力，但也应避免因为过度专注而忽略了周围环境。

2. 教师应关注周围环境以及幼儿的安全。

（二）多样玩法

游戏一：抽牌游戏

玩法：

两名幼儿将骨牌重叠垒高到一定高度，双方轮流每次从骨牌堆里抽取一张骨牌，须注意要保持骨牌稳定不倒。

图 43 抽牌游戏

小贴士：

1. 在抽取骨牌时，幼儿需要掌握好力度。

2. 幼儿在初次尝试游戏时，不需要将骨牌垒得太高。

游戏二：拼图游戏

玩法：

让骨牌站立，按图片或字样进行排列，排好后推倒第一块骨牌。

图 44　拼图游戏

图 45　迷宫游戏

小贴士：

1. 教师在游戏前期可以向幼儿提供参考图片。

2. 教师可以让幼儿尝试用骨牌拼出自己的名字。

游戏三：迷宫游戏

玩法：

用骨牌连接拼搭出各种各样的迷宫，小的迷宫里可以用玩具车进行游戏，大的迷宫里可以让小朋友进去来回走动进行游戏。

小贴士：

1. 在搭建迷宫过程中应控制动作幅度，避免碰倒骨牌。

2. 根据迷宫规格，教师可以选取合适的"走"迷宫搭建材料。

游戏四：排序游戏

玩法：

将骨牌按照颜色和数量等规律进行排列。

小贴士：

1. 游戏中，同伴之间互相监督，一旦发现没有按规律排列的情况应及时商量改正。

2. 可变换多种规律进行排列。

滚铁环

游戏简介：

"滚铁环"是一项中国传统民间游戏，在 20 世纪六七十年代盛行。幼儿手捏顶头是 U 形的铁棍或铁丝，推动一个直径约为 66 厘米的黑铁环向前跑。有的玩家还会在铁环上套两三个小环，使铁环在滚动时更响亮。该游戏取材简单，随处可玩，深受幼儿喜爱。该游戏需要玩家让铁环不断往前滚动，既能锻炼幼儿的平衡能力，也有助于锻炼幼儿腿部大肌肉群，助力幼儿多种能力发展。

游戏准备：

1. 游戏材料准备：小棒若干。
2. 场地准备：空旷的室内或户外场地。

教师预期：

1. 幼儿能体验"玩小棒"民间游戏的乐趣。
2. 幼儿能初步了解"挑小棒"的传统玩法。
3. 幼儿能探索小棒的各种玩法，尝试自己制定游戏规则。

玩转游戏：

（一）传统游戏

滚铁环

⭐ 玩法：

在地面上设置起点线和终点线，2~4 名幼儿为一组，幼儿一手拿铁环，一手拿U形铁钩。教师发出口令后，幼儿从起点线出发，利用惯性使用一只手来操纵铁环向前滚动。第一个到达终点线的幼儿获胜。

小贴士：

1. 幼儿在出发时，不要超过起点线。

2. 滚动铁环时，幼儿应注意不要与其他幼儿相撞。

（二）多样玩法

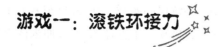

游戏一：滚铁环接力

玩法：

幼儿分成若干组，每组幼儿分为若干部分，间隔 10~15 米排队站立。每一队的第一名幼儿从起点线开始滚铁环，到达下一个幼儿处由其迅速用铁钩住滚动的铁环继续前进，游戏依次交替接力进行。最先到达终点的小组获胜。

图46　滚铁环接力

小贴士：

1. 幼儿应确保在接力的过程中铁环不落地。

2. 教师应提醒围观的幼儿不要站在赛道中，小心与游戏中的幼儿相撞。

游戏二：滚铁环钻洞

玩法：

教师将幼儿分为两组。其中一组幼儿分成人数相等的两队，面对面高举手臂，手拿跳圈做拱形，形成一个"山洞"；另一组幼儿依次滚铁环穿过"山洞"。

两组幼儿角色互换，滚铁环的幼儿来搭"山洞"，搭"山洞"的幼儿滚铁环。滚铁环用时最短的小组获胜。

图 47　滚铁环钻洞

✸ **小贴士：**

1. 幼儿在排队等候时，要等前一名幼儿出"山洞"，才开始"滚铁环"。

2. 幼儿钻"山洞"时，要弯腰通行，小心碰到"山顶"受伤。

抱抱团

游戏简介：

这是一项丰富幼儿校园生活、提升团队协作能力的游戏，能让幼儿在游戏时加深同伴之间的相互了解程度，在一日生活中放松身心、增强体质。此项游戏形式独特，互动性强且度高，既能培养幼儿的团队协作精神，又可以提升幼儿的应变能力。

游戏准备：

1. 游戏材料准备：游戏音乐《开始和停止》、彩色塑料球、数字卡片、报纸。
2. 场地准备：空旷的室内或户外场地。

教师预期：

1. 幼儿能体验通过开动脑筋达成目的的快乐。
2. 幼儿能学会抱抱团游戏的基本玩法。
3. 幼儿能熟练掌握抱抱团游戏玩法，并尝试创新游戏规则。
4. 幼儿能在游戏中学会主动与同伴协商、沟通。

玩转游戏：

(一) 传统游戏

抱抱团

玩法：

游戏人数不固定，可以根据年龄段设定从四人开始逐步递增。参与游戏的幼儿围成圈，沿顺时针方向行走，听教师给出的指令"两人抱一团"或"三人抱一团"进行游戏。

✱ **小贴士：**

1. 幼儿能成功跟随儿歌节奏走动或停下，在教师给出指令前不能自行抱团。

2. 报团人数与教师指令相符则视为挑战成功。

3. 教师应提醒幼儿注意不要撞到前面的小朋友。

（二）多样玩法

游戏一：顶球抱抱团

✱ **玩法：**

在玩游戏时，每名幼儿手拿一个海洋球，将海洋球高举过头顶，围成圆圈沿顺时针方向走动，根据教师给出的指令"红色抱一团""蓝色抱一团"等进行游戏。

图 48　顶球抱抱团

✱ **小贴士：**

1. 抱团的幼儿手中的海洋球颜色相同且符合教师指令则视为挑战成功。

2. 幼儿应注意听清教师指令，分清海洋球颜色。

3. 幼儿在游戏中应注意脚下，不要被绊倒摔伤。

游戏二：喊数抱抱团

✱ **玩法：**

教师选出小队长负责带领组员游戏，组员跟在小队长身后并绕圈走，由小队长喊出数字口令"抱抱团，抱抱团，✕个小朋友抱一团！"幼儿根据口令进行游戏。

小贴士：

1. 抱团人数正确的幼儿获胜。

2. 没有按照数字口令抱团的幼儿将被淘汰。

3. 教师应提醒幼儿不可以在游戏中拉扯推搡同伴。

游戏三：报纸抱抱团

图49　报纸抱抱团

玩法：

教师把报纸铺在地上，请幼儿抱团站上去，不能踩到报纸外面。每轮游戏过后，教师将报纸折叠，报纸越叠越小，坚持到最后的小组获胜。

小贴士：

1. 没有成功让小组所有成员站在报纸上则视为游戏挑战失败。

2. 根据报纸的大小，三至四名幼儿为一组。

游戏四：卡片抱抱团

玩法：

每位参与游戏的小朋友手上都有一张随机抽取的数字卡片，在喊口令的同时边走边转圈："抱抱团，抱抱团，数字××抱一团！"

小贴士：

1. 幼儿需要按照卡片上的相同数字或口令报出的数字抱团。

2. 教师应根据幼儿年龄段设置卡片数字范围。

贴烧饼

游戏简介:

"贴烧饼"是民间游戏中最喜闻乐见也是流传最为广泛的一种游戏。它在不同地域和不同民族都有存在，只是名称和形式有所不同，如"贴烧饼"在陕西等地也叫"贴膏药"。该游戏可以锻炼幼儿快速反应的能力，也能让幼儿体验游戏的快乐。

游戏准备:

1. 游戏材料准备："烧饼"粘贴、红和蓝标志若干。
2. 场地准备：空旷的户外场地。

教师预期:

1. 幼儿乐于积极探索"贴烧饼"的多种玩法，体验"贴烧饼"这一民间游戏的乐趣。

2. 幼儿能初步了解民间游戏"贴烧饼"的玩法，并尝试自己创新游戏的玩法。

3. 幼儿能遵守游戏规则，在游戏中锻炼反应能力和身体灵活性。

玩转游戏:

（一）传统游戏

⭐ **玩法:**

幼儿围成一个大圆圈，每人之间间隔一人宽的距离。另请两名幼儿在圈外，一人跑，另一人追。幼儿在跑的过程中任意选择一名圆圈上的小朋友并站在他/她的前面。被选中的小朋友就要立刻沿着圆圈外跑起来，争取不被抓到。

小贴士：

1. 被选中的小朋友若在奔跑的过程中被追上，游戏则重新开始，且更换玩家。

2. 要注意跑步时的安全。

（二）多样玩法

游戏一：双层烧饼

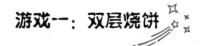

玩法：

图 50　双层烧饼

班级幼儿分成两队，一队幼儿站在里圈，另一队幼儿站在外圈，里圈和外圈的人数一样多。里圈的人背靠外圈的人贴紧站，前后两人形成一个"烧饼"。请一名幼儿在外圈追，一名幼儿在内圈逃。逃跑的幼儿在跑的过程中任意选择一个站在内圈的小朋友做烧饼贴，则中间的小朋友开始继续在内圈跑，争取不被追的人抓到。

小贴士：

1. 逃跑的幼儿只能在内圈跑，如果被捉住，则游戏重新开始。另选一名逃的幼儿和一名追的幼儿。

2. 教师应提醒幼儿跑步时要注意安全。

游戏二：烧饼随意贴

玩法：

教师将幼儿分成两队，一队幼儿站在内圈，另一队幼儿站在外圈，内圈和外圈的人数一样多。内圈的人背靠外圈的人做"烧饼"贴紧站，前后两人形成一个"烧饼"。请两名幼儿在外圈追，两名幼儿逃。逃的幼儿在跑的过程中可任意选择一个站在圆圈上的"烧饼"。若在外圈贴，则内圈的那个小朋友开始跑；若在内圈贴，则外圈的小朋友开始跑。

小贴士：

1. 逃跑的人可以随意在外圈贴或在内圈贴，追到其中一个跑的人则算赢。游戏则重新开始，另选两名追的人和两名逃的人。

2. 追和逃的人要注意跑步时的安全。

游戏三：手撕烧饼

玩法：

教师将幼儿分成两队，一队幼儿站在内圈，另一队幼儿站在外圈，两圈人数一样多。内圈的人背靠外圈的人做"烧饼"贴紧站，前后两人形成一个烧饼。请两名幼儿在大圈外追，两名幼儿逃。逃的人在跑的过程中任意选择一个站在圆圈上的"烧饼"，站在内圈或者站在外圈贴紧站。在外圈贴，则内圈的那个小朋友开始跑；在内圈贴，则外圈的小朋友开始跑，逃跑的幼儿要争取不被追的人抓到。

图 51 手撕烧饼

小贴士：

1. 逃跑的人可以随意在外圈贴或在内圈贴。

2. 两个追的人，追到其中一个跑的人则算赢，游戏重新开始。

老狼老狼几点钟

游戏简介：

"老狼老狼几点钟"是一个人数可变、室内外都能进行的趣味民间游戏。在游戏中，幼儿扮演不同的动物角色，通过与"老狼"的互动，学习如何观察、分析、判断和决策。幼儿在游戏中能提高自身团队协作能力、规则意识、身体协调能力、社交能力和创造能力等。

游戏准备：

1. 游戏材料准备：沙包若干。
2. 场地准备：空旷的活动场地。

教师预期：

1. 幼儿能体验角色扮演的有趣性，建立自我保护意识。
2. 幼儿能了解"老狼老狼几点钟"的游戏玩法及规则，知道避免被抓捕的方法。
3. 幼儿能根据听到的数字按数，听信号后快速反应，跑到安全区内。

玩转游戏：

（一）传统游戏

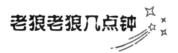

老狼老狼几点钟

⭐ **玩法：**

数名幼儿扮演"小羊"站成一排，一名幼儿扮演"老狼"站在距离较远的地方背对"小羊"。游戏开始，"小羊"从起点线出发，询问"老狼老狼几点钟"，"老狼"用一至十二中的任意数字回答，"小羊"按照所听数字朝老狼走去，不断重复提问。如果老狼说"十二点钟"或被靠近的"小羊"拍到，"老狼"便可以转身抓捕"小羊"，"小羊"要快速回到安全区躲避抓捕，没有回到安全区并被抓到的"小羊"将成为新一轮游戏的"老狼"。

小贴士：

1. "小羊"必须按照听到的数字前进相应步数。

2. "老狼"在游戏时不能回头看"小羊"。

3. "老狼"不能抓回到安全区的"小羊"。

（二）多样玩法

游戏一：赶走"老狼"

玩法：

数只"小羊"从起点线出发，不断重复提问"老狼老狼几点钟"，"老狼"用数字作答，"小羊"按照所听数字朝老狼走去。如果老狼说"十二点钟"或被靠近的"小羊"拍到，"老狼"便可以转身抓捕"小羊"。"老狼"抓住"小羊"，则"老狼"胜利。若"小羊"都回到了安全区内，则可以用"炮弹"反击"老狼"，"老狼"被击中，则"小羊"胜利。

图 52 赶走"老狼"

小贴士：

1. 若"老狼"躲避了所有攻击，那么该幼儿继续当"老狼"并重新开始游戏。

2. "炮弹"选材必须以安全为前提，避免幼儿受伤。

游戏二："小羊"寻草

图53 "小羊"寻草

玩法：

"老狼"在场地内放置若干"小草"。游戏开始，数只"小羊"从起点线出发，不断重复提问"老狼老狼几点钟"，"老狼"用数字作答。若"老狼"回答"十二点钟"便可以开始抓捕，抓到"小羊"，则"老狼"胜利。若"老狼"回答一至十一之间的任意数字，"小羊"可朝任意方向按数行走采集"小草"。如果"小羊"在"老狼"实施抓捕前采完"小草"，则"小羊"获胜。

小贴士：

1. "小羊"在躲避抓捕时不能扔掉"小草"，否则将被淘汰。

2. 幼儿应注意避免碰撞，以免受伤。

游戏三：两只"老狼"

玩法：

游戏开始，两只"老狼"在距离"小羊"较远的地方背对"小羊"，小羊提问"老狼老狼几点钟"，两只"老狼"轮流用一至十二中的任意数字作答，小羊按照所听的数字朝老狼走去，"小羊"重复提问。若老狼说"十二点钟"或都被"小羊"拍到，就可以去追捕"小羊"，抓到"小羊"即获胜，反之则失败，可再重新进行游戏。

小贴士：

1. 小羊要同时触碰到两只"老狼"。

2. "老狼"交替回答小羊的提问。

荷花荷花几月开

游戏简介：

"荷花荷花几月开"是一项简单而有趣的民间传统游戏，常见于中国的农村地区。这个游戏通常在夏季进行，适合多人参与。该游戏可以提高幼儿的社交能力，帮助幼儿相互交流协作，能提高他们的观察力、反应力和注意力，促进语言发展，让幼儿能够理解和遵循指令。游戏中的互动和角色扮演可以帮助幼儿表达和控制自己的情感，这些能力对幼儿的综合发展和学习都具有积极的影响。

游戏准备：

1. 游戏材料准备：舒缓的音乐、花朵道具、蔬菜水果道具。
2. 场地准备：空旷的户外场地。

教师预期：

1. 幼儿能了解民间游戏"荷花荷花几月开"的玩法及儿歌内容。

2. 幼儿能对游戏中的歌谣进行快速反应，当说到"七月荷花朵朵开"的时候能迅速跑开或抓住其他幼儿，提高幼儿的注意力及反应力。

3. 幼儿能围绕"荷花荷花几月开"的玩法进行讨论，善于探索游戏的新玩法，提高创新能力。

玩转游戏：

（一）传统游戏

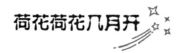

荷花荷花几月开

玩法：

六名幼儿为一组，其中五名幼儿围成一个圆圈，一名幼儿站在圆圈中间，教师为幼儿划定好游戏场地范围。游戏开始，中间的幼儿提问："荷花荷花几月开?"周围的幼儿回答："一月不开，二月开。"中间的幼儿继续问："荷花荷花几月开?"周围的幼儿回答："二月不开，三月开。"依次类推，直到周围的幼儿回答："七月荷花朵朵开。"随后幼儿四散跑开，中间的幼儿开始抓捕围圈的幼儿，在规定时间内抓到围圈的幼儿，则围圈的幼儿站在中间，游戏继续；若中间的幼儿未抓到围圈的幼儿，该幼儿依然站中间提问。

小贴士：

1. 幼儿必须在划定范围内活动。
2. 中间幼儿只能在围圈的幼儿说到"七月荷花朵朵开"时开始抓捕行动。
3. 幼儿在躲避中间幼儿的抓捕时需要注意安全。

（二）多样玩法

游戏一：荷花荷花丢手绢

玩法：

每六名幼儿为一组，一名幼儿当荷花，其余幼儿围坐一圈，围圈的幼儿用手蒙住眼睛。中间的幼儿提问："荷花荷花几月开?"围圈的幼儿回答："一月不开二月开。""二月不开三月开。"……"七月荷花朵朵开。"其间，提问的幼儿将花朵放在任意一位幼儿身后。说到"七月荷花朵朵开"的时候，被放到花朵的幼儿可追赶放花朵的幼儿。在规定时间内提问的幼儿若被抓住，则仍由该幼儿在中间当"荷花"；若未被抓住，由被放到花朵的幼儿当"荷花"。

❋ 小贴士：

1. 被放到花的幼儿在追赶过程中，围圈奔跑一圈后可回到自己的位置，若回到原位，则放花的幼儿不可继续追赶。

2. 放花的幼儿与被放花的幼儿在追赶过程中需注意安全。

游戏二：桂花桂花几月开

❋ 玩法：

六名幼儿为一组，五名幼儿围成一个圆圈，一名幼儿站在圆圈中间。教师为幼儿划定好游戏范围，游戏开始，中间的幼儿提问："桂花桂花几月开?"围圈的幼儿回答："一月不开二月开。""二月不开三月开。"……"八月桂花遍地开。"围圈的幼儿说完"八月桂花遍地开"后便四散跑开，中间的幼儿开始捕捉围圈的幼儿，在规定时间内若抓到围圈的幼儿，被抓到的围圈幼儿则站在中间，游戏继续；若中间的幼儿未抓到围圈的幼儿，该幼儿则依然站在中间提问。

❋ 小贴士：

1. 中间的幼儿只有在围圈幼儿回答"八月桂花遍地开"时方可开始抓捕围圈的幼儿。

2. 中间幼儿在规定时间结束后，不可再抓捕围圈幼儿。

3. 幼儿在追赶过程中，不可推拉其他幼儿。

图 54　桂花桂花几月开

游戏三：瓜果蔬菜几月吃

玩法：

幼儿可自由分组，游戏开始前，幼儿选定喜欢的蔬菜或瓜果，并选出一名

幼儿站在中间，其他幼儿围圈站在周围。中间的幼儿提问："西瓜西瓜几月吃?"围圈的幼儿回答："一月不开二月开。""二月不开三月开。"……"七月西瓜正在吃。"直到围圈的幼儿说完"七月西瓜正在吃。"后便四散跑开，中间的幼儿开始捕捉围圈的幼儿，在规定时间内抓到围圈的幼儿，被抓到的围圈幼儿在中间，游戏继续；若中间的幼儿未抓到围圈的幼儿，该幼儿依然站在中间提问。

图 55　瓜果蔬菜几月吃

小贴士：

1. 幼儿自行商量选定蔬菜或瓜果。

2. 幼儿需通过协商选定中间提问的幼儿。

3. 在追赶的过程中，幼儿需注意安全，及时躲避，以免摔倒。

 附：

儿　歌

荷花荷花几月开？

一月不开，二月开。

荷花荷花几月开？

二月不开，三月开。

荷花荷花几月开？

三月不开，四月开。

荷花荷花几月开？

四月不开，五月开。

荷花荷花几月开？

五月不开，六月开。

荷花荷花几月开？

七月荷花朵朵开！

丢沙包

游戏简介：

丢沙包是我国历史悠久且普及面较广的传统民间游戏。丢沙包的游戏来源于远古时代人类的狩猎行为，那时人们会投掷石头等硬物击打猎物。随着时代的发展，人们开始用沙包来代替石头，狩猎也变成了投掷游戏。丢沙包的玩法多种多样，沙包内的材料大多是细沙或大米、玉米等常见颗粒。沙包的制作成本低，游戏对场地要求也低，因此深受孩子们的喜爱。

游戏准备：

1. 游戏材料准备：沙包若干。
2. 场地准备：空旷的户外场地。

教师预期：

1. 幼儿能学习丢沙包的投掷动作。
2. 幼儿能与同伴沟通，通过分工合作来完成游戏。
3. 幼儿能创新"丢沙包"的游戏玩法和规则，自主游戏。

玩转游戏：

（一）传统游戏

玩法：

教师将参加游戏的幼儿分为两组，一组扔沙包，另一组躲沙包，扔沙包的一组再分为两组分别站在场地的两端，躲沙包的一组站在中间，场地两端扔沙包的轮流将沙包砸向中间躲沙包的人。

小贴士：

1. 躲沙包的人如被砸中，则被淘汰。

2. 躲沙包的人如接住沙包，则多一次游戏机会。

（二）多样玩法

游戏一：掂沙包

玩法：

两人或多人选择一种工具，同时掂起沙包，保持沙包不落下。

小贴士：

1. 谁掂的沙包次数最多谁就获胜。

2. 教师应提醒幼儿遵守游戏规则。

游戏二：沙包保龄球

玩法：

多人合作游戏，选择一些物品充当"保龄球"，每人拿到相同数量的沙包，站在同一起点，比一比谁击中的保龄球数量最多，需要一名小朋友做裁判，记录每个人的击中"保龄球"的数量。

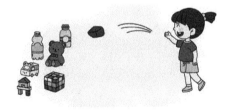

图 56　沙包保龄球

小贴士：

1. 击中物品数量最多的小朋友可获得当裁判或再次游戏的机会。

2. 若沙包再次弹起击中多个物品，只能算一个。

游戏三：沙包"炸弹"

图 57　沙包"炸弹"

✦ **玩法：**

教师创设游戏情景，幼儿自主设计"碉堡"，用沙包当"炸弹"，看看谁能将沙包丢进"碉堡"中，成功击退敌人。

✦ **小贴士：**

1. 击中碉堡的次数最多者获胜。

2. 注意游戏安全。

手影游戏

游戏简介：

"手影游戏"是中国民间传统儿童游戏，历史悠久。手影游戏不需要复杂的设备，只要一烛或一灯，甚至一轮明月，就可以展开。该游戏通过惟妙惟肖的动作，锻炼幼儿手指肌肉与灵敏度，激发幼儿的想象力和创造力，又能创造属于家长和幼儿的亲密时刻。

游戏准备：

1. 游戏材料准备：电筒、白墙或投影布等。
2. 场地准备：平坦的场地或桌面。

教师预期：

1. 幼儿的观察能力、专注能力及手眼协调能力能得到锻炼。
2. 幼儿的联想能力和表达能力能得到锻炼。
3. 幼儿能遵守民间游戏的规则。
4. 幼儿在游戏中能大胆尝试，与同伴相互分享自己的心得。

玩转游戏：

(一)传统游戏

★玩法：

游戏通常在晚上或白天有阳光的地方进行，幼儿用自己的两只手，通过张合、弯曲、展开等摆成不同的造型，利用手电筒或台灯将造型投影到墙面、白布或白纸上。游戏中，幼儿能靠手部动作投影的改变，创造出各种不同的形象。

小贴士：

1. 注意身体不要完全挡住光源。

2. 一定要在有光源的地方玩此游戏。

（二）多样玩法

游戏一：踩影子

玩法：

每两名幼儿自由组合成一组，在规定的范围区域内开展游戏活动，一人奔跑躲闪，另一人去踩奔跑幼儿头部的影子，踩中后交换游戏角色。

小贴士：

1. 踩影子时，幼儿不可以用手去拉扯奔跑的玩伴，注意安全。

2. 幼儿若踩中奔跑幼儿头部的影子就算获胜，同时玩家可交换游戏角色。

游戏二：猜猜"我"是谁

图 58　猜猜"我"是谁

玩法：

教师可准备各种物品，让幼儿观察这些物品的影子轮廓，大胆猜一猜到底是什么。

小贴士：

1. 幼儿不能违反规则偷看物品，只能通过观察影子来猜。

2. 游戏中，猜中数量最多的幼儿获胜并能获得相应的奖励。

游戏三：讲故事

✦ 玩法：

幼儿利用手影做出一个个不同动物的形象，并为其配上不同的语音，编排出有趣的故事进行表演。

✦ 小贴士：

图 59　讲故事

1. 游戏中，幼儿饰演不同角色进行表演。

2. 观看表演的幼儿要保持安静，不能随意讲话。

跳房子

游戏简介：

"跳房子"是一个传统民间游戏，深受儿童的喜爱，游戏过程中的"投子"能提高孩子手眼协调能力，跳跃的动作能锻炼孩子的身体平衡能力和弹跳能力；同时"房子"图案的可变性，给予孩子更多的自主创新空间，能发展他们的思维能力，也让"跳房子"的游戏变得更加具有趣味性。另外，"房子"可以用粉笔随意画在地面上或用树枝、积木等随意拼搭，可就地取材，符合现代环保的理念。

游戏准备：

1. 游戏材料准备：无。
2. 场地准备：空旷的户外场地。

教师预期：

1. 幼儿能了解民间游戏"跳房子"的玩法。
2. 幼儿能按自己的意愿选择游戏材料，理解并遵守游戏规则。
3. 该游戏能促进幼儿社会性成长，培养幼儿良好的心理素质和归属感。
4. 幼儿能主动探索跳跃、投掷等玩法，提高自身跳跃能力和协调性。
5. 幼儿能在说说、动动、玩玩中初步感受房子造型的多样化。

玩转游戏：

（一）传统游戏

跳 房 子

玩法：

三至五名幼儿为一组进行游戏，首先排定游戏顺序。游戏开始，先由第一人将布沙袋抛进第 1 格，用单脚跳进第 1 格，接着用单脚将布沙袋踢进第 2 格；然后用单脚跳进第 2 格，再将布沙袋单脚踢进第 3 格；接着用单脚跳进第 3 格……直到将布沙袋踢进第 9 格，然后双脚跳出第 9 格，算一次成功，可得 10 分。然后再从第 1 格重新开始一轮游戏。幼儿若在游戏中途失误，可在下一轮时，从失误格开始。几轮以后，得分最多者为第一名。

小贴士：

1. 幼儿若在跳房子过程中踩线或者悬空的脚落地，需要重新排队参与游戏。
2. 幼儿要遵守游戏的比赛规则。

（二）多样玩法

游戏一：脚踢沙包跳跳跳

玩法：

小朋友们排好队，站在"房子"之外的起点处，将沙包置于"房子"第 1 格内用脚踢沙包，如沙包踢到格子"3"，那么踢沙包的小朋友需要跳到格子"2"后将格子"3"内的沙包捡起，然后原路返回，将沙包传给下一名小朋友，依此类推。

小贴士：

1. 不能将沙包踢到房子外，跳房子时一个格子内不能两脚同时落地。
2. 违规者将暂停游戏并重新排队。

游戏二：动物跳房子

玩法：

图 60　动物跳房子

教师在房子的每个格子里面贴上不同的小动物图画。游戏开始后，幼儿站在房子外的起点处投掷沙包。沙包投进哪个格子，那么小朋友就要模仿相应格子里的小动物进行跳房子游戏。如，沙包扔到小兔子格子，那么小朋友就要双手在头上比画兔子耳朵，模仿小兔子跳房子。

小贴士：

1. 不能将沙包扔到房子外面。

2. 沙包扔到哪个格子就要模仿相应格子里的小动物，不能模仿其他小动物。

游戏三：搭建"跳房子"

玩法：

幼儿自由选取材料，例如粉笔、圈、积木等，不限制场地，来搭建"房子"，小组成员可相互交流设计游戏玩法。

小贴士：

1. 幼儿能根据搭建的"房子"形状自由进行跳房子。

2. 脚落地或踩到房子边缘的幼儿需要重新排队进行挑战。

图 61　搭建"跳房子"

抢椅子

游戏简介：

"抢椅子"是孩子们耳熟能详、非常喜欢的传统游戏，简单、好玩、刺激，操作性强。抢椅子游戏通过多种形式的信号，可以提高幼儿身体动作的灵敏性，同时也能让幼儿在游戏中体验互相合作的快乐以及获得成功的满足。

游戏准备：

1. 游戏材料准备：椅子若干。
2. 场地准备：平坦的场地或桌面。

教师预期：

1. 幼儿能探索椅子的各种玩法，充分练习平衡、爬、跨等动作。
2. 幼儿的反应能力和身体灵活性能得到提升。
3. 幼儿能在游戏中做到自我保护，注意安全。
4. 幼儿能培养自身的竞争意识，体验游戏带来的挑战与快乐。

玩转游戏：

（一）传统游戏

抢椅子

⭐ **玩法：**

教师将板凳围成一个圈，并让幼儿也站一个圈。音乐响起时，幼儿就围着椅子同一方向转；音乐声停止时，幼儿就要抢坐在板凳上。因为差一把椅子，所以会有一名幼儿没抢到板凳，没抢到椅子者将被淘汰。如此反复，直到两人争一把椅子时，冠军就诞生了。

小贴士：

1. 幼儿应在游戏中始终注意安全，不要推搡同伴。

2. 游戏中被淘汰的幼儿不得再去争抢椅子，否则会被判违规。

3. 控制音乐的人要背对着游戏者，停止音乐后再面向游戏者，保证游戏的公平。

（二）多样玩法

游戏一：听口令

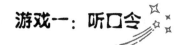

玩法：

教师将幼儿分成两队，分别相对而站，每两人中间放一把椅子，听裁判口令"肩膀、头发、脚踝、膝盖"等某一部位名称，所有人根据指令进行，当裁判喊出"抢椅子"的口令时，大家就要同时去抢椅子。

小贴士：

1. 谁最先抢到椅子谁就获胜，抢到椅子次数最多的队伍获胜。

2. 游戏中幼儿应注意安全，不要推搡其他幼儿。

游戏二：翻山越岭

图62　翻山越岭

玩法：

两名幼儿在哨声响起时同时出发，分别越过障碍，第一时间来到终点，坐到椅子上的幼儿为胜者。

小贴士：

1. 谁先坐到椅子上谁就获胜。

2. 幼儿应在听到哨声后出发，否则会被视为违规。

游戏三：我是表演者

玩法：

幼儿围成圆圈，面对圆心坐下。音乐响起时，幼儿面对圆心起身，随音乐节拍边走边做动作（或者随音乐传递帽子）。此时，教师随机撤走一把椅子，当听到音乐停止时，幼儿迅速坐下，没有抢到椅子的幼儿当"领头人"，负责创编合拍的音乐动作，其余的幼儿进行模仿。音乐再次响起时，幼儿起身继续走动，每一个抢不到椅子的幼儿就是下一个创编游戏动作的"领头人"。游戏反复进行，直至音乐结束。

图 63 我是表演者

小贴士：

1. 幼儿需跟着音乐进行游戏，音乐没有休止时，不能抢座。
2. 游戏中幼儿要模仿动作，遵守游戏规则。

赶小猪

游戏简介：

"赶小猪"是一项广为流传的传统民间体育游戏，以前人们为了保护庄稼，就组织村民赶猪，慢慢地演变成了如今的"赶小猪"游戏。该游戏有助于提高幼儿的平衡性、肢体以及手眼协调力，让幼儿享受运动的乐趣。

游戏准备：

1. 游戏材料准备：棍子、小球、圈。
2. 场地准备：平坦的场地。

教师预期：

1. 幼儿能体验赶小猪游戏的乐趣。
2. 幼儿能练习手部力量，锻炼手部小肌肉群。
3. 幼儿能锻炼自身的平衡能力、手眼协调能力和四肢协调能力。
4. 幼儿能从游戏材料、游戏玩法等多方面探索"赶小猪"游戏玩法的多样性。
5. 幼儿能自主游戏并与同伴合作游戏。

玩转游戏：

(一)传统游戏

玩法：

幼儿手持"赶小猪"棍子，从起点处用棍子将小球赶到套圈里。

小贴士：

1. 游戏中，幼儿应始终注意安全，不要撞到同伴。

2. 赶猪过程中幼儿不能用手碰球。

（二）多样玩法

游戏一：障碍"赶小猪"

玩法：

教师将障碍物放在起点与套圈中间，幼儿沿 S 形路线绕过障碍物到达终点。

图 64　障碍"赶小猪"

小贴士：

1. 先到达"猪圈"的幼儿为获胜者。

2. "小猪"不能脱离杆子。

3. 幼儿应注意"赶小猪"时不能碰到障碍物。

游戏二：赶保龄猪

玩法：

教师在距离起点两至三米处摆上五个大彩蛋，幼儿站在起点处，将报纸球放在两脚中间，游戏开始后，幼儿手持杆子向前打球。

小贴士：

1. 幼儿若将大彩蛋打倒则获胜。

2. 一定要将报纸球夹在两脚中间。

游戏三：听声辨位赶小猪

玩法：

教师用七至八个套圈摆成一个大圆圈，一名幼儿站在圆圈中间戴上眼罩，

图65 听声辨位赶小猪

另外一名幼儿在圈外摇铃。游戏开始，摇铃者需随机在某一个套圈内摇铃，蒙眼者需听声辨位，确定好位置后，蒙眼者可将眼罩取下，将"小猪"赶到摇铃圈内。

✦ **小贴士：**

1. 摇铃者摇铃鼓时，蒙眼者不可将眼罩取下。

2. 蒙眼者只有在确定好位置后才能取下眼罩。

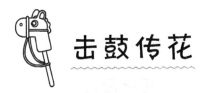

击鼓传花

游戏简介：

"击鼓传花"也称传彩球，属于中国传统民间游戏，是中国古代酒令的一种，流行于各地。数人围成一圈，席地而坐，其中一人拿花（或一小物件），另有一人背对着大家或蒙眼击鼓，鼓响时众人开始依次传花，至鼓停止为止。此时花在谁手中或其座位前，谁就上台表演节目，如果花在两人手中，则两人可通过猜拳或其他方式决定谁上台表演。

游戏准备：

1. 游戏材料准备：鼓、花。
2. 场地准备：平坦的场地。

教师预期：

1. 幼儿能充分体验"击鼓传花"游戏的趣味性。
2. 幼儿能掌握"击鼓传花"游戏玩法，学会遵守游戏规则。
3. 幼儿反应的灵敏性和速度能得到锻炼。
4. 该游戏能增强幼儿的表现力和表现欲望，鼓励幼儿在同伴面前大胆表现自己。

玩转游戏:

(一)传统游戏

击鼓传花

玩法:

数人围成一圈席地而坐,其中一人拿花(或一小物件),另有一人背对着大家或蒙眼击鼓,鼓响时众人开始依次传花,至鼓声停止为止。此时花在谁手中或其座位前,谁就上台表演节目,如果花在两人手中,则两人可通过猜拳或其他方式决定上台表演者。

小贴士:

1. 拿到花的幼儿表演节目。

2. 鼓声结束前,不能越过同伴传递花。

(二)多样玩法

游戏一:布娃娃快跑

玩法:

幼儿分成人数相等的红蓝两队,面对面坐在两条平行线上,听鼓开始时,每队的第一位幼儿从筐中一个个地取出娃娃,依次传给旁边的幼儿,娃娃传到最后一位幼儿时,最后一位幼儿要将娃娃放到本队的"房子"里,鼓声停止后,哪队幼儿传的娃娃多,哪队即为获胜方。

图66 布娃娃快跑

小贴士:

1. 听鼓声开始与结束,不能越过同

伴传递。

2. 不能同时拿取多个娃娃传递。

游戏二：神秘的盒子

⭐ 玩法：

幼儿围成圆圈坐好，教师背对幼儿敲响铃鼓，第一位幼儿把盒子传给第二位幼儿，一个接着一个依次传递，当铃鼓声停止时，拿到盒子的幼儿停止传盒子，看看神秘的盒子里装的什么，任意抽取自己喜欢的"礼物"并为自己装扮。

图 67　神秘的盒子

⭐ 小贴士：

1. 鼓声停止后，盒子到谁手上，谁才能打开看，幼儿不能在游戏中途打开盒子。

2. 鼓声停止前不能拿着盒子不放，一定要传给下一位幼儿。

游戏三：圆圈传花

⭐ 玩法：

每个幼儿前面各放一个圆圈，一人敲鼓，幼儿依次穿过圆圈传花，如果放错则重来。

⭐ 小贴士：

1. 每个幼儿传递的花只能放在自己前面的圆圈里。

2. 鼓声结束前，幼儿不能越过同伴传递。

盲人摸象

🏠 游戏简介：

"盲人摸象"是一个传统民间游戏，游戏者站在圆圈内，用布块把眼睛蒙起来，保证看不见任何东西。另一名游戏者手持响铃或其他打击乐，不蒙眼站在圈内。游戏开始，未蒙眼者手持响铃或其他打击乐器不断地敲击，蒙眼者闻声追拍，未蒙眼者在躲闪中被触及身体的任何部位或踏线出圈，就算失败，然后与蒙眼人交换角色。

🏠 游戏准备：

1. 游戏材料准备：自制尾巴、圈圈。
2. 场地准备：空旷的室内或户外场地。

🏠 教师预期：

1. 幼儿能根据声音辨别声音发出的方位。
2. 幼儿能练习蒙住眼睛向前走的动作，促进幼儿平衡能力发展。
3. 幼儿的躲闪能力和追跑动作能得到发展。
4. 幼儿能积极大胆地参加活动，并遵守游戏规则。
5. 幼儿能学会大胆地创新游戏，感受游戏的乐趣。

玩转游戏：

（一）传统游戏

盲人摸象

玩法：

游戏者站在圆圈内，用布块把眼睛蒙起来，确保看不见任何东西。另选一人手持响铃或其他打击乐器不蒙眼站在圈内。游戏开始，未蒙眼者手持响铃或其他打击乐器不断地敲击，蒙眼者闻声而追拍，未蒙眼者在躲闪中被触及身体的任何部位或踏线出圈，就算失败，并与蒙眼人交换角色。

小贴士：

1. 未蒙眼的人只能敲击铃鼓和其他打击乐器，不能有任何暗示。

2. 游戏中未蒙眼者不能踏出圈外，否则算犯规。

（二）多样玩法

游戏一：猜猜我是谁

玩法：

一名小朋友站在圈圈中间，蒙住眼睛说"开始"时，其他小朋友就沿顺时针方向走圈，当中间小朋友说"停"的时候，其他小朋友就要停住不动，蒙着眼睛的小朋友来摸走圈的小朋友，根据特征猜出所摸的小朋友是谁。

图68 猜猜我是谁

小贴士：

1. 蒙眼的小朋友在摸的时候，其他小

朋友不能发出声音。

2. 教师要关注游戏区域及周围的安全。

游戏二：躲猫猫

玩法：

一个小朋友蒙着眼睛数到二十，其他小朋友在教室里找地方躲起来。蒙眼睛的小朋友找到了躲起来的小朋友则胜利，没有找到的小朋友则下一轮继续游戏。

小贴士：

1. 蒙着眼睛的幼儿要数到二十才能开始游戏。

2. 游戏要在设定的区域内进行。

游戏三：听声辨位

图 69　听声辨位

玩法：

两人蒙眼静止站在两边，中间一个小朋友拿着铃鼓拍，请两个小朋友指出铃鼓声音传来的方位。

小贴士：

1. 拿着铃鼓的小朋友可以四处走动。

2. 教师要关注活动区域的安全。

游戏四：冰冻盲人

玩法：

六七个小朋友蒙着眼睛站在起点上，其中一个小朋友站在离他们差不多五米的圆圈里，小朋友喊"123 结冰"时，蒙着眼睛的小朋友往前走，但话音落下后，他们则不能动。依次重复，最先走到前面并摸到圆圈里的小朋友的玩家则为获胜者，并在下一轮游戏中喊口令。

小贴士：

1. 蒙眼睛的小朋友要站在同一起点线上。
2. 最先走到前面摸到圆圈里的小朋友的玩家为获胜者。

老鹰捉小鸡

游戏简介：

"老鹰捉小鸡"也叫"黄鹂吃鸡"或"黄鼠狼吃鸡"，是一个适合多人在户外或空间较大的场地进行的游戏。类似"老鹰捉小鸡"的民间游戏在我国不同地方都存在，只是名称和形式会根据不同地域、不同民族的特点而有所差异，如新疆柯尔克孜族的"老鹰吃仙鹤"、满族的"老鸹叼小鸡"、青海土族的"抓羊"、山东民间的"马虎叼羊"、广西民间的"狼吃小羊"等，这些游戏的玩法和"老鹰捉小鸡"非常类似，游戏气氛紧张活跃，生动有趣，深受各民族幼儿喜爱。

游戏准备：

1. 游戏材料准备：无。
2. 场地准备：空旷的户外场地。

教师预期：

1. 幼儿能体验"老鹰捉小鸡"游戏中躲避追逐的乐趣。

2. 幼儿能了解"老鹰捉小鸡"游戏中老鹰、母鸡、小鸡不同角色的设定，熟练掌握游戏的基本玩法。

3. 幼儿能够制定新规则，自主组织游戏。

🏠 **玩转游戏**：

（一）传统游戏

老鹰捉小鸡

⭐ **玩法**：

游戏需要至少三个人，一人当母鸡，一人当老鹰，其余的当小鸡。小鸡依次在母鸡后牵着衣襟排成一队，老鹰站在母鸡对面，做"捉小鸡"的姿势。游戏开始时，老鹰开始追赶小鸡，母鸡要极力保护身后的小鸡，众小鸡则在母鸡身后左躲右闪，争取不被老鹰捉住。

⭐ **小贴士**：

1. 小鸡被老鹰捉住后要退出游戏，在一旁等待。

2. 教师应提醒幼儿要遵守游戏规则。

（二）多样玩法

游戏一：拯救小鸡

⭐ **玩法**：

游戏中，如果小鸡和母鸡跑散了，小鸡则需要原地蹲下，等待母鸡的救援。

⭐ **小贴士**：

1. 小鸡蹲下期间，老鹰不可以捉小鸡。

2. 教师应提醒幼儿注意安全，避免与同伴撞到导致受伤。

游戏二：沙包攻击

图 70　沙包攻击

玩法：

　　一名幼儿为老鹰，另一名幼儿为鸡妈妈，其余幼儿为鸡宝宝，鸡妈妈与鸡宝宝们纵向排成一列，依次拽住前面幼儿的衣服不松手。老鹰用沙包击打鸡宝宝们，鸡妈妈对鸡宝宝进行保护，阻挡沙包打中鸡宝宝，鸡宝宝们需要躲避沙包的攻击。

小贴士：

1. 被击中的小鸡要下场休息。

2. 幼儿应注意不要将沙包往同伴脸上丢。

游戏三：小鸡抱抱乐

玩法：

　　在游戏开始之前，老鹰说一个数字，说到数字几，几个鸡宝宝就要抱在一起，没有抱上的小鸡宝宝就要被抓走啦。

图 71　小鸡抱抱乐

小贴士：

1. 没有配对成功的小鸡要被抓走。

2. 教师应选择空旷的场地进行游戏。

丢手绢

游戏简介：

"丢手绢"又叫"丢手帕"，是我国传统的民间儿童游戏。游戏开始前，教师应准备几块手绢，然后大家推选一个丢手绢的人，其余的人围成一个大圆圈蹲下。游戏开始，被推选为丢手绢的人沿着圆圈外行走，要不知不觉地将手绢丢在其中一人的身后。被丢了手绢的人要迅速发现自己身后的手绢，然后迅速起身追逐丢手绢的人，丢手绢的人沿着圆圈奔跑，跑到被丢手绢人的位置时蹲下，如被抓住，则要表演一个节目，可表演跳舞、唱歌、讲故事等。这个游戏不仅让幼儿学儿歌《丢手绢》，也让幼儿学会倾听儿歌中的指令，在听到指令时及时作出相应的反应。

游戏准备：

1. 游戏材料准备：手绢。
2. 场地准备：空旷的户外场地。

教师预期：

1. 幼儿能在活动中大胆唱儿歌《丢手绢》。
2. 幼儿能探索"丢手绢"游戏的不同玩法。
3. 幼儿能体验在"丢手绢"游戏中相互追逐的快乐。
4. 幼儿知道认真倾听他人说话或歌唱，及时针对不同的创新游戏作出不同的反应。

玩转游戏：

（一）传统游戏

丢 手 绢

玩法：

教师在游戏开始前，准备几块手绢，然后大家推选一个丢手绢的人，其余的人围成一个大圆圈蹲下。游戏开始，被推选为丢手绢的人沿着圆圈外行走。丢手绢的人要悄悄地将手绢丢在其中一人的身后。被丢了手绢的人要迅速发现自己身后的手绢，然后迅速起身追逐丢手绢的人，丢手绢的人沿着圆圈奔跑，跑到被丢手绢人的位置时蹲下，如被抓住，则要表演一个节目，可表演跳舞、唱歌、讲故事等。

小贴士：

1. 游戏开始时，幼儿必须围成圆圈坐下。

2. 丢手绢的人要沿着圆圈奔跑，跑到被丢手绢人的位置则为胜利，否则就要表演节目。

3. 教师应提醒幼儿在奔跑的过程中要注意安全。

（二）多样玩法

游戏一：双圈丢手绢

玩法：

幼儿围成内外两个圈。游戏开始，被推选为丢手绢的人沿着圆圈外行走。丢手绢的人要悄悄地将手绢丢在其中一人的身后。被丢了手绢的人要迅速发现自己身后的手绢，然后迅速起身追逐丢手绢的人，丢手绢的人沿着圆圈奔跑，跑到被丢手绢人的位置时蹲下，如被抓住，则要表演一个节目，可表演跳舞、唱歌、讲故事等。

小贴士：

1. 两个丢手绢的幼儿要围着各自的外圈跑，不能跑到别的圆圈里。

2. 两个圆圈的幼儿游戏必须同步进行。

3. 教师应提醒幼儿在奔跑的过程中应该注意安全。

游戏二：小动物与手绢的"邂逅"

玩法：

幼儿手拉手站着围成一个圆圈，游戏中幼儿应模仿动物的方式走路，当说到小兔子时，丢手绢和追赶的小朋友要变成"小兔子"，围成圆圈的小朋友要站着学小兔子跳，依次模仿老虎等动物走路。

小贴士：

1. 围成圈的幼儿也要做相应小动物的动作。

图72 小动物与手绢的"邂逅"

2. 被抓住的幼儿要表演一个节目，可表演跳舞、歌谣、讲故事等。

游戏三：手绢与相邻数

玩法：

十个小朋友为一组，教师在每个小朋友衣服上贴一个数字编号，让他们围成圆圈坐下，并选一名幼儿丢手绢，小朋友们闭着眼睛唱儿歌《丢手绢》，当歌曲唱完后，谁的前面有手绢的幼儿要说一句："××的相邻数。"衣服上贴有与所说数字相邻的两个数的编号的小朋友则要一起去追前面的小朋友，被追到的小

图73 手绢与相邻数

朋友则要表演节目。

小贴士：

    1. 幼儿会认识数字并且知道它们的相邻数。

    2. 追逐的过程中两名相邻数的幼儿要往一个方向跑。

附：

儿歌《丢手绢》

丢，丢，丢手绢，

轻轻地放在小朋友的后面，

大家不要告诉他，

快点快点捉住他，

快点快点捉住他。

抓子儿

游戏简介：

"抓子儿"是古今深受人们喜爱的一项民间游戏，各地名称不一，有"拾子儿""拾磨个""抓巴骨""拾石子""摸子儿"等不同叫法，明代已有抓子儿游戏。"抓子儿"游戏优点有四：一是不受性别和场地的限制，室内室外都能玩；二是材料简单易得，随便捡几块小石子，自己动手打磨一下就能玩；三是不存在安全隐患，可以放心让孩子游戏；四是不需要刻意组织，灵活方便，没伴时可一个人玩，有伴时可三四人一起玩。抓的子儿多少不定、手势不定，便于幼儿进行创新游戏，同时可以发展幼儿手部精细动作。

游戏准备：

1. 游戏材料准备：大小均匀、较圆润的石子或用瓷碗底部碎片磨制而成的"子儿"。

2. 场地准备：安全无毛刺的桌面或地面。

教师预期：

1. 对民间游戏"抓子儿"感兴趣，了解该游戏的玩法。

2. 幼儿学习摆、弹、抛、接小物体的技巧，通过多次练习训练动作的灵敏性。

3. 幼儿通过参与游戏，体验合作、竞争的快乐和自由操控小物体的乐趣。

4. 幼儿的手眼协调能力及专注力得到锻炼。

5. 幼儿能在游戏中体验数与量的对应关系。

玩转游戏：

（一）传统游戏

抓子儿

玩法：

先拿一颗"子儿"向上抛，用手背接住，称为"背"，接着向上抛，迅速翻转手掌，用手心接住"子儿"称为"接"，一"背"一"接"为一套动作。

小贴士：

1. 幼儿能接几颗就能赢几颗，接不住则认输，由另一人继续玩游戏。游戏结束，赢"子儿"多者获胜。

2. 教师在游戏中可根据动作熟练程度增减"子儿"的数量。

（二）多样玩法

游戏一：你抛我接

玩法：

两个小朋友共同使用一颗"子儿"，一个小朋友抛出"子儿"，另一个小朋友尝试接住；两个小朋友同时向对方抛出一颗"子儿"，再去接住对方抛过来的"子儿"。

图74 你抛我接

小贴士：

1. 接住得一分，未接住不得分，游戏结束后得分多者获胜。

2. 幼儿在抛"子儿"时要注意观察和抛接力度，保证游戏中自己和小伙伴的安全。

游戏二：左右开弓

玩法：

双手各向上抛出一枚"子儿"，顺利接住；双手各持一枚"子儿"，交叉抛出，再去尝试接住。

小贴士：

1. 双手同时接住抛出的"子儿"则挑战成功；接住一颗或两颗均没接住均视为挑战失败。

2. 可先玩向上抛接游戏，根据游戏能力的提升逐步尝试交叉抛接游戏。

游戏三：让"子弹"飞

玩法：

两名或多名幼儿各手持一颗外形不一样、便于区分的"子儿"，站在起点线外，向前抛出；或站在对向起点线前，抛出"子儿"，落地后去找到对方的"子儿"，并迅速回到起点线。

图75　让"子弹"飞

小贴士：

1. 同向游戏中，抛出最远者为本轮游戏获胜者。

2. 对向游戏中，先找到对方的"子儿"并跑回起点者为游戏获胜者。

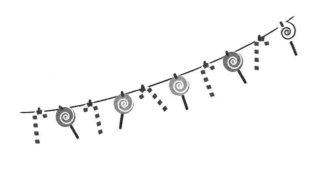

大 班

打 弹 珠

游戏简介：

"打弹珠"又称"打玻璃珠""弹玻璃球""弹球儿""打弹子""弹溜溜"，最早应起源于儿童拾起地上的小石子儿随意弹射，继而有意弹射某一目标，最后发展成一种游戏。玩的人各出数枚，输者将丧失对玻璃珠的所有权。打弹珠游戏需要幼儿用手指进行挤压和控制，可以锻炼自身手指的灵活性和协调性，提升精细运动技能。游戏中，幼儿需要观察弹珠的运动轨迹和方向，调整自己的动作，从而锻炼幼儿的观察力和抽象思维能力。这还是一个需要与他人交流和合作的游戏，幼儿在游戏中学习互动，增强团队合作精神和社交技能。

游戏准备：

1. 游戏材料准备：弹珠若干、各类积木、管道、收纳袋等。
2. 环境场地准备：室内外平整场地。

教师预期：

1. 幼儿乐意积极探索弹珠的多样玩法，体验在"打弹珠"游戏中获得胜利带来的快乐。
2. 幼儿能初步学习设计打弹珠游戏玩法和规则，尝试根据自己的设计玩游戏。
3. 幼儿能根据弹珠的距离和角度作出判断，在游戏中运用策略取得优势。

玩转游戏：

（一）传统游戏

打弹珠

玩法：

教师在地面设置起点和终点，在起点处做好标记，在终点处挖一个能装下几颗弹珠的小洞。两名幼儿为一组，用"石头剪刀布"的方式确定由谁先打弹珠。第一名幼儿手掌呈半握拳状，食指弯曲，将弹子放在弯曲处，以大拇指用力将弹珠弹出。第二名幼儿从起点出发以同种方式打出弹珠，并调整方向和角度以击打对方弹珠，依次进行，先将对方弹珠打进终点洞内的小朋友获胜，可以赢得对方的弹珠。

小贴士：

1. 玩家每次从弹珠定住的位置调整方向和角度来击打对方弹珠，不能随意移动弹珠。

2. 在游戏过程中，幼儿应与其他玩家保持合适的距离，以免弹珠飞出伤及他人。

（二）多样玩法

游戏一：看谁打得远

玩法：

两名幼儿轮流从相同的起点朝相同的方向打出弹珠，第一名幼儿打出弹珠后等弹珠静止，取一个小贴纸贴在静止处，然后将弹珠拿走，第二名幼儿接着打出弹珠。两人都完成后，对比贴纸的距离判断本轮游戏的获胜者，打得远的一方获胜，赢得对方弹珠。

小贴士：

1. 游戏前教师要讲明游戏规则，避免幼儿因输赢发生冲突。

2. 幼儿打弹珠的手势要统一，确保游戏的公平性。

游戏二：平地打弹珠

玩法：

现有的场地不便于挖洞时，幼儿可用积木拼搭出游戏终点装置，留有一面不封闭的"洞口"造型。两名小朋友依次从起点出发，撞击对方的弹珠，如成功撞击对方弹珠则可再打一次，如没有则另一名小朋友继续游戏，直至将一颗弹珠打入"洞"内，先将对方弹珠打进积木内的小朋友获胜，赢得对方的弹珠。

图76 平地打弹珠

小贴士：

1. 玩家也可将拼好的"积木洞"放在桌面四角，四周桌沿用积木做挡板，在桌面上进行打弹珠游戏。

2. 每名幼儿的弹珠应有不同，便于区分。

游戏三：目标靶

玩法：

在场地中设置不同的目标区域，赋不同的分数，让幼儿尝试将自己的弹珠打入这些区域，弹珠落在最高分值区域的幼儿获胜，赢得落在最低分值区域幼儿的弹珠。

小贴士：

1. 不同分值区域的界线相连，游戏前玩家应规定好打在界线上的赋分规则。

2. 游戏后教师应清点弹珠总数量，确保游戏全程无隐藏的危险。

图77 目标靶

游戏四：障碍赛

玩法：

教师可以在各类打弹珠游戏环境中设置一些障碍物，如小山包、小木块或者其他弹珠，使得瞄准对方弹珠的难度增加。将对方弹珠成功打进终点或弹珠落在分值最高区域的幼儿获胜，就能赢得一颗弹珠。

小贴士：

1. 教师可根据不同幼儿的实际发展水平设计不同难度的障碍物。

2. 教师应关注幼儿情绪，引导幼儿在面对挑战和失利时保持积极心态。

游戏五：弹珠向前冲

玩法：

玩家利用管道(竹筒)和积木等材料搭建弹珠轨道，从起点打出弹珠，沿轨道行进。

小贴士：

1. 幼儿能根据弹珠行进情况及时调整打弹珠的力度和轨道坡度。

2. 教师应鼓励幼儿选择多样化材料来探索游戏。

图 78　弹珠向前冲

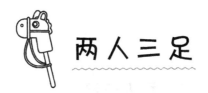

两人三足

游戏简介：

"两人三足"是一项赛跑运动，能够较好地满足大班幼儿对运动量的需求。该游戏器材简单，只需要几根能够绑住腿的绳子，玩家在空旷场地即可开展运动。该游戏对于场地的要求不高，便于活动的开展，且游戏规则简单适合反复游戏。

"两人三足"是一项深受幼儿喜爱的民间游戏，它能锻炼幼儿的下肢力量，同时锻炼身体的协调性和平衡性。该游戏器材简单，对于场地的要求不高，只需要几根能够绑住腿的绳子，能教育幼儿要相互包容，学会团结协作。

游戏准备：

1. 游戏材料准备：绑腿绳、球门、足球、标志盘、标志桶、平衡木、跨栏、垫子。

2. 场地准备：空旷的户外场地。

教师预期：

1. 幼儿能认识并了解"两人三足"游戏，明白在游戏过程中需要与同伴团结友爱。

2. 幼儿能两人合作协调完成"两人三足"游戏，并共同行走一段距离。

3. 幼儿能围绕"两人三足"游戏展开讨论，乐于发现问题、提出问题、解决问题。

4. 幼儿能尝试由"两人三足"变成"三人四足"，能做到"三人四足"的情况下慢慢往前走。

玩转游戏：

(一) 传统游戏

两人三足

玩法：

两名幼儿为一组，一人的左腿与另一人的右腿绑在一起，两人协调一致地在规定范围内行走，率先到达终点的队伍获胜。

小贴士：

1. 绑腿位置不得高于膝盖，不得低于脚踝；
2. 绑带不能系得太松，也不能打死结；
3. 幼儿在行走过程中不能跳跃前行。

(二) 多样玩法

游戏一：三人四足

玩法：

三个人为一组，三人相邻的腿相互绑在一起，协调一致向前行走。

小贴士：

1. 行走过程中，三人必须同时行走。
2. 行走过程中，幼儿要注意保持平衡，当心摔倒。

游戏二：射球入门

玩法：

两人为一组，一人的左腿与另一人的右腿绑在一起，合作将面前的足球一同运到发球点，将足球踢进球门即可得一分。

小贴士：

1. 运球的过程中玩家只能用脚，不能用手。

2. 玩家只有将足球踢进球门才能得分。

图79　射球入门

游戏三：翻山越岭

玩法：

两人为一组，一人的左腿与另一人的右腿绑在一起，协调一致通过一系列障碍物，率先到达终点的小组获胜。

小贴士：

图80　翻山越岭

1. 障碍物的材料选择及摆放可由幼儿自行决定。

2. 可两至四组同时进行游戏。

游戏三：爬爬向前冲

玩法：

两人为一组，一人的左腿与另一人的右腿绑在一起，两人协调一致地在垫子上爬行前进，率先爬到终点的队伍获胜。

小贴士：

1. 游戏中，幼儿的爬行姿势没有限制，但要求膝盖挨着垫子。

2. 可两至四组同时进行游戏。

图81　爬爬向前冲

跳 竹 竿

游戏简介：

跳竹竿又称"打竹舞""竹竿舞"，原本是黎族的一种古老祭祀方式，但是随着时代的变迁，跳竹竿的祭祀色彩已逐渐淡化。现在的跳竹竿更多的是一种带有民族色彩的文化娱乐活动，其健身娱乐功能日益凸显，成为深受广大老百姓喜爱的娱乐和游戏方式。

"跳竹竿"游戏极具趣味性和挑战性，而且简单易学，不仅能够开阔幼儿的视野，发展幼儿的弹跳能力，还能促进幼儿自主创新、合作探究、增强交往的能力，培养幼儿集体荣誉感和团队合作精神。

游戏准备：

1. 游戏材料准备：竹子若干、鼓、音乐。
2. 游戏场地准备：空旷而安全的场地，室内或户外均可。

教师预期：

1. 幼儿愿意参加传统民间游戏"跳竹竿"活动，感受花样跳竹竿带来的乐趣。

2. 幼儿能初步探索民间游戏"跳竹竿"的不同玩法。

3. 幼儿能够遵守民间游戏规则，与同伴合作互助，大胆挑战跳竹竿游戏活动。

🏠 **玩转游戏:**

(一)传统游戏

跳 竹 竿

⭐ **玩法:**

　　三名幼儿自由选择角色,分成打竿者和跳竿者两种角色,一人跳,两人打竹竿。打竿的两人面对面盘腿坐下或单膝跪地,每人双手各执两根竹竿的一端,使竹竿呈平行状。打竿者随着打竿口诀或鼓点的节奏时开时合。跳竹竿的人随着节奏,在开合的竹竿中跳跃,竿子开时跳进去,合时跳出来,可单脚跳,也可双脚跳。

⭐ **小贴士:**

　　敲击竹竿时,打竿者的速度要一致;跳竹竿者随节奏和竹竿的开合跳跃,既不能踩着竹竿,也不能被竹竿夹住。

(二)多样玩法

游戏一:双人跳竹竿

⭐ **玩法:**

　　两名幼儿为打竿者,面对面盘腿坐下或单膝跪地,每人双手各执两根竹竿的一端,使竹竿呈平行状。其余幼儿每两名双手叉腰或手牵手,站在竹竿前,为跳竿者。竹竿随着鼓点或音乐的节奏时开时合,跳竹竿者随着节奏,在开合的竹竿中跳跃,竿子开时跳进去,合时跳出来,可单脚跳,也可双脚跳。

⭐ **小贴士:**

　　跳竹竿者不要推挤前面跳竹竿的人,前面的人跳过去后,后面的人才能接着跳。

游戏二：双组跳竹竿

图82 双组跳竹竿

玩法：

多名幼儿自由选择角色，分成打竿者和跳竿者，四人为打竿者，其余人为跳竿者。打竿者面对面盘腿坐下或单膝跪地，每人双手各执两根竹竿的一端，使竹竿呈平行状，一共有两组打竿者。在音乐的伴奏下，竹竿随着节奏时开时合。跳竹竿者随着节奏，在开合的竹竿中跳跃，竿子开时跳进去，合时跳出来，口令为"开合，开开合"。跳竿的人可以轮流跳。

小贴士：

跳竹竿者随节奏既要跨过竹竿，又不能踩到竹竿，轮流有序地进行。

游戏三：十字形跳竿

玩法：

八名幼儿为一组，四名幼儿为打竿者，将四根竹竿两两垂直交叉，摆成"十"字形。其余四名幼儿为跳竿者，四人轮流围着"十字形"竹竿跳。在音乐的伴奏下，竹竿随着节奏时开时合，跳竹竿者随着节奏，在开合的竹竿中跳跃。

小贴士：

打竿者在竹竿分合敲击时行动要一致，注意要尽量放低竹竿。

图83 十字形跳竿

附：

打竿口诀

小皮球，香蕉皮，马兰开花二十一，

二五六，二五七，二八二九三十一，

三五六，三五七，三八三九四十一，

四五六，四五七，四八四九五十一，

五五六，五五七，五八五九六十一，

六五六，六五七，六八六九七十一，

七五六，七五七，七八七九八十一，

八五六，八五七，八八八九九十一，

九五六，九五七，九八九九一百零一。

翻花绳

游戏简介：

"翻花绳"是中国民间流传的儿童游戏，它以一根花绳作为道具。随着双手的翻转挑动，游戏者能让花绳变换出各种有趣的花样。翻花绳是一种不受材料和场地限制的传统民间游戏，每一个造型图案需要手指完成撑、压、挑、翻、勾、放等一些精细的动作，需要左右手配合一致和每根手指的巧妙分工。该游戏可以提高幼儿动作的灵活性。玩翻花绳时，小朋友需要先将绳子打个结，形成一个绳圈，然后用单手或双手撑开翻出不同的花样。

游戏准备：

1. 游戏材料准备：各种材质的绳子若干。
2. 场地准备：空旷的户外场地。

教师预期：

1. 幼儿能了解民间游戏"翻花绳"的玩法。
2. 幼儿能学习系绳结的简单方法。
3. 幼儿能灵活运用基础的翻绳花样。
4. 幼儿在说说、动动、玩玩中初步感受翻花绳游戏的多样化。
5. 幼儿乐于与同伴共同游戏，提高自身合作意识和能力。

玩转游戏：

（一）传统游戏

翻花绳

玩法：

一个小朋友用手指将绳圈翻出一种花样，另一个小朋友用手指接过来并将其翻成不同的花样，相互交替。直到一方不能再翻出新花样为止。

小贴士：

1. 花绳在翻动过程中不能散开。

2. 无法翻动花绳的一方则为失败方。

（二）多样玩法

游戏一：降落伞

玩法：

第一步，左手五指分开，先将绳圈套住左手大拇指和小拇指；第二步，拉两次手掌中间的绳；第三步，右手大拇指和食指分别向下去勾左手大拇指和小拇指上的绳圈；第四步，将左手垂下的绳子分别穿过左手五指；第五步，拉动手掌中间的绳子，形成"降落伞"样式。

小贴士：

1. 翻出降落伞样式的玩家获胜。

2. 游戏过程中，玩家应注意手部安全，不要受伤。

图84 降落伞

游戏二：过山车

玩法：

第一步，将绳圈套在左手上，五指张开；第二步，右手食指穿过大拇指与食指之间勾出绳子绕一圈套在左手食指上；第三步，右手食指穿过食指与中指之间勾出绳子绕一圈套在左手中指上，依此类推，直到最后勾出绳子套在小拇指上；最后拉动手掌这一侧的绳子，绳子就神奇地全部解开了。

小贴士：

1. 先成功翻过来的幼儿获胜。

2. 其他幼儿不可随意拉扯绳子，以免受伤。

游戏三：双人翻花绳

玩法：

可以两名或多名幼儿共同进行游戏。一名幼儿用两只手翻出基础样式，另一名幼儿观察样式，找到绳子交叉处，用大拇指和食指分别穿过交叉处，绕过旁边的绳子穿出，交接到自己手中。

图85　双人翻花绳

小贴士：

1. 两名或多名幼儿参加游戏。

2. 无法继续翻出花样的一方为失败方。

抬 轿 子

游戏简介：

抬轿子由"抬花轿"这一民间传统衍生而来，是一种经典的民间传统游戏。幼儿们通过身体上的亲密接触和相互配合进行游戏，该游戏不仅能锻炼幼儿的手臂力量，而且在抬花轿的过程中，幼儿还可培养自身的相互合作意识，体验游戏的快乐。

游戏准备：

1. 游戏材料准备：跨栏、起点线。
2. 场地准备：空旷的户外场地。

教师预期：

1. 幼儿能了解轿子在古代的作用。
2. 幼儿能体验创造游戏的乐趣，提高自身动作的协调性。
3. 幼儿能合作完成"抬轿子"的游戏。
4. 幼儿能围绕"花轿"进行讨论，乐于发现问题、提出问题、解决问题。

玩转游戏：

（一）传统游戏

抬轿子

玩法：

三人一组，其中两人面对面双手两两相握，形成"∞"形并蹲下。另一名儿童将双脚伸进两人手臂形成的"∞"形中，将手搭在两人肩上。两边的儿童起立，将中间的儿童抬至指定地点，然后交换角色。

小贴士：

1. 两名抬轿子的幼儿拉紧的手不能突然松开。
2. 坐轿子的幼儿应保持好平衡，不能晃来晃去。

（二）多样玩法

游戏一：比谁抬得重

玩法：

至少七名幼儿参加游戏，一名幼儿担任裁判，两名幼儿为坐轿子的人，其余四名幼儿两两合作担任轿夫，两组比赛的小朋友相互合作抬起更重的幼儿。

图86　比谁抬得重

小贴士：

1. 每组幼儿尽量尝试抬起更重的幼儿。

2. 教师应提醒幼儿要注意保持平衡，小心摔倒。

3. 能抬得起更重的幼儿的一方获胜。

游戏二：抬轿跨栏

玩法：

三名幼儿一起游戏，两名幼儿担任轿夫，抬起一名坐轿人，一起合作跨过障碍物。

小贴士：

1. 游戏过程中抬轿的幼儿注意脚下安全，不要摔倒。

2. 坐轿人要坐稳，不要跌下来。

3. 两名幼儿合作跨过所有障碍物则可视为胜利。

图 87　抬轿跨栏

套 圈

游戏简介：

套圈是我国民众喜爱的传统游戏之一，起初的套圈只是一种自娱自乐的游戏，现在多被小贩们用于商业活动。在过去，套圈游戏组织者会摆上成盒的香烟、泥娃娃、玻璃茶杯、小镜子、小玩具、糖果等物品，在距这些物品数米之外拉一条绳子，参加者必须在绳外掷圈。组织者右手持一根小棍，前端绑着一个铁钩。这一游戏的参加者多是儿童，先交钱买圈，拿到圈后，站在绳外，瞄准自己想要的东西，将圈掷出去，如果套中，物品归掷者所有。套圈游戏可以锻炼幼儿手、眼、脑的协调性，提高其投远投准的能力，增强规则意识。

游戏准备：

1. 游戏材料准备：圈圈若干、小玩具若干、标志筒。
2. 场地准备：空旷的室内场地。

教师预期：

1. 幼儿能了解民间游戏"套圈儿"的玩法。
2. 幼儿能按自己的意愿选择游戏材料，理解并遵守游戏规则。
3. 幼儿能主动探索投掷的玩法。
4. 幼儿能创新多种玩法，敢于大胆尝试自己想法。

玩转游戏：

（一）传统游戏

套　圈

玩法：

游戏组织者摆上泥娃娃、玻璃茶杯、小镜子、小玩具、糖果等物品，在距这些物品数米之外拉一条绳子，参加者必须在绳外掷圈。一名幼儿扮演"组织者"，给参与游戏的幼儿发放圆圈。

小贴士：

1. 游戏参与者在拿到圈后，站在绳外，瞄准自己想要的东西，将圈掷出去，如果套中，物品归掷者所有。

2. 在游戏过程中，玩家应注意自己和他人的安全，不要将圈圈丢到别人身上。

（二）多样玩法

游戏一：套标志筒

玩法：

游戏组织者在中间区域先整齐摆放标志筒，在离标志筒两三米处拉一条绳子。参加套圈的幼儿手拿圆圈，从绳外瞄准目标并投出圆圈，向标志筒套去。

小贴士：

1. 玩家要站在起点线后面套圈。

2. 套中目标则视为胜利。

图88　套标志筒

游戏二：趣味套圈

玩法：

幼儿自行商议套圈奖品及奖励形式，例如运用班级活动室中的玩具材料等，以及商议奖品摆放的位置。靠前排的物品被套中奖励较少，靠后排的物品套中难度较大，则奖励也越大。

图89　趣味套圈

小贴士：

1. 幼儿能自行设计具体的游戏规则。

2. 投掷者套中了物品便可得到相应奖励。

游戏三：套圈与区域游戏

玩法：

教师和幼儿共同商议用套圈的游戏方式来决定幼儿参与班级游戏的区域，例如，从不同游戏区选择代表性玩具材料，幼儿套圈，套中什么材料就进入相应的游戏区。

小贴士：

1. 套圈中的物品代表不同游戏区或奖励事件。

2. 根据游戏材料的数量及大小，教师组织六至八名幼儿参加。

跳皮筋

游戏简介：

跳皮筋又叫"跳橡皮筋""跳橡皮绳""跳猴皮筋儿"，是一种在皮筋儿上跳跃的游戏，玩法丰富，边跳边唱，流行于 20 世纪下半叶。

跳皮筋可以增强幼儿的腿部力量，提高弹跳能力，对发展其身体的灵活性、柔韧性、协调性具有积极的作用。对于跳皮筋的活动，幼儿表现出极大的兴趣。

游戏准备：

1. 游戏材料准备：空旷的场地、三至五米长的橡皮筋或松紧带一条，两头打个结。

2. 场地准备：空旷的户外场地。

教师预期：

1. 幼儿能掌握"跳皮筋"的方法，对民间体育游戏感兴趣，体验合作游戏的快乐。

2. 幼儿能初步了解"跳皮筋"民间游戏的玩法，尝试创编新游戏、新玩法。

3. 幼儿能双脚协调地跳，锻炼幼儿的腿部力量，提高幼儿身体动作的协调性与灵敏性。

玩转游戏：

（一）传统游戏

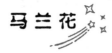

马兰花

玩法：

1. 该游戏需要三个幼儿各拿皮筋儿站成三角形，其他幼儿轮流跳。将规定动作完成者为胜，若一名幼儿跳错或没勾好皮筋儿，就换另一个幼儿跳。皮筋儿从幼儿的脚踝处开始，然后不断向上移到膝盖，到腰、胸或肩，再到耳朵或头顶，高度越高，跳皮筋难度越大。

图90　马兰花

2. 四人为一组，其中三人把橡皮筋套在各自的小腿处站成等边三角形，一人在中间跳。跳的方法可自选，可先用右脚腕勾住三角形的"一条边"，然后左脚跟进去，接着右脚跳出来，左脚跟着也跳出来。如此连续跳三次，"一条边"跳完后，小跑步到"第二条边"和"第三条边"上跳，方法同前。就这样顺着三角形跳，边跳边念儿歌，当念到"一百零一"时，与角上幼儿对换，换上的一名幼儿用同样的方法跳。

小贴士：

1. 在跳皮筋过程中，玩家不能用手去压皮筋。

2. 牵皮筋的幼儿在游戏过程中不能乱动。

3. 跳皮筋的过程中，玩家如踩到皮筋则被淘汰，换下一位幼儿，如挑战成功则晋级，进入下一关。

4. 在跳的过程中，玩家如果被橡皮筋勾住脚并挣脱不掉，就得停下换别人跳。

5. 幼儿必须按儿歌节奏，顺着三角形跳。

（二）多样玩法

游戏一：双跳

玩法：

1. 用"石头剪刀布"的方式决定幼儿的游戏顺序。

2. 两名幼儿分别把橡皮筋两端放在膝盖处。

3. 组长带领幼儿有顺序地双脚踩到左边的皮筋上，然后双脚有序地跳到另一根皮筋上，就像跳竹竿一样，牵橡皮筋的幼儿需要抖动橡皮筋。在跳出皮筋

图 91 双跳

前，幼儿应从皮筋的一边用脚将其勾到另一边的皮筋上，再跳出去。

小贴士：

1. 玩家若踩到皮筋则视为挑战失败，按顺序换另一名幼儿来牵皮筋。

2. 玩家若挑战成功则进入下一关。

3. "跳皮筋"的幼儿若碰到"皮筋"，则视为挑战失败。

游戏二：愤怒的小鸟

玩法：

把双橡皮筋拆成一根单橡皮筋，师生一人拿一端，其余幼儿依次变成小鸟在中间把皮筋往后拉，然后放手，打掉前面的目标物品，就算挑战成功。

小贴士：

1. 打中目标则视为挑战成功，没打中则视为挑战失败，换下一个幼儿进行游戏。

2. 游戏中，教师应提示幼儿待在游戏安全范围内。

游戏三：小心有陷阱

图92 小心有陷阱

玩法：

两人牵着皮筋，在皮筋中间放上不同颜色的圈，牵皮筋的两人指定一个圈为陷阱，不告诉跳皮筋的幼儿，跳皮筋者双脚跳进皮筋中间，如跳到陷阱里则视为挑战失败；如未跳进陷阱，可以继续后面的步骤，即两脚打开分别跳到皮筋外面（皮筋在两腿内侧），再跳到两根皮筋中间，最后跳出，则视为挑战成功。

小贴士：

1. 玩家若跳入陷阱则视为失败，换下一位幼儿进行游戏。

2. 在跳的过程中玩家如果踩到皮筋或碰到皮筋则视为挑战失败，换下一位幼儿。

3. 没有踩到陷阱或碰、踩到皮筋，并顺利完成规定动作的幼儿获胜，晋级到下一关。

附：

马兰花

马兰开花二十一，

二八二五六，二八二五七，二八二九三十一；

三八三五六，三八三五七，三八三九四十一；

四八四五六，四八四五七，四八四九五十一；

五八五五六，五八五五七，五八五九六十一；

六八六五六，六八六五七，六八六九七十一；

七八七五六，七八七五七，七八七九八十一；

八八八五六，八八八五七，八八八九九十一；

九八九五六，九八九五七，九八九九一百零一。

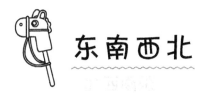

东南西北

游戏简介：

"东南西北"是一种折纸类的手工游戏，源自古时候民间幼儿的突发奇想，尚未发现与其相关的具体典故。该游戏在 20 世纪 80 年代广为流传，男孩女孩都喜欢这个游戏，游戏玩法简单且有趣，游戏材料简单，也不受场地限制。该游戏可以很好地锻炼幼儿的折纸能力，较好地发展幼儿的肌肉控制能力、形状感知能力和空间智力。该游戏也对幼儿社交、协作与语言的发展有着极大的促进作用。

游戏准备：

1. 游戏材料准备：正方形纸张、画笔。
2. 场地准备：舒适的室内场地。

教师预期：

1. 幼儿能认识并了解"东南西北"的折纸方法，能够自主折叠"东南西北"。
2. 幼儿能善于发现折叠中遇到的困难，与同伴讨论解决问题的方法。
3. 幼儿能了解民间游戏"东南西北"的玩法，理解并遵守游戏规则。
4. 幼儿乐于参加各种折纸类游戏，探索不同的奖励和惩罚事件，提高自身创造创新能力。

玩转游戏：

（一）传统游戏

东南西北

玩法：

准备一张正方形的纸和若干彩笔，将正方形纸张的四角分别向中心折，形成一个小正方形。将小正方形翻过来，四个角再次向中心折，再做成一个小小的正方形。在小小正方形中，用笔在八个三角形上面分别写上奖励或者惩罚，在反面的四个角上写上东西南北或者画上不同的图案。将小小正方形再一次对折并向中间挤一挤，把左右两只手的食指和拇指分别插入四个"口袋"中，通过两只手食指和拇指的相碰和分开，达到打开和关闭的效果。两名幼儿为一组，轮流选择东南西北的方向和横竖开合的方向以及开合的次数，按照所选方案进行操作。

小贴士：

1. 幼儿必须按照"东南西北"上的奖励或惩罚进行操作。

2. 幼儿按顺序依次完成奖励或惩罚。

（二）多样玩法

游戏一：东南西北大轮盘

图 93　东南西北大轮盘

玩法：

每四名幼儿为一组进行自由组合，一名幼儿的"东南西北"画与时间相关的图案，一名幼儿的"东南西北"画各个地方，一名幼儿的"东南西北"画各种动物，一名幼儿的"东南西北"上画具体的事件。幼儿按一定的顺序站好，最后一名幼儿说出具体的方位和数字，从第一名幼儿开始数东南西北中的具体数字，依次进行，最后搭配出一句完整的话，例如"早上 9 点小猴子在床上跳舞。"

⭐ **小贴士：**

1. 幼儿按照约定好的顺序说出具体的方位和数字，将事件依次串联起来形成一个完整的句子。

2. 四名幼儿都需要按照最终句子作出相应的反应。

游戏二：东南西北与垃圾分类

⭐ **玩法：**

幼儿自由分组，在"东南西北"上画上各类垃圾，一名幼儿说出"东南西北"的具体方位和点数，数到哪个垃圾就说出这个垃圾应该放入哪个垃圾桶中。

图 94 东南西北与垃圾分类

⭐ **小贴士：**

1. 游戏中，幼儿可能会说错对应的垃圾桶，其余幼儿可引导幼儿说出正确的答案。

2. 说错对应垃圾桶的幼儿可继续游戏，直到说出正确的答案。

游戏三：东南西北抱抱团

⭐ **玩法：**

在"东南西北中"上写上具体的数字，或画上不同数量的小动物或人物，一名幼儿说出"东南西北"的具体方位以及点数，数到哪个数字就要几个小朋

图 95 东南西北抱抱团

友抱在一起。

★ 小贴士：

1. 幼儿需按照正确的数量抱在一起。

2. 幼儿在找小伙伴抱抱团的时候，要注意不要推挤，以免摔倒。

游戏简介：

毽子运动是中国一项流传很广、有着悠久历史的民间体育活动。它具有我国的民族特色，集健身、艺术、文化、娱乐为一体。经常进行这项活动，可以强身健脑，提高协调性及反应能力，并可舒缓压力，陶冶情操，增进团结。同时，观看别人拍毽子也是一种美的享受。

游戏准备：

1. 游戏材料准备：毽子、纸板。
2. 场地准备：空旷的户外场地。

教师预期：

1. 幼儿乐于探索、交流与分享，能体验民间游戏拍毽子的乐趣。
2. 该游戏能培养幼儿的协调性和反应能力，提高幼儿的身体素质和运动能力。
3. 幼儿能与同伴合作拍毽子，逐步提高合作游戏意识和专注力。

玩转游戏：

（一）传统游戏

玩法：

拐——抬起右腿，同时用拍子在右腿下拍击毽子。

拒——抬起左腿，同时用拍子在左腿的左下边拍击毽子。

雀——抬起右腿，拍子从右腿下的左侧伸向右侧拍击毽子。

矮——两腿下蹲，拍子从身体后侧穿过胯下拍击毽子。

背——在站立情况下，用拍子在背后拍击毽子。

扛——左腿在前作弓步，用拍子在左腿左下方拍击毽子。

坐——两腿并拢，下蹲成坐姿，用拍子在两腿下左侧拍击毽子。

✨ **小贴士：**

1. 若毽子掉到地上，则换下一位幼儿进行游戏。

2. 游戏中，幼儿之间保持安全距离。

（二）多样玩法

游戏一：连续拍毽子

图96　连续拍毽子

✨ **玩法：**

双手拿住纸板，用纸板向上连续拍打毽子，毽子拍打起来要有一定的高度。

✨ **小贴士：**

1. 连续拍毽子次数最多者则为获胜者。

2. 拍毽子时要注意安全。

游戏二：面对面拍毽子

✨ **玩法：**

两名幼儿为一组，两人面对面站立，1号幼儿要把毽子拍向2号幼儿，2

图 97　面对面拍毽子

号幼儿需要把毽子接住并直接拍向 1 号幼儿，中途如果没有接住，则挑战失败。

⭐ **小贴士：**

1. 没接住毽子则视为挑战失败。

2. 游戏中，幼儿应注意不要让毽子打到他人。

游戏三：多人拍毽子

⭐ **玩法：**

三至五名幼儿一起参与游戏，把毽子拍给斜对面的幼儿，依次进行游戏，中途不可以让毽子掉到地上。看谁能坚持得最久，每次都能接到毽子。

⭐ **小贴士：**

1. 毽子掉到地上则视为挑战失败，暂停一次游戏。

2. 游戏中，注意不要让毽子打到他人。

图 98　多人拍毽子

斗 鸡

游戏简介：

"斗鸡"又称"撞拐""斗拐"，是常在冬天用来暖身的竞技游戏，也是家喻户晓的传统民间游戏之一。"斗鸡"不需要任何道具，玩起来非常刺激，需要游戏双方像真正的斗士一样互不相让，你争我斗，比出高低。"斗鸡"游戏对腿部力量要求较大，在游戏的过程中，玩家需要单脚不停地蹦跳，保持下盘稳定平衡。该游戏可以锻炼幼儿的腿部力量，提高平衡能力，增强身体肌肉，提升耐力。同时该游戏具有一定的竞争性，需要幼儿克服害怕心理，大胆向前与对手比赛，因此有助于幼儿勇气的培养。

游戏准备：

1. 游戏材料准备：圆圈若干。
2. 场地准备：平坦柔软的场地。

教师预期：

1. 幼儿能了解"斗鸡"游戏的玩法及历史。
2. 幼儿能主动探索民间游戏"斗鸡"的不同玩法。
3. 幼儿能在"斗鸡"游戏中体验获得成功的快乐。

玩转游戏：

（一）传统游戏

斗 鸡

玩法：

地上画直径为 1 米的圆圈，两名幼儿在中间比赛。两人面对面单脚站立，另一脚抬起，脚跟放在"独立腿"的大腿附近，用膝盖攻击对方，迫使对方失去平衡，抬起的腿落地或出了圈则视为失败。

小贴士：

1. 幼儿不能用身体其他部位攻击对方。

2. 被撞倒在地时，幼儿要注意保护自己。

（二）多样玩法

游戏一：群争群斗

玩法：

地上画直径为 1 米的圆圈，两至五名幼儿为一组，两组幼儿在圆圈中间比赛。游戏时间为一分钟。两组幼儿面对面单脚站立，另一只脚抬起，脚跟放在"独立腿"的大腿附近，用膝盖攻击对方，迫使对方失去平衡，脚落地或出圈则视为失败。游戏时间结束时，小组成员剩余者多的一组则为胜利方。

图 99 群争群斗

小贴士：

1. 游戏前，教师要提醒幼儿注意安全。

2. 小组分配时，教师应注意幼儿能力的均衡。

游戏二：狭路相逢勇者胜

玩法：

地面上并排放有五至七个跳圈，两名幼儿分别从跳圈两边一起出发，碰到后开始进行比赛。两人面对面单脚站立，另一脚抬起，脚跟放在"独立腿"的大腿附近，用膝盖攻击对方，迫使对方失去平衡，提屈的腿落地或出了圈则视为失败。赢了的小朋友还需继续跳圈走到另一头才算胜利。

图 100　狭路相逢勇者胜

小贴士：

1. 玩家在跳圈过程中要控制前进速度，保持稳定。

2. 教师应提醒幼儿跳圈时要走到另一头才算完全胜利。

游戏三：斗鸡夺宝

玩法：

两至五名幼儿为一组，两组进行比赛。地面上并排放有两个跳圈，每组各派一名幼儿站在跳圈中进行比赛。两人面对面单脚站立，另一脚抬起，脚跟放在"独立腿"的大腿附近，用膝盖攻击对方，迫使对方失去平衡，提屈的腿落地或出了圈则视为失败。赢了的幼儿可获得一个沙包。哪一组赢得的沙包数量最多，哪一组获胜。

小贴士：

1. 跳圈过程中，玩家要控制动作幅度，避免出圈。

2. 教师应提醒幼儿注意不要被跳圈绊倒，以免摔倒受伤。

跳 绳

游戏简介：

　　跳绳是一人或众人在一根环摆的绳中做各种跳跃动作的运动游戏。这种游戏在唐朝被称为"透索"，在宋朝被称为"跳索"，在明朝被称为"跳百索""跳白索""跳马索"，在清朝被称为"绳飞"，清末以后被称为"跳绳"。作为一种古老的汉族民俗娱乐活动，南宋以来，每逢佳节，家家户户都要比赛跳绳。其跳法有一人自抛自跳记数论胜负，亦有两人抛绳一人跳。现在跳绳花样更是繁多，有单脚跳、双脚跳、反跳、飞跳、交叉跳等，技术高的甚至可以两人用两根绳交叉抛，而一人在中间用双脚跳等。作为一项基本的运动技能，跳绳是幼儿体育教育中不可缺少的一个部分。

游戏准备：

1. 游戏材料准备：跳绳。
2. 场地准备：空旷的户外场地。

教师预期：

1. 幼儿能体验创造性玩绳的乐趣，提高自身动作的协调能力。
2. 幼儿能认识并了解生活中的各种绳线及其作用。
3. 幼儿能双脚连续跳绳。
4. 幼儿能围绕"绳、线"进行讨论，乐于发现问题、提出问题、解决问题。

🏠 **玩转游戏**：

（一）传统游戏

跳　绳

🌟 **玩法**：

　　两手持绳向前摇绳，双脚并拢跳跃过绳，绳子绕过身体一周，一摇一跳，连续完成并脚。

🌟 **小贴士**：

　　1. 玩家在跳绳时握紧绳把手，注意不要误伤自己或者他人。

　　2. 绳子落在脚前方后，再跳过去，不能踩到绳子或者被绳子绊倒。

（二）多样玩法

游戏一：双人跳

🌟 **玩法**：

　　两名幼儿面对面站，一名幼儿摇绳，控制摇绳的速度和频率，需要两名幼儿同时起跳越过绳子。

🌟 **小贴士**：

　　1. 注意自己和对面幼儿的安全，跳绳过程中不要受伤。

　　2. 两人同时成功跳过跳绳则为成功。

图101　双人跳

游戏二：甩绳

玩法：

两名幼儿一起游戏，一人执绳子的一端，将绳子甩动。

小贴士：

1. 玩家在甩绳子时，注意不要伤到路过的人。

游戏三：开合跳

玩法：

三名以上的幼儿一起游戏，两名幼儿两手牵绳，一名幼儿先双脚并拢跳到两绳之间，再双脚打开跳到两绳两边，牵绳的幼儿可根据跳绳幼儿的节奏，开合手中的跳绳。

图 102　开合跳

小贴士：

1. 游戏过程中，玩家不能踩到绳子或被绊倒。

2. 成功地完成一个开合跳回合的玩家则取得胜利。

拍洋画

游戏简介：

拍洋画是一种在 20 世纪 80 年代流行很广的儿童游戏，此游戏在北方部分地区被称为"扇洋片"。孩子们拿出一些多余的洋画片，把洋画片合在一起，摆在地上，轮流用巴掌去拍，或者用洋画去拍洋画，可拿走被拍翻的洋画。

游戏准备：

1. 游戏材料准备：洋画片若干。
2. 场地准备：空旷的户外场地。

教师预期：

1. 幼儿能探索民间游戏"拍洋画"的不同玩法，幼儿有创新游戏玩法的能力。
2. 幼儿能了解"拍洋画"的游戏背景，对民间游戏感兴趣。
3. 幼儿能将"拍洋画"的民间游戏融入幼儿园的自主游戏。
4. 幼儿能简单画一画游戏过程及游戏道具。

玩转游戏：

(一)传统游戏

★ **玩法：**

正拍：将洋画的正面朝上，反面朝下，用手拍打，使正面翻转向下者为胜；反拍：将洋画的正面朝下，反面朝上，用手拍打，使正面重又翻转向上者为胜；双翻：一次拍打导致两张洋画同时翻转者获胜。

小贴士：

1. 胜方可赢走输方的一张洋画片。

2. 玩家要遵守游戏输赢的比赛规则。

（二）多样玩法

游戏一：吹洋画

玩法：

两人或多人同时拿出相同数量的洋画片，正面朝上，每人轮流吹洋画片，看谁能将洋画片吹翻至反面。

小贴士：

1. 先到达终点并完成一套动作的两名幼儿获胜。

2. 幼儿要注意保持平衡，小心摔倒。

图 103　吹洋画

游戏二：看谁飞得远

玩法：

多人一起游戏，在同一起点同时将洋画片飞出，飞得最远的小朋友获胜。

小贴士：

1. 洋画片飞得最远的幼儿即可赢得对手的洋画片。

2. 洋画片比较薄，注意不要划伤手，不能往同伴脸上飞。

图 104　看谁飞得远

游戏三：你藏我找

玩法：

两人或多人合作，游戏前先讨论谁找谁藏，其中一人将洋画片藏起来，其余玩家闭眼数十下，然后去找洋画片。

小贴士：

1. 参与游戏的人数应为两人及以上。
2. 被找到的"洋画片"归"寻找者"所有。

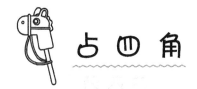

占四角

游戏简介：

相传"占四角"又叫"抢四角"，也叫"抢四隅"，其起源可以追溯到中国古代的元宵节。在元宵节期间，人们会进行一系列的庆祝活动，其中就包括幼儿玩的一种游戏。这个游戏需要四个灯笼，每个灯笼各占一个角，每个灯笼下面都有一个座位，幼儿需要抢占座位，以占据灯笼。幼儿可在该民间游戏中，体验竞争的乐趣，增强竞争意识，锻炼其手、眼、脑及四肢的协调性以及动作的敏捷性和灵活性，促进幼儿走、跑等动作的发展，提高其反应能力。幼儿在游戏中学会遵守规则、协商、与同伴共同解决纠纷等社会性行为，促进幼儿的社会性发展。

游戏准备：

1. 游戏材料准备：呼啦圈若干。
2. 场地准备：空旷的户外场地。

教师预期：

1. 幼儿能体验游戏中合作、竞争的乐趣。
2. 幼儿能了解民间游戏"占四角"的玩法。
3. 幼儿能遵守规则，听到口令后快速反应，与同伴合作游戏。
4. 遇到困难时，幼儿能主动与同伴讨论、协商。

玩转游戏：

（一）传统游戏

占四角

玩法：

将四个呼啦圈相隔一段距离摆成"方形"。每五名幼儿分为一组，一名幼儿站在游戏场地中间，另外四名幼儿站在呼啦圈内面向中间幼儿。中间幼儿发出口令："1，2，3，跑。"所有幼儿要在听完最后一个字后，跑到另一个圈内占角，四角被占完则一轮游戏结束。未占到角的幼儿则回到场地中间发号口令，反复游戏。

小贴士：

1. 幼儿听到发令员口令的最后一个字后方可起跑。

2. 一个角只能被一名幼儿占领。

3. 幼儿不能持续占一个角，必须每次抢占不同的角。

4. 注意提醒幼儿奔跑占角时要注意安全，避免碰撞。

（二）多样玩法

游戏一：向左向右跑

图105　向左向右跳

玩法：

五名幼儿为一组，四名幼儿各占一角，一名幼儿在场地中间发号方向口令："1，2，3，向左/右跑。"四名占角幼儿在听完口令后向指定方向跑去占角，中间幼儿随机占角。四角被占完则一轮游戏结束，未占到角的幼儿则回到场地中间发号口令，反复游戏。

🌟 **小贴士：**

1. 幼儿必须按指定方向跑，否则属于违规行为。

2. 奔跑时幼儿应注意避免发生碰撞。

游戏二：看谁反应快

🌟 **玩法：**

五名幼儿站在场地中间，由其中一名幼儿发号口令："摸耳朵，拍拍手，扭屁股……"所有幼儿根据口令做动作，直到听到"占四角"的口令，五名幼儿跑去抢占四角，占角失败的幼儿成为下一个发号口令者，反复游戏。

图106 看谁反应快

🌟 **小贴士：**

1. 幼儿要按照口令做出相应动作，否则属于违规行为。

2. 幼儿必须听到"占四角"口令后才能行动。

3. 幼儿应避免相互碰撞。

游戏三：预报天气的动物

🌟 **玩法：**

五名幼儿围绕四个圈，边念儿歌边绕圈跑，当念完最后一个字后开始抢占角，未占角的幼儿则被淘汰。然后减少一个呼啦圈继续游戏。反复游戏，直至最后一名幼儿取得胜利。

小贴士：

1. 游戏人数可在五人及以上。

2. 可根据幼儿人数增加呼啦圈的数量。

附：

儿　歌

小兔上山采蘑菇，

看到鱼儿浮水面，

看到燕子飞得低，

看到蚂蚁在搬家，

哎呀，要下雨了快回家！

民间游戏案例篇

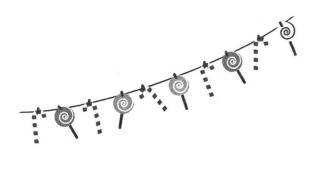

小 班

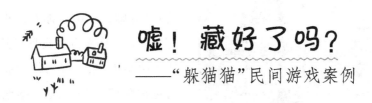

嘘！藏好了吗？
——"躲猫猫"民间游戏案例

一、民间游戏缘起

躲猫猫游戏最早起源于唐朝，根据史书记载，躲猫猫可被称为"躲擎"，古时也被称为"丢瓦"。在少数民族地区也有一些独特的习俗，如云南红河县哈尼族认为"小孩丢失"是神仙安排好的，"来去自由，不必找回"，家里只管放心地找就是了，于是便产生了躲进树丛林中或者岩洞里不许别人寻找的一种习惯性娱乐活动。

在一次"小动物隐身"的游戏中，琛琛说："刚才，小动物们是在和我们玩躲猫猫呢！它们躲在了和自己衣服颜色一样的地方。"我问道："你们玩过躲猫猫吗？这个游戏怎么玩呢？"泽泽说："我玩过，就是躲起来让别人找。"豆豆说："我好像玩过。"其他幼儿也争先恐后地说自己玩过。

"躲猫猫"游戏对小班的幼儿来说尤为适宜。在游戏中，幼儿需要充分理解游戏的规则，知道如何巧妙地藏起来以及怎样高效地寻找目标。游戏需要多名幼儿共同参与，幼儿要学会如何与他人合作，学习如何更有效地沟通，这对于培养他们的团队合作精神和沟通技巧至关重要。幼儿需要灵活地寻找藏身之处，这很好地锻炼了他们的身体协调能力和反应力。

二、民间游戏实录

（一）初识民间游戏

★ 躲猫猫是什么？

在游戏开始前，我向幼儿提问："什么是躲猫猫？"晨晨用小手捂住眼睛

图107 亮亮"躲"起来了

说："我躲起来了。"亮亮迫不及待地说："老师，老师，你看，我用手帕把脸遮住，你看得见我吗？"其他幼儿听了哈哈大笑，轩轩说："我们都能看见你啊！"亮亮一脸疑惑地看着大家，摸摸后脑勺不好意思地笑了。于是我组织幼儿一起交流讨论："你们在家里是怎么玩躲猫猫的？"我拿出一张家长上传的照片："你们猜，这是谁？"花花说："那是我，我和妈妈在玩呢！我躲在窗帘后面，还把窗帘卷起来遮住我呢！我还把眼睛也捂住，这样妈妈就发现不了我了！"我问："你玩得开不开心呢？"花花："我和妈妈都玩得很开心！我还要和妈妈玩！"

★ 我们的思考与支持

在谈话活动中，幼儿展现出了出色的观察力和语言表达能力。他们能够仔细观察照片，积极思考，并大胆发表自己的见解。这不仅提高了他们的语言表达能力，同时也通过倾听他人的发言，丰富了自己的经验。然而，考虑到小班幼儿的思维正处于具体形象思维阶段，他们在游戏中可能更多地关注自我，尚未意识到即使捂住眼睛，别人仍然能看到自己。

因此，教师在组织活动时，需要充分给予幼儿发言的机会，并注意到每个幼儿之间的个体差异。提问时，教师应结合幼儿的已有经验，鼓励他们大胆表达自己的看法，同时也引导其他幼儿学会倾听。此外，鉴于班里大部分幼儿的父母较为年轻，可能对民间游戏不太熟悉，当幼儿将这些游戏带回家中与父母共享、讨论时，民间游戏便延伸到了家庭环境中。这不仅丰富了幼儿的游戏经验，增强了他们的规则意识，更为亲子之间搭建了一座情感交流的桥梁。

（二）再探民间游戏

我们都想"找"

游戏刚开始，幼儿都争抢着想当"追捕者"，我说："这么多人都要当追捕者，怎么办？"大家一下子都犯了难，聪明的格格说："我们来石头剪刀布，谁获胜了就让谁当。"其他幼儿一听便表示赞同，于是幼儿试了几次，很快问题出现了，妞妞说："老师，我们人太多了，有的人出石头，有的人出布，有的人出剪刀，这样算谁赢啊？"我说："是啊，那怎么办，我们可能需要想个更好的办法。"妞妞说："我想到了一个办法，我们用抽奖箱来抽奖，谁抽中了'追捕者'的卡片就由谁来当。"

大家都觉得这个办法不错，于是一起制作了一些卡片放进抽奖箱，大家排队进行"抽奖"，就这样选出了追捕者——桃桃。

没处藏的困扰

第一轮游戏音乐开始后，其他人赶紧跑去躲藏，有的躲在桌子下面，有的一窝蜂地躲在柜子后面，红红没地方躲，急得只好躲在了自己椅子后面。音乐停止后，桃桃一回头就"抓"到了一些躲藏者，躲藏者闹闹抱怨道："我都没地方躲了，到处都是小朋友。"光光说："是我先躲在娃娃家厨房后面的，可是他们看见了都过来和我一起躲，人太多就被发现了。"我总结道："哦，大家都发现了人太多，又都一起躲在一个地方，这个问题有什么办法可以解决呢？"

幼儿分组热火朝天地讨论了起来，有的说需要制定规则，不许大家都躲在一起，还有的说音乐太快了来不及躲藏，应该慢一点。

最后，果果作为代表发言："老师，我们想到了一个办法，就是先西瓜组和苹果组玩，其他两组先看，再交换玩。"我说："哇，你们自己制定的游戏规则真不错，希望每个小朋友都可以遵守哦！"

图108 躲在一起的幼儿

我们的思考与支持

在本次"躲猫猫"游戏中,妞妞展现了出色的创新思维和解决问题的能力。她运用了之前使用抽奖箱的经验,成功化解了游戏中大家争夺追捕者角色的矛盾。妞妞能够根据已有经验,发现不同活动间的共性,并创造性地提出解决方案,这一点非常值得肯定。

鉴于妞妞的优秀表现,在游戏经验交流和分享环节,我特意邀请她再次给同伴分享她的好方法,并给予了她表扬和鼓励。同时,我也意识到小班幼儿年龄较小,模仿能力较强,因此在游戏中可能会出现"跟风"现象。为了引导幼儿更好地发展独立思考和创新的能力,我通过提问和谈话的方式,鼓励他们尝试藏在不同的地方,保持安静,并善于利用道具来遮挡自己。

此外,我还注意到同伴间的交流和合作对于游戏的顺利进行至关重要。因此,我鼓励幼儿共同制定游戏规则,分组进行游戏,并遵守游戏规则。这不仅增进了同伴间的友谊,还培养了他们的团队合作意识和规则意识。

(三)创新民间游戏

请不要告诉我!

在之后的几轮游戏中,又出现了一些小插曲。这一次轮到妞妞当追捕者,妞妞说:"泽泽我找到你了!"泽泽说:"妞妞,你快看,昊昊在这儿,花花躲在那儿。"妞妞听了泽泽的话顺着泽泽指的方向看,一下就找到了昊昊和花花。花花出来的时候表现得很不开心。我说:"刚刚花花其实藏得很好,可是也一下子被找到了,是怎么回事呢?"花花说:"因为泽泽告诉了妞妞我躲在哪里,不可以告诉她!"可可说:"是呀,是呀,这样就不好玩了!"我说:"如果我是追捕

图 109　找到你了

者我就愿意用自己亮亮的小眼睛去找，自己找到才好玩呢。"

在接下来的游戏里，泽泽当追捕者，最后还剩几名幼儿，泽泽找了很久都没有找到，瑶瑶在一旁说："泽泽。他们藏在……"泽泽说："嘘，我的眼睛很亮，我要自己找到。"瑶瑶马上闭上了小嘴巴，回到座位上去了。

听声躲猫猫

游戏结束后，幼儿想到可以安静地躲着，追捕者蒙上眼睛听声音找到躲藏者，以此增加游戏的趣味性。乐乐自告奋勇地当起了蒙眼追捕者。游戏一开始，躲藏们纷纷找到心仪的藏身之处，有的躲在大纸箱后面，有的藏在桌子底下，还有的悄悄溜到了软垫区的角落。他们小心翼翼地拿出手中的声音道具，轻轻摇晃或敲击，发出各种各样的声音。有的幼儿用摇铃发出清脆的铃声，有的幼儿用口哨吹出悠扬的旋律，还有的幼儿用小鼓敲击出欢快的节奏。与此同时，乐乐蒙上眼

图 110　完全"隐身"的幼儿

睛，竖起耳朵，聆听四周的声音。他时而蹑手蹑脚地走向一个声音来源，时而停下来仔细辨别方向。每当他接近一个躲藏者时，躲藏者都会紧张地屏住呼吸，生怕被发现。而一旦寻找者走远了，躲藏者们又会松一口气，继续发出声音吸引寻找者的注意。

✦ 我们的思考与支持

小班幼儿集体意识比较弱，不懂得如何维护自己的队友，反而觉得将自己的发现告诉别人是一种值得骄傲的行为，所以才会出现"告密者"。这一现象并不少见，在游戏中体现得更明显，这也是由小班幼儿的年龄特征决定的。小班幼儿正处于口头语言表达能力迅速提高、自我意识逐渐增

强的身心发展阶段，在游戏中，幼儿希望教师对自己的行为作出肯定的评价，所以希望通过表现自己，来获得满足感。教师可以先肯定幼儿的行为，如："你的眼神真好，一下就发现了其他幼儿躲在哪里。"然后可以流露出可惜之情："本来她躲得很好的，但因为你告诉了追捕者，所以你们这一队输了，我相信下次追捕者一定可以自己找到的。"教师在这个过程中要准确分析幼儿行为背后的原因与动机，及时引导，这样不仅可以推动游戏的进程，还可以规范幼儿的游戏行为。

图 111　听声捉迷藏

　　在听声捉迷藏游戏中，我密切关注着幼儿的游戏过程，并在必要时给予支持和引导。我注意到有些幼儿在使用声音道具时过于紧张，声音太小或者太单一，容易被寻找者忽视。于是，我适时地走到他们身边，轻声鼓励他们大胆尝试不同的声音和节奏，让他们更加自信地参与游戏。同时，我也关注到寻找者们的表现。有些幼儿能够迅速捕捉到声音线索，准确地找到躲藏者；而有些幼儿则显得有些迷茫，不知道该如何下手。对于后者，我会给予一些提示和引导，帮助他们学会观察、聆听和思考，锻炼他们的听觉辨别的能力和解决问题的能力。

三、民间游戏感悟

　　"躲猫猫"游戏规则简单易懂，是幼儿喜欢的游戏之一，尤其是小班幼儿，他们活泼好动，能充分体验到游戏的乐趣，获得愉悦的情绪体验，各方面能力得以提升。

(一)方位空间藏教育，"迷"趣游戏显智慧

　　幼儿对方位的认识与日常生活紧密相连，从物体的精确认识到判定，都涉

及空间定向的概念。一个看似简单的"躲猫猫"游戏，实则蕴含了丰富的数学问题，如寻找躲避地点时涉及的空间方位，以及数数时体现的数学概念等。对于小班幼儿来说，他们逐渐能够在游戏中运用如"上下""前后""里外"等方位词来描述同伴的躲藏位置。然而，考虑到他们的数学思维正处于从动作思维逐步向抽象思维(语言表征)过渡的特点，准确地运用方位词进行交流和表征对他们来说是个不小的挑战。在游戏中，我们经常会看到他们用"这边""这里""那里"等代词来表达物体的空间方位。而"躲猫猫"游戏，可以让幼儿在游戏的情景中体验和理解空间位置关系，让幼儿能够在实际操作中感知方位，进而学习用数学方位词准确表达空间位置，为他们的数学思维发展奠定坚实的基础。

(二)"智"导游戏每一程，"藏"巧于心促成长

小班的幼儿初入幼儿园，还没有培养起排队等待的意识，如在喝水、盥洗、如厕时，常常会出现拥挤、碰撞、推拉等现象，这样不但会影响幼儿的正常活动，还可能会出现各种各样的安全隐患。因此，引导幼儿学会等待显得尤为重要。在"躲猫猫"民间游戏中，幼儿需要躲藏起来并保持安静，等待追捕者找到他们。这个过程要求幼儿具备耐心和遵守游戏规则的能力。然而，案例中出现的"告密"现象反映出一些幼儿缺乏耐心和不遵守游戏规则的问题。通过"躲猫猫"游戏，幼儿不仅学会了等待，还增强了在多人同时活动时不争不抢的安全意识。

(三)温馨家园情藏深，游戏共筑心相印

"躲猫猫"作为一种历史悠久的民间游戏，有着广泛的趣味性，很多家长小时候也都玩过，也给他们的童年带来了很多乐趣。随着科技的进步以及都市化进程的加快，幼儿的游戏变得"高级"起来，曾经广为流传的民间游戏逐渐淡出了幼儿的世界。邀请家长参与本次的民间游戏活动，让家长与幼儿一起了解并体验"躲猫猫"的游戏，不仅可以增进幼儿和家人的感情，还具有传承的意义。

　　幼儿园里的每个地方，不论是室内、室外，还是地面、墙角，都是幼儿游戏的空间。幼儿是游戏的主体，下一阶段教师可尝试改变游戏场景，扩大"躲猫猫"游戏范围，让幼儿园成为一个可以从后院玩到屋顶的"大玩具"。

（案例撰写教师：王思愉）

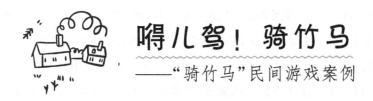

嘚儿驾！骑竹马

——"骑竹马"民间游戏案例

一、民间游戏缘起

"骑竹马"是一种传统的民间游戏，竹马具有模拟性，幼儿通过运用简单的竹子、木棍、板凳、秸秆、扫帚等，将一根竹竿放在两胯之间做骑马状，竿尾着地，一手放在身前抓住竹竿，另一手做扬鞭状，或是持木棍或黍秸当作刀枪剑戟，嘴里还喊着"驾、驾、驾"或"哒、哒、哒"，游戏时或一人独骑，或多人竞相"乘骑"，都很有乐趣。骑竹马给人感觉威风凛凛，颇有将军气概，深受幼儿的喜爱。

游戏是儿童认知世界的途径。通过游戏，幼儿能丰富自身知识，发展自身能力，并可再运用这些知识及能力来进一步感知认识世界。民间游戏源于民间的现实生活，具有浓厚的地方特色和民族风情，形式多样，而且不受过多条件的限制，随时随地即可进行，且易懂易学。民间游戏"骑竹马"迎合了幼儿的年龄特点，趣味性、模仿性强，内容具体生动，形式活泼轻松。游戏时还配有儿歌、口令，幼儿边玩边唱，趣味盎然。

对小班幼儿来说，简单易懂又好玩的游戏是非常适合他们的，因此，我们根据小班幼儿的年龄特点，开展了骑竹马的游戏活动。这样不仅可以丰富幼儿的游戏活动，促进幼儿动作、认知、社会性等方面的发展，还可以让幼儿感受民间游戏的乐趣，达到传承中华优秀传统文化的目的。

二、民间游戏实录

（一）初识民间游戏

"竹子"可以当"马"骑吗？

在开展民间游戏之前，发生了这样一段有趣的事情。我拿着竹竿走进了教室里，当时，幼儿正在自主游戏，皓皓首先注意到我手中的竹竿说："老师，你拿这个干什么呢?"我回答道："是用来玩游戏的。"话音刚落，彤彤跑过来问道："这是什么? 可以玩什么游戏呢?"听到这话，幼儿纷纷被吸引，前来围观。我告诉幼儿可以用这个竹子当马，来玩骑马的游戏。我的话立刻引起了幼儿的惊叹和欢呼，泽泽更是激动地说："老师，竹子真的可以当马骑吗?"这段日常生活中的谈话内容，引发了幼儿的好奇心，他们迫切地想要参与游戏。

图 112　老师，是这样骑的吗?

✱ "竹子"骑不动怎么办?

在自主游戏结束后，我取出了竹竿，邀请幼儿尝试使用竹竿进行骑行。泽泽对竹竿产生了浓厚的兴趣，他拿在手里摆弄了一会儿，似乎在思考如何运用它来骑行。然后，他迈开步伐，将竹竿放在胯下，准备开始骑行。他站在原地，竹竿并没有如他预期的那样动起来。泽泽走过来，向我寻求帮助："老师，这个东西怎么不动呢?"我回应他："泽泽，你可以尝试向前走一走，或者跳一跳，看看竹竿会有什么反应。"听了我的建议后，泽泽开始尝试走动和蹦跳，他逐渐找到了骑行的方法，开始自由骑行。然而，没过多久，泽泽停止了骑行，似乎遇到了困难。我走过去询问他原因，他告诉我："老师，这个竹子太重了，我骑不动了。"为了培养幼儿解决问题的能力，我便组织幼儿探讨"竹子骑不动怎么办?"的问题。

✱ "泡沫条"代替"竹子"来骑行

在讨论环节中，有的幼儿提出自己没有玩过，想先玩一玩。为了让幼儿能够有更直观的体验，我尊重他们的意愿，让每位幼儿都有机会轮流试玩"骑竹马"游戏。然而，试玩过程中，幼儿都遇到了"竹子骑不动"的问题，并且在骑行过程中还出现了一些安全隐患，如有幼儿摔跤，竹竿不小心打到了同伴身上。有些幼儿会提出"竹子太重了"等问题，我进行了追问："既然竹子太重了骑不动，我们可不可以用别的东西来替换呢?"这一问题立刻引起了幼儿的兴趣，他们纷纷提出了自己的想法，有的建议用绳子或棍子代替竹竿，还有的提出可以用椅子来当作骑行的工具。

结合幼儿的想法，考虑到班级幼儿年龄偏小、有安全隐患等问题，便将"泡沫条"代替成"竹子"来骑行。为了激发幼儿兴趣，周末我在班级群里向家长发起了"亲子制作骑竹马的头饰"的活动，得到了家长们的大力支持，收集到了许多非常有创意的成品。

一起念"骑竹马"歌谣

前期，幼儿对"骑竹马"游戏展现出了浓厚的兴趣，但他们对"骑竹马"民间游戏的由来还不太了解。为了加深幼儿对"骑竹马"游戏的认识，我播放了影片《骑竹马》，并邀请幼儿一起观看。

嘉嘉说："别人都有马骑，他没有，他爸爸把竹子砍下来，给他骑马。"晨晨："后来好多人用竹子当马骑。"翊翊说："还可以唱歌骑竹马呢?"幼儿们就影片内容聊得热火朝天，看到他们如此投入，我趁机提议："既然大家对'骑竹马'的故事这么感兴趣，那我们一起来学一学《骑竹马》儿歌吧!"幼儿纷纷表示赞同，并一起跟着我念起了《骑竹马》歌谣："小竹竿，当马骑，嘚儿驾! 出门去!"在学会了歌谣后，幼儿迫不及待地开始自主进行"骑竹马"游戏。

在日常生活中，我手中拿着的"竹子"意外地引起了幼儿的极大关注。在与他们轻松愉快的聊天中，我发现幼儿对"骑竹马"游戏充满了好奇和探索的欲望。为了满足幼儿的兴趣，我及时把握了这个契机，让他们亲身体验和尝试"骑竹马"游戏。我不仅教会了他们唱《骑竹马》童谣，还向他们介绍了这个游戏的由来，帮助他们初步理解其文化背景。幼儿尝试了"骑竹马"游戏后，意识到除了真正的竹子外，还可以利用生活中其他常见的物品来代替。

在游戏中遇到问题时，他们能够勇敢地表达自己的困惑和疑问，这显示了他们初步提出问题的意识和求知欲，但解决问题的能力还有待提高。考虑到班级幼儿的年龄特点和实际情况，我以"同伴"的身份积极参与游戏，与他们一起商讨解决问题的方法。通过共同努力，我们梳理出了多种解决方案，这不仅帮助幼儿解决了当前的问题，还为他们未来的学习和生活积累了宝贵的经验。

(二)再探民间游戏

✦ 看"谁"骑得快

在游戏进行的第二天，我们回顾了"骑竹马"游戏的基本玩法和正确的骑行姿势，幼儿自由结伴开始游戏。他们手握着泡沫条，模仿骑马的动作，尽情享受着游戏的乐趣。然而，不久之后，有部分幼儿对游戏的兴趣减弱。我注意到了这一点，便鼓励幼儿尝试新的玩法。泽泽和六六说："我们来玩'你追我打'的游戏吧！"他俩拿起泡沫棒对打起来。还有幼儿提出，一起来比赛骑马。龙龙、纬纬、涵涵一起讨论说："我们来比赛，看谁先到胡老师那里，就是最厉害的小朋友。"其他幼儿听到这句话，也想参加。于是，大家投入这次比赛游戏中。

图113 六六，看招！

图114 泽泽第一个到达终点

全班幼儿站在黄色跑道的起点上，胡老师站在终点处，听到我说"开始"，幼儿纷纷骑马向前进，最终泽泽最先跑到胡老师面前，成为第一个到达终点的幼儿。龙龙说："不行，不行，我们再来一次。"幼儿再次发起游戏，玩得不亦乐乎。

✦ 和朋友来比赛

游戏结束后，回到教室，幼儿还沉浸在游戏的快乐中，互相分享着游戏的感受。

纬纬说："今天骑竹马好开心，我骑得好快。"

妍妍接着说："家里都没有这个游戏，只有幼儿园有，我喜欢幼儿园。"

皓皓又接着说："好好玩！我很会骑马了。"

趁着愉悦的氛围，我接着提问："骑竹马还可以怎么玩呢？"

泽泽说："我们是草莓组，要和苹果组比赛，看谁骑得快。"

图 115　敲到"板子"了

图 116　这个障碍可难不倒我

彤彤说："可以放在地上跳啊。"

龙龙说："可以向上敲打物品。"

听完幼儿的想法后，我立刻肯定了他们的想法，便和幼儿讨论了游戏新玩法。

到了第三天，泽泽早早地来到幼儿园，对我说："老师，我想和龙龙一起比赛。"我问："为什么你想和他比赛呢？"他回答说："我就是想跟他比比谁最厉害。"到了游戏时间，我跟幼儿们提出了泽泽的想法，幼儿们都说想比赛，商讨过后，大家便开始了和好朋友之间的比赛。

在比赛开始之前，我和幼儿一起讨论了游戏规则，为了让比赛更有趣，我提出问题："用什么可以当终点呢？"有的说："还是老师当终点。"有的说："在地上放置一根线。"还有的说："将木块放在终点，骑完了再骑回来。"结合幼儿的想法和对安全的考虑，我们用泡沫积木制作了"标示杆"，放在终点当障碍物，接着幼儿自主结队，找到好朋友开始游戏。

> ## ✦ 我们的思考与支持
>
> 　　在"和朋友比赛"的环节，幼儿能够根据自己的已有经验进行思考和迁移。他们不仅在游戏中展现出了竞争意识，还培养了团队意识。当幼儿提出不想再玩游戏时，我能够适时地提出问题，引导他们进行深入思考。通过与同伴的商量，幼儿能够创新出全新的玩法，这进一步体现了他们的创造力和解决问题的能力。在讨论的过程中，幼儿开始更加主动地思考问题，并积极地表达自己的观点。我始终尊重幼儿的主动性，当他们提出新的想法时，我会给予及时的鼓励和支持，以激发他们的创造力和想象力。

（三）创新民间游戏

✦ 绳子、积木来帮忙

图117　和好朋友一起"敲敲打打"

　　比赛游戏结束之后，我引出了昨天幼儿讨论的新玩法，可是新玩法需要用到辅助材料，我便提出让幼儿在教室里找一找可以用来游戏的材料。不一会儿，幼儿拿着积木和穿竹子的线跑过来，告诉我，可以用这些。结合了幼儿的想法，我用绳子捆住积木挂在高处，就可以用"竹子"来敲打物品了。

　　睿睿："好好玩，我可以跳得很高。"

　　悦悦："我眼睛看到了，可是为什么打不到呢？"

　　我回答说："因为跳起来敲打，会容易打不准，没跳起来，也容易打不到。"

　　小离："我都没有玩过这种游戏，太好玩了吧！"

✦ 山路也能骑

　　游戏结束后，在生活活动环节，我问幼儿："骑竹马还可以怎么玩呢？还有不一样的玩法吗?"彤彤说:"放在地上跳,还没有玩过呢?"熙熙接着说:"我还想比赛。"最后妍妍说:"骑竹马可以过今天早上的那个山洞吗?"和幼儿讨论了一番后,大家都赞同一起玩"骑马过山洞"的游戏。

图118 骑马过"山路"

游戏的第四天,天气阴沉,下着细雨,不能在户外进行游戏。我再次组织幼儿讨论:"下雨了,不能出去骑行,我们可以换个玩法吗?"有幼儿提出用牛奶盒子当山路,也有幼儿提出用呼啦圈当泥路,通过一番激烈讨论,幼儿将游戏改成了"骑马过山路",我和幼儿一起摆好游戏场地后开始了游戏。

骑马去哪里?

游戏结束后,我们再次进行交流分享,并讨论游戏新的玩法。以下是讨论中的对话。

我提问:"今天游戏好玩吗?还有新玩法吗?"

泽泽:"好玩啊,我们玩了好多游戏呢。"

龙龙:"我喜欢竹马,我还是想玩'一起骑竹马'比赛。"

皓皓:"老师,老师,骑那个竹马,可以到处跳。"

悦悦:"我们一直在门口骑,我们可以去楼上骑吗?"

从幼儿的表述中,我感受到他们很喜欢"骑竹马"游戏,但明天可以玩什

图119 我们要骑到滑滑梯那里去

么游戏呢?带着这个问题,我组织幼儿进行了问答游戏"谁的尾巴长",问答游戏给了我启发。幼儿喜欢自由骑竹马,也想去楼上骑,那游戏也可以结合"问答"的形式进行创编,例如:谁骑马儿最神气?我骑马儿最神气!我们骑马去哪里?我们骑马去这里!(幼儿"骑竹马"到指定的地点。)

游戏的第五天，我们将竹马装上了"马脸"，幼儿们喜欢得不得了，在游戏开始之前，我组织幼儿一起讨论，希望通过交流讨论，引入今天的游戏。

我提问："我们都喜欢玩问答游戏，可以把骑竹马游戏里的歌改成问答歌吗？"

泽泽问："是像尾巴游戏那样吗？"

涵涵说："那就唱歌骑竹马呗。"

我提问："那这首歌可以怎么改呢？"

龙龙问："可以用尾巴的歌吗？"

妍妍说："我们还没有学，不知道。"

接着，我把创编好的儿歌念出来给幼儿听。幼儿们学完歌曲后，我便和他们讨论起游戏规则来。讨论完游戏后，幼儿便开始了游戏。

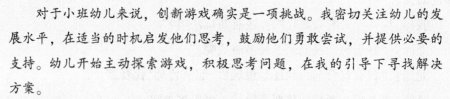

我们的思考与支持

对于小班幼儿来说，创新游戏确实是一项挑战。我密切关注幼儿的发展水平，在适当的时机启发他们思考，鼓励他们勇敢尝试，并提供必要的支持。幼儿开始主动探索游戏，积极思考问题，在我的引导下寻找解决方案。

在游戏"竹子来敲打物"中，幼儿通过敲打不同物体，不仅锻炼了手眼协调能力，还培养了对声音和节奏的敏感度。游戏"山路也能骑"则让幼儿在骑行过程中锻炼了腿部力量和平衡感，培养了他们的勇气和冒险精神。而"骑马去哪里"游戏则帮助幼儿掌握了"上、下、左、右"的方位意义，提高了他们的空间认知能力。在整个游戏过程中，幼儿表现出强烈的主动性，愿意提出自己的想法和建议。同时，他们在游戏中也逐渐增强了规则意识，明白了遵守规则的重要性。

三、民间游戏感悟

在开展民间游戏"骑竹马"的过程中，幼儿通过积极主动参与和教师的引导支持，充分体验了民间游戏的独特乐趣。对于小班幼儿而言，民间游戏提供了一个理想的环境，让他们在游戏中直接表达感受，进而促进自身语言能力的发展。在这个阶段，幼儿往往在正式的问答环境中难以充分展示他们的内心世界，但在游戏和运动中，他们的情绪更为积极、放松，能够更自然地表达他们的感觉。如：在游戏时，幼儿主动与同伴沟通一起进行比赛游戏，会向老师表达想法、游戏感受及困惑。

民间游戏的多样性不仅为小班幼儿提供了一个全面发展的平台，还通过寓教于乐的方式，让他们在游戏中锻炼了身心。"骑竹马"游戏不仅能够增强幼儿的体质，还可以提高他们的认知能力和思维能力，帮助他们更深入地了解中国传统文化，感受到民间游戏的独特魅力，引导他们主动探索和学习。

在游戏过程中，幼儿通过模仿、互动和合作，不断挑战自我，锻炼身体的协调性、腿部力量和平衡感。更重要的是，民间游戏所蕴含的丰富教育元素，如团队合作、规则意识等，也在无形中培养着幼儿的社交能力和行为习惯。

活动中，教师积极认可和鼓励幼儿，尊重他们的意愿，并支持他们的自由探索。对于刚入园的小班幼儿来说，他们还在逐渐适应集体生活，教师在开展游戏时难免遇到各种挑战。因此，教师应更加关注幼儿的年龄特点，增加游戏中的角色和道具，提升游戏的趣味性和情景性，提供多种材料，让幼儿自由组合、探索并创造新的游戏玩法。

为了更好地将民间游戏融入幼儿的生活，教师还可以通过多种宣传方式，向家长介绍民间游戏的多种玩法，鼓励家长利用亲子时间，与幼儿一起体验游戏的乐趣。这样不仅丰富了幼儿的假期时光，也让家长更加了解和支持民间游戏的教育价值。

（案例撰写教师：左玲）

和沙包做朋友

——"趣玩沙包"民间游戏案例

一、民间游戏缘起

在近期户外活动中，我发现几名幼儿围在一起在玩丢报纸球的游戏，我上前询问他们："你们在玩什么游戏呀?"他们边玩边回答我："我们在丢'手榴弹'炸'敌人'呢。"我没有打断他们的游戏，而是站在旁边继续观察游戏的玩法。他们将报纸球当作手榴弹，几个人围在一起，你丢给我，我丢给他，玩得非常开心。回到教室后，幼儿还会聚在一起讨论下次怎么玩……

观察一段时间后，我想到经典民间游戏"玩沙包"跟幼儿玩的"报纸球"游戏玩法很像，而且沙包游戏比较简单，很适合小班幼儿，对于场地和器材都没有什么特殊要求。该游戏能较好地锻炼幼儿的手臂、腿、脚部力量和平衡能力，提升幼儿投掷动作的灵活性和协调性，同时该游戏要求多名幼儿共同参与，在一定程度上也提升了幼儿的合作能力。于是，一场与沙包的游戏就此拉开帷幕了。

一、民间游戏实录

(一)初识民间游戏

★ 沙包是什么?

在活动开始前，我拿出自己做好的沙包给幼儿看一看，摸一摸，猜一猜。钰钰大声说："这是沙包。"接着，我给他们分享了很多形状各异的沙包，有小兔子、糖果、汤圆等形状，这些可爱的形状立刻吸引了幼儿的注意，当我询问他们想不想做沙包时，他们都很积极地回答我："想!"这时，月月小声地和我说："老师，我家里没有沙子。""我家里也没有沙子，老师。"此起彼伏的声音充满了教室。安静后，我询问幼儿："沙包里面除了填充沙子外，你们觉得还可以放什么进去呢?"坤坤思考了一会举起手告诉我:"老师,我想把我家花盆里的土装进去。"妍妍说:"老师,我可以回家让妈妈装大米。"最后,我对幼儿的想法进行总结:可以填充的材料有大米、棉花、沙子等。

沙包初体验

1. "投沙包":在游戏开始前,我播放了"投沙包"的游戏的演示视频,引导幼儿观察视频中的幼儿是怎么玩沙包游戏的。幼儿都很积极地回答问题,共同总结出玩法和规则。于是,我邀请幼儿来玩一玩,宸宸站在黄色的线前,选了一个自己喜欢的沙包,然后将手高高举起,做好投掷前的准备。他借助大臂带动手腕的力量,将沙包"咻"地一下投到筐子里面去了,宸宸露出了开心的笑容。

图 120　拿起沙包尝试投掷

2. "躲避子弹":在自主游戏时,我发现有几个幼儿在投沙包,我上前询问他们在玩什么游戏,他们说:"我们在打'敌人'。"我好奇地问他们:"你们怎么打'敌人'呀?"花花拿着手上的沙包笑着对我说:"这个沙包就是子弹,我把沙包丢到他们身上,我就赢啦。"我继续观察他们的游戏过程,其他幼儿也纷纷跑来观看,于是,我邀请花花来给我们介绍游戏的玩法和规则。花花说:"她站我对面,然后我先来,拿沙包丢给她,如果丢给她了,她就'中弹'了。"讲完后,邀请她给幼儿示范玩法,并邀请其他幼儿参与游戏。

图 121　互相向对方腿部投掷沙包

我们的思考与支持

　　幼儿与家人共同制作沙包，通过与家人的互动，将理解转化为实际的游戏体验，并分享给班上的其他幼儿。这种分享和互动的行为，进一步激发了幼儿对沙包民间游戏的兴趣和探索欲望。

　　随着对沙包游戏认识的加深，幼儿对游戏规则逐渐熟悉起来。他们在与家人玩游戏的过程中，开始自发地组织游戏，表现出了一定的规则意识。这种自主组织游戏的能力，为他们在合作和社交技能方面的发展奠定了坚实的基础。在此后的游戏中，我会继续积极给予支持和引导，鼓励幼儿开放思想，勇于创新，探索更多有趣的沙包玩法。

（二）再探民间游戏

沙包大作战

　　妍妍像个小老师一样指挥着其他幼儿把眼睛闭上，等她说可以了之后，大家才能丢沙包。四名幼儿站在一条黄线前，游戏开始后，大家为了丢沙包，互相推搡，导致沙包都没有丢出去。我递给了他们几个圈圈，让他们想一想可以怎么玩。妍妍将沙包都放进一个圈圈里，芊芊直接站在圈外丢沙包，引起了其他幼儿的不满。坤坤说："我们都站到圈里去吧，没有听到口令不能出来！"于是，他们又开始了新的游戏，第一轮游戏有点混乱，出现了抢沙包的现象。经过几轮游戏后，幼儿们最终决定的玩法是将圈圈放在四个不同的点上，放沙包的圈放在最中间，大家在听到妍妍发出的口令后，才能从自己圈里丢出沙包，并且将沙包丢进中间的圆圈里才算获胜。

图 122　听口令开始"沙包大作战"

图 123　清点沙包数量，分出胜负

⭐ 兔子蹦蹦跳

在晨练中，我们玩了"小青蛙跳荷叶"游戏，很多幼儿还没玩够，并在室内自主游戏时间里，仍然热衷于跳圈游戏。婷婷说："我们来当小白兔，跳圈圈玩吧"。一群幼儿被吸引，纷纷围了上去。突然芊芊拿着沙包来了，她将沙包夹在两只脚的脚踝处，双脚往前跳，嘴里还在不停地念叨："小兔子，蹦呀蹦，蹦呀蹦，蹦到颖颖家。"念完后她也跳到了最后一个圈，但是沙包总是会掉下来，她一直不停地跳，跳一个圈捡一次沙包。然然笑道："你的沙包一直掉，你的食物都被大灰狼吃掉啦!"婷婷走过来说："我来试试。"她双脚夹住了沙包，跳到最后一个圈，她说："我们双脚夹紧沙包就不会掉了。"芊芊马上拿来沙包跃跃欲试，这时然然说："谁能跳完圈后，用脚夹着沙包将沙包丢进最后一个圈圈里，谁就赢了。"芊芊用脚夹着沙包，边念儿歌边跳圈，但是她没有成功将沙包丢进最后一个圈中，婷婷说："我来试试。"她非常灵活，像个小兔子一样蹦蹦跳，顺利将沙包丢进圈圈里了，她非常开心地对我说："老师，我知道沙包不会掉的秘诀哟。"其他幼儿被她的声音吸引过来，也要玩这个游戏，于是，我邀请婷婷给大家介绍她的新玩法，还有沙包不容易掉落的秘诀。幼儿都玩得非常开心。

图 124　双脚夹着沙包模仿"小兔子"蹦蹦跳

✦ 我们的思考与支持

幼儿有丰富的创造力，能将许多游戏联系在一起，形成自己的独特玩法。幼儿通过前期扔纸团儿游戏，将纸团当成"子弹"与同伴游戏。在"躲避子弹"游戏中，尽管幼儿间偶尔会出现意见不统一的情况，但他们总能够积极商量，不断完善游戏的玩法，展现出了团队协作和问题解决能力。这样的表现证明了幼儿在游戏中的独特价值和潜力。

万事万物之间都有着千丝万缕的联系，游戏之间也不例外，在观察幼儿的游戏过程时，老师也需要有一双善于发现的眼睛，及时对幼儿的新想法给予关注和帮助，引导他们进一步完善和发展自己的游戏思路。对于婷婷探索出的游戏秘诀，我引导她与幼儿一起分享，这种互动不仅促进了幼儿社交能力的发展，还让他们在分享和合作中学会了如何与他人沟通和协作。这样的游戏体验可以帮助幼儿更好地理解和应对现实生活中的各种社交场景。

(三)创新民间游戏

✦ 愤怒的小鸟

今天的户外活动结束后，幼儿还沉浸在"愤怒的小鸟"游戏中，明明跟其他小朋友说："我有更好玩的玩法。"我说："你想怎么玩呢?"他说："我想把沙包当成'小鸟'让它飞走。"我说："你的游戏听起来很有趣，那你可以和小伙伴商量一下，看看怎么让小鸟飞走呢?"明明跟着乐乐去找材料了，围着活动场地绕了一圈后，他们手上一人抱着一个轮胎，我以为他们打算换别的游戏玩了，就问他们："咦，小鸟不飞了，换成爬地洞啦?"乐乐说："我们要让小鸟飞过这个轮胎。"听了他们的想法，我对这个游戏十分期待，想看看他们怎么玩，于是在一旁观察着。

明明小手一挥，许多幼儿跑过来听明明的任务安排，纷纷去搬轮胎过来，不一会儿，在明明的指导下，轮胎被竖着放起来了，明明说："我们要站在这里，让沙包穿过轮胎，谁成功了，谁就赢了。"其他幼儿纷纷尖叫，都想跃跃欲试。乐乐在一旁多次尝试，要不就是沙包丢到轮胎上面去了，要不就是沙包还没穿过轮胎就掉下去了。突然涵涵跳出来大声欢呼道："我的小鸟飞过去了!"幼儿一下子被吸引过去，我也走过去问他："你真厉害，可以给大家讲讲一下你的方法吗?"他神气地昂着头说："我们要眯着一只眼丢，就可以丢过去了。"其余幼儿都学着他眯着一只眼进行尝试，"我的小鸟飞过去啦!""我的也飞过去了!"……欢呼声此起彼伏。

✦ 我们的思考与支持

　　尽管小班幼儿的语言表达能力还不够强，但是他们能将日常玩法融入新游戏里，是非常有创新性的。向同伴讲清楚玩法和规则可以提升幼儿的语言表达能力，更能加强他们的逻辑思维和沟通能力。在游戏过程中，幼儿们能发现问题，借助老师的引导，自己思考解决问题，并让游戏顺利地进行，这说明幼儿发现问题的能力和解决问题的能力正在逐步提升。

　　刚进行游戏时，幼儿对游戏的规则还不太理解，只停留在表面语言上，所以游戏刚进行时场面比较混乱。我及时介入，引导邀请制定游戏玩法的幼儿自己来发现问题，思考怎样去解决问题，并用实际行动去解决问题。给了幼儿探索、解决问题的机会，结合日常幼儿玩游戏时的经验，转化新的游戏玩法。同时，游戏中的各种动作和活动也锻炼了他们的四肢灵活性，促进了身体的协调发展。

三、民间游戏感悟

　　福禄贝尔曾指出：民间游戏是开展幼儿教育的智慧源泉。当今，社会呼吁民间游戏融入幼儿园，随着时代的变化，幼儿园游戏活动与民间游戏在幼儿园里互为成就。"民间游戏"成为强大的游戏力量，促进幼儿的成长。

　　"沙包"民间游戏玩法多样，适合小班幼儿年龄阶段，易于传授。在后续探索沙包游戏的新玩法中，教师与幼儿共同丰富沙包游戏的道具、材料、规则等，不同的新游戏锻炼了幼儿的手臂、腿、脚部力量和平衡能力，发展了幼儿投掷动作的灵活性和协调性。同时，幼儿的想象力极为丰富，他们能够巧妙地将自主游戏与民间游戏相融合，创造出全新的游戏玩法。这种创新性的融合不仅拓展了游戏的内容和形式，还进一步激发了幼儿的创新思维和创造力。

教师在实施民间游戏的过程中，结合幼儿前期的知识经验，开展"小兔蹦蹦跳""愤怒的小鸟"等创新沙包的新玩法。教师能以整体的观点看待幼儿的游戏行为，学会在游戏中与幼儿对话，为幼儿创设多种参与途径来鼓励幼儿加入游戏中。在游戏结束后，教师能引导幼儿自行讨论，总结玩法以及改进的地方，重新制定规则，与此同时，教师的总结反思能力将更加灵活，自身民间游戏开发能力也能得到提升。

在民间游戏过程中，加强与家长的合作也是十分重要的，在后期开展民间游戏中，加入家庭的玩法，幼儿将自己在家里的玩法带到幼儿园与其他小朋友进行分享，很好地实现了家园共育。

（案例撰写教师：胡梦瑶）

别动，小心被我发现啦！

——"木头人"民间游戏案例

一、民间游戏缘起

"木头人"作为一款可静可动、适宜幼儿的民间传统游戏，玩法简单。小班幼儿的规则意识相对薄弱，游戏时不能充分理解游戏玩法和规则，且他们的表达能力有待提高，缺乏明确的集体意识。我和幼儿一起玩"木头人"的游戏时，发现此游戏趣味性强，可以激发他们的活动兴趣，可以提高他们的倾听能力和自控能力，还能够帮助他们萌发规则意识。

玩游戏前，我播放了一段小猫发呆的视频，瞬间吸引了幼儿的注意，小金豆瞪大眼睛说："哇，这只小猫咪长得也太可爱了吧！它为什么动都不动啊?"坐在他旁边的雯雯突然眼泪汪汪地大哭起来："它是不是死了?"同小组的妍妍慌忙对她说道："你别哭啊!"接着，她开始大叫："老师，雯雯哭了，她说那只猫死了!"眼看情况有些失控，我迅速稳住心神，温和地说："这只小猫咪并没有死，它只是在和它的主人玩木头人的游戏呢!"潇潇大笑："那它玩得也太好了吧！真的就像个木头人呢!"听了这番话，雯雯也不哭了，认真地观察了起来。

放学的时候，我给幼儿们留了一个小任务："你们回家后可以问一问爸爸妈妈或者爷爷奶奶，看有没有人知道木头人的童谣，明天可以一起来交流。"

二、民间游戏实录

(一)初识民间游戏

★ 我会念"木头人"童谣

第二天，幼儿们一见面，就你一言我一语地讨论了起来，纷纷表达着自己

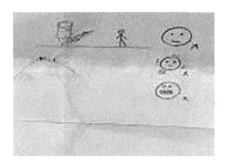

图125　琪琪爸爸自创童谣图谱

的奇思妙想，简单的童谣激发了幼儿们无限的兴趣。

瑶瑶说："我以前听到别人是这样念的：我们都是木头人，不许说话，不许动，不许走路，不许笑。"

轩轩说："不对，不对，是山上有个木头人，一不许动，二不许笑，三不许露出大门牙。"

妍妍大声反驳："你们都是错的，我姐姐告诉我是这样念的：山上有个木头人，不许说话，不许动，不许走路，不许笑！"

琪琪一副小大人的模样，立刻从书包里翻出来了一张纸给大家分享："你们才是错的，我爸爸告诉我是这样的：'山上有个木头人，拿起枪来打敌人。一不许动，二不许笑，三不许露出大门牙。'我给你们看，这是我爸爸给我画的图谱，是不是很清楚？"

我将图谱放到了视频展台前，琪琪大方地进行讲解，其他幼儿一边听一边模仿学习，十分认真，我顺势问道："有这么多种'木头人'的童谣，你们想用哪个呢？"大部分幼儿纷纷举手表示赞同使用琪琪提供的童谣，我鼓励他们："你们的童谣都是正确的，你们也可以用你们熟知的。目前，大部分幼儿都给琪琪投了赞成票，那我们暂时先统一用一个童谣。"

我的姿势最有趣

统一了童谣后，我们开始准备玩游戏了。我给幼儿展示了一段《木头人》游戏的视频，我提高音量故作惊讶道："哇！他们在干什么？你觉得他们摆的姿势怎么样？"

小金豆露出神气的表情，学着视频里的样子在自己的下巴处比画了一个"八"字，自豪地说道："我也会！"

潇潇举起手臂在头顶比了一个心后说道："我也会摆造型，我妈妈教过我比心！你们看看我的！"

我发现大部分幼儿摆的动作都比较单一，不会摆姿势的幼儿还在偷偷跟着别的幼儿学动作，为了激发幼儿的创新能力，我引导幼儿回顾之前学过的《动物走路歌》，并启发他们在"木头人"游戏的最后部分尝试融入各种动物的造型。但是绝大部分幼儿的动作仍旧十分单一，效果不显著。

图 126　展示独特、富有创意的姿势

当天活动结束后，我邀请家长们也参与到活动中来，在群相册里收集大家摆的各种姿势，家长们参与的积极性也十分高涨。

第二天一早，我立刻展示了幼儿的照片，并邀请其他幼儿模仿照片中幼儿的动作。每个幼儿都有机会成为小老师，他们的热情明显比前一天更加高涨。对于那些独特而富有创意的姿势，我毫不吝啬地给予夸赞，并鼓励大家都要敢于展示自己的想法。在接下来的展示环节中，幼儿展现出了各种各样可爱而有趣的姿势。

☆ 我会玩"木头人"了!

在大家掌握好各种姿势后，我们开始了游戏，我先请琪琪讲解游戏玩法，琪琪再次拿出爸爸画的图谱，一边指着图一边讲解："我们念完'山上有个木头人，拿起枪来打敌人。一不许动，二不许笑，三不许露出大门牙'后就不能动了!"我竖起大拇指表扬他："你介绍得很好，如果在最后加上我们刚才摆的动作那就更好了!"

玩了几轮游戏后，我发现好几个幼儿的姿势都没变过，我邀请几名动作丰富的幼儿分享自己每次是怎么换动作的："为什么每次都会想到这么多好玩的动作呢?"

小金豆抬起头大声说道："我提前想好的啊!"

俊俊指着轩轩说："刚才玩的时候我看到轩轩的动作像个大企鹅，太搞笑了! 我也要学!"

雯雯低垂着头小声说："我妈妈昨天教了我好几个动作呢，我都记住了!"

我对幼儿的发言给予了极大的支持，并鼓励其他幼儿向他们学习，争取每次都摆出不一样的动作。

游戏过程中，妍妍到我面前来大声控诉："老师，轩轩结束了老是晃来晃去，一点都不像木头人！"我说："妍妍观察得很仔细，她发现有的小朋友结束后一点都不像木头人，那你们有什么办法呢？"

幼儿纷纷表达了自己的看法，有的不知道结束了不能动，有的经常会摔倒，有的故意站不稳……我激发幼儿思考："你们有什么办法帮助他们呢？"妍妍说："不要单脚站，这样站不稳！但是轩轩就是故意的，哼！他还故意把我撞倒！"小金豆很生气地说："他再这样我就再也不跟他玩了，哼！"这时我提出游戏规则："你们看这样行不行，童谣结束后还在动的幼儿就停玩一轮。"幼儿纷纷表示赞同，又开始玩了起来。

✦ 我们的思考与支持

在民间游戏中巧妙融入童谣元素，极大地激发了幼儿对"木头人"这一传统游戏的兴趣。该游戏不仅丰富了幼儿的社交互动模式，提升了他们的语言表达能力，还进一步推动了其社会性的发展。在游戏中，幼儿关系平等，能相互影响，共同成长。我积极引导他们学习换位思考，帮助他们真正理解合作的重要性，学会站在他人的角度思考问题，认识到自我与他人的紧密关系。通过这样的游戏体验，幼儿逐渐学会了与同伴协调与配合，形成了符合社会规范的行为习惯，为其未来融入社会打下了坚实的基础。

通过向家长、同伴学习《木头人》童谣，幼儿初步感受到在游戏中加入童谣的乐趣。在分享童谣的过程中，幼儿能够通过语言表达自己的意见，有了初步的判断意识，能通过讨论等方式来确定最终的童谣。在与家人和同伴的交流中，进一步提升了自己的人际交往能力。在游戏的尝试中，幼儿对于民间游戏"木头人"有了更深的感受，了解到自己可以做游戏的主人，这有效提升了他们思维的开拓性和复杂性。

（二）再探民间游戏

✱ 爸爸妈妈也要跟我玩这个游戏呢！

游戏进行得如火如荼，很多幼儿还在家里跟家人们一起玩起了各种"木头人"的游戏。家长参与度很高，纷纷把视频发在群里进行分享，也在其中发现了很多新式玩法，我将这些新式玩法收集起来，在户外活动时跟幼儿一起玩，这调动了幼儿和教师参与的积极性，我还给创新玩法的家庭颁发了小礼品。雯雯还对我说："我回家了也要和爸爸妈妈玩这个游戏，老师，你到时候也给我发奖品哦！"

✱ 画"木头人"

过了几天，宸宸给我带来了一幅画，她小心翼翼地展开，我一看："哟，你这画的是木头人游戏？"她跟我说："是啊，我回家跟妈妈讲了，这是我与妈妈一起画的哟。"幼儿在与家长一起绘制木头人的过程中，展现出了很高的积极性。没过

图127　幼儿与家长共同绘制游戏玩法及规则

几天，其他幼儿也陆陆续续地拿了一些画来分享，通过幼儿自发地与家长共同绘制游戏玩法及规则，我们班兴起了一股绘画热潮，幼儿们在班里广泛分享。

✱ 上课前也要玩"木头人"

通过一段时间的游戏体验，幼儿在创新方面有了很大的进步，也有了更多的思考，同伴关系也更加融洽，但这也导致他们在上课时会不停地讨论、说话。为了改变这一现状，活动开始前，我都会组织他们坐着玩一次"木头人"游戏，来舒缓他们的心情，为接下来的教学活动作好准备！

⭐ **我们的思考与支持**

　　民间游戏不仅仅是幼儿之间的活动，也要充分调动家长资源。我一开始请家长参与"木头人"游戏童谣的收集活动，让幼儿和家长对民间游戏有了更多的了解。这不仅深化了家长对民间游戏的了解，也让幼儿通过家长的引导，对游戏产生了更浓厚的兴趣。而在整个活动的开展中，家长与幼儿在家里也能进行一些民间游戏的互动，并以此为基础开展了绘画、录制视频等活动，感受亲子游戏的快乐。活动开展得非常顺利，家长也给予了一致的好评。这种家园共育的模式不仅增进了家长与幼儿之间的亲子感情，也极大地推动了民间游戏在班级中的普及与推广。

（三）创新民间游戏

⭐ 花园里的木头人

　　我把幼儿带到户外手拉手围成圆圈后盘腿坐下，换了环境后幼儿玩得格外起劲。玩了一会后，我发现幼儿坚持的时间越来越长，我抓紧机会，去逗他们笑，有的没两下就笑得躺在了地上，有的还在苦苦坚持。玩了几轮后，荣荣举手说："老师，我也要逗他们笑，我保证把他们全笑倒！"我看着她又是做鬼脸，又是去挠他们的胳肢窝，好多幼儿一个来回就笑趴下了。我在能坚持的幼儿里面又找了一个小老师涵涵，她更能干了——往别的幼儿脖子旁边呼气，没有一个能逃离她的"魔掌"，全笑倒下了！

图 128　花园里的"木头人"

　　我请幼儿聊了聊今天玩游戏的感受，大家都表示十分开心，我追问："那你们觉得今天玩的'木头人'跟昨天的有什么不一样吗？"琪琪举手说："今天有人逗我们笑，好开心呀！"我继续鼓励道："你说得没错，特别是荣荣和涵涵，她们两个的想法特别多，老师也希望你们能向她们学习，有更多自己的想法！下次你们也可以来当小老师哦!"

今天放学后,我发起了一个小任务:幼儿回家和家人一起玩这个游戏,跟家人说说自己玩"木头人"的感受,还可以和他们一起想想我们还可以怎样玩"木头人"。

★ 木头人 PK 大灰狼

今天在户外散步时,轩轩对我说:"老师,我们可以散步的时候玩'木头人'的游戏吗?"我对他竖起了大拇指:"你的想法十分可行,那我们开始吧! 童谣念完后,你们要马上停住摆出各种各样的造型哦! 千万别动哦,要是被我发现了,我就把你们

图 129　"木头人"PK"大灰狼"

'吃掉',然后停玩一轮! 你们同意吗?"得到幼儿的同意后,我就开始扮演"大灰狼",对他们进行干扰,辨别哪些是真的木头人,假的木头人就要被我"吃掉"! 幼儿十分紧张,游戏玩得也十分认真。

几轮游戏过后,荣荣喊道:"老师,你让我来当大灰狼吧! 我很会辨别的! 我过会去挠他们的胳肢窝!"幼儿都面带紧张的神情,在荣荣面前露出了马脚,一下子就被荣荣"吃掉"了。涵涵也举手:"老师,我去吹他们!"我同意后轻声提醒幼儿:"你们要小心了哦! 现在已经有两个大灰狼啦! 你们一定要坚持,千万别被'吃掉'啊!"就这样玩了几轮后,又有幼儿举手要当大灰狼,我找了几个能坚持不动的木头人当大灰狼。为了保证幼儿的参与性,我请幼儿自由分成了好几组进行游戏。

★ 123. 木头人

俊俊今天跑来偷偷跟我说:"老师,你有没有看过《鱿鱼游戏》? 里面也有玩'木头人'的游戏! 昨天我爸爸给我看的,不过他们玩得太恐怖了,动了的人直接被枪给打死了!"我问道:"你觉得这个游戏好玩吗?"他害怕地缩了一缩身体:"太可怕了,怎么动一下就死了……"我想如果把这个游戏简化一下后我们也可以玩啊,这样还可以让他正面看待电视剧的情节!

说干就干,我把幼儿组织起来:"今天俊俊跟我说了一个电视剧情节,别

图130　123，木头人

人也在玩'木头人'的游戏，不过在电视剧里，动了的人直接就死掉了，我们也来学习一下这个玩法，我们动了的人要停玩一轮哦!"接着我请俊俊说了一下这个"123，木头人"的玩法，一边补充玩法，一边和其他幼儿确定玩法："你们站在起点线上，我来当大灰狼站在终点线处。你们在听到'123，木头人'后往终点处走；念完口令后，我转身观察谁动了，被发现的人要停玩一轮。第一个到达终点的来拍我的背，然后迅速跑回起点，被我抓到的人也要停玩一轮游戏。"

玩了三至四轮游戏后，团团说："老师，可以请我站到前面来吗？我想当小老师!"我同意了她的请求，在玩的过程中，我还发现了好几个既能摆出不同造型又能遵守游戏规则的幼儿，并毫不吝啬地表扬他们没有忘记之前的动作。

我发现了"小老师"站在前面看不到后面的幼儿的情况，又请了好几名幼儿充当观察员，观察哪些人没有遵守游戏规则，没有遵守规则的人会被观察员停掉游戏资格。幼儿玩游戏玩得更加认真了，生怕被发现。

✦ 我们的思考与支持

教师应根据幼儿的年龄特点及发展水平，结合他们的生活经验，针对他们在游戏中的表现给予肯定与支持；因材施教，让幼儿用自己的方式去开展游戏，给予他们足够的空间和选择，引领幼儿寻找解决办法，并创新游戏玩法与规则。

幼儿能在玩"木头人"游戏时学会合作，体现了他们的合作意识、语言表达能力和交往能力的提升。在玩"花园里的木头人"时，幼儿会主动申请参与游戏并组织游戏。在玩"木头人PK大灰狼"时，他们会延伸之前的玩法，主动探寻游戏中的共同规律。在玩"123，木头人"时，幼儿结合已有经验，将电视剧里的情节带到现实生活中，并结合之前的游戏玩法继续游戏，也能主动承担游戏的引领者的责任。

三、民间游戏感悟

小班幼儿刚步入幼儿园，他们中的部分幼儿语言表达能力尚弱，集体意识淡薄，不擅长倾听，对游戏规则的掌握尚显生疏，且其自控能力有待提高。在这个关键时期，为他们选择恰当的游戏显得尤为重要。民间传统游戏"木头人"凭借其简单易学、趣味性强、材料简便、灵活多变的特点，成为小班幼儿的理想选择。这款游戏不受人数、场地、环境限制，既适合全体幼儿共同参与，也适宜分组进行，其规则性强，幼儿能快速理解并融入游戏。

教师在组织实施幼儿游戏活动时，应针对小班幼儿的年龄特点实施游戏活动，真正做到因材施教，从而保证游戏活动的有效性，突出游戏活动的重要性。民间传统游戏"木头人"不仅可以激发他们的活动兴趣，增强他们的体质，还能够培养其乐观、坚强的态度，让他们学会令行禁止，萌发规则意识，带给幼儿无穷无尽的智慧、快乐和满足。

（案例撰写教师：魏芳）

小心，尾巴要被揪掉了哦！

——"揪尾巴"民间游戏案例

一、民间游戏缘起

民间游戏"揪尾巴"的由来并没有明确的历史记载，它可能起源于古代的儿童游戏，经过数代的演变和传承，逐渐成为富有地方特色的游戏。在古代，儿童经常模仿各种动物进行游戏，而"牛"因其力量和独特的尾巴摆动方式成为儿童特别喜爱的模仿对象。他们模仿牛的尾巴，用绳子或布料制成尾巴系在腰间，然后互相追逐拉扯，试图揪下对方的"尾巴"。此外，"揪尾巴"在一些文化中还有着更为深远的象征意义。在某些传说和神话中，揪下尾巴被视为一种胜利和荣耀的象征，代表着对邪恶势力的征服和惩罚。这些文化寓意使得"揪尾巴"游戏不仅仅是一种儿童娱乐，还承载了丰富的文化内涵。

在一次户外活动回班途中，我看到嘻嘻的隔汗巾快要掉出来了，赶紧提醒道："嘻嘻，嘻嘻，你的隔汗巾都快掉了，就像小尾巴一样挂着呢！"嘻嘻听了连忙回头去看，周围的幼儿听到了跟着一起笑了起来："你长尾巴啦！""我的隔汗巾也像一条尾巴！"看到大家对尾巴这么感兴趣，我便顺着话题聊了下去："你们想要拥有一条自己的小尾巴吗？那我们回到教室之后一起来看看小动物们都有什么样的尾巴吧！"

回到了教室里，我请幼儿去找找教室里的小动物都有什么样的尾巴，不一会儿，汤圆拿着兔子玩偶跑来和我说："老师，我发现兔子的尾巴是白色的，毛茸茸的，短短的。"泽泽拿着大象积木走来和我说："我发现了大象的尾巴细细长长的，是灰色的。"濛濛抱来一只小猴子，拉着它的尾巴形容起来："猴子的尾巴好长，还能弯来弯去！"

幼儿观察得非常仔细，他们在表达自己的想法时，也提出了许多很有趣的观点：

"我想要一条像小蛇一样的尾巴，好长好长。"

"我的尾巴要像豹子的一样！"

"我的可能会是小鸟的尾巴，很漂亮。"

看到大家的兴致如此高涨，我便给大家布置了一个小任务：周末在家和爸爸妈妈围绕"想要一条尾巴"这个话题展开讨论，并制作一条属于自己的小尾巴，周一带到幼儿园里来，老师准备了一个充满趣味和挑战的游戏想要分享给大家哦！

二、民间游戏实录

（一）初识民间游戏

我们的尾巴

时间很快就来到了周一，大家迫不及待地从各自的小书包里拿出了自己的小尾巴。他们拿出了各式各样的尾巴：有用毛线编织的，用橡皮筋和毛巾捆绑成一节一节的，拿妈妈的丝巾编的，有废物利用取下旧娃娃的尾巴缝上橡皮筋来当自己尾巴的，还有用长条气球来充当尾巴的，等等。

等大家拿好了尾巴坐在小板凳上后，我们便开始了今天的游戏："你们的尾巴可真好看呀。现在，请大家尝试一下，看看你们能不能用巧妙的方法把自己的尾巴装到身上呢？"话音刚落，幼儿便纷纷开始动手尝试。有的在尾巴上缝上了橡皮筋，使尾巴能像穿裤子一样轻松地固定在腰间；有的则努力地扒开裤腰，试图将尾巴塞进去；还有的回头想找找自己的小屁股上是否有可以固定尾巴的位置，因此不停地原地转着圈圈，样子十分可爱。

"动物模仿秀"游戏

现在，每个人的尾巴都已经"长"好了，那么该如何游戏呢？在观察幼儿后，我发现他们都在以自己的方式享受尾巴带来的乐趣。嘻嘻摇晃着小屁股似乎在感受尾巴带来的新奇体验。小翎则是假装大恐龙一边"嗷呜"直叫，一边走来走去，神气又威风。濛濛开心地拿着尾巴

图131 展示自己制作的尾巴

向旁边的幼儿展示："你看这是我的尾巴,妈妈做的!"妍妍把用丝巾编好的尾巴散开来模仿小马。看到幼儿如此投入和富有创意,我便结合大家的想法,开始了今天的游戏——动物模仿秀。

走秀开始了,幼儿两两一组开始了表演,有的模仿小猴子走起路来抓耳挠腮,有的模仿大象脚步沉重,有的模仿小乌龟慢悠悠地向前进,还有的模仿狮子老虎威风神气,但最有趣的还属模仿小蛇、毛毛虫的小汤圆和涵涵了,他们一扭一扭地向前走,逗得其他幼儿哈哈直笑。

"猫抓老鼠"游戏

户外活动时间到了,大家拿着自己精心制作的小尾巴,来到了二楼的操场上。我们手拉手围出了一个大大的圆圈,作为今天的游戏场地。同时,我向大家详细介绍了"揪尾巴"游戏的基本玩法,并强调了安全的重要性。在进行了两轮尝试之后,幼儿已经逐渐掌握了游戏的规则和技巧。接着我们开始讨论了游戏新玩法。

"我们都长出了奇妙的小尾巴,扮演了自己喜欢的小动物,那'揪尾巴'游戏还可以怎么玩呢?"大家思索了一会儿,便有了好主意。菲菲说:"可以一个人追,另一个人跑,就像'猫抓老鼠'一样!"这个提议立刻得到了其他幼儿的热烈响应。于是,我们一致决定本次游戏的主题为"猫捉老鼠"。

大家确定了游戏主题和玩法,但还没有明确游戏规则。我便先让幼儿去尝试,找一个好朋友一起体验游戏。在幼儿游戏的过程中,我观察到,萌萌和瑄瑄在追逐的过程中实力相当,两人一直围着跑圈,久久不能分出胜负,直到最后才能抓到对方的尾巴决定胜者。而菲菲和安安的情况却截然不同,当菲菲紧紧追赶着安安时,安安突然停下脚步,一屁股坐在了草地上,并大声宣布:"一旦坐下来,就不能再抓了!"幼儿的表现令人惊喜。他们在游戏中的自然互动和积极参与,无形之中练就了宝贵的游戏技巧。

在游戏休息时间里,我向大家提出了刚刚的发现:"猫抓老鼠的游戏一直跑下去很费体力也不好分出胜负,刚刚我看到了一个好方法大家想学一学吗?"说完便让菲菲和安安为大家展示了刚才的游戏方法并讲解游戏规则,最后安安提醒大家:"在跑的时候要找个位置坐下来就不可以抓了。"

确定了玩法和规则,我们正式开始游戏了!大家按照圆圈的方向,两人为一组走到圆圈的中间,进行游戏,而其他的幼儿,则为游戏的幼儿加油助威。

图 132　用坐在地上的方式保护尾巴　　图 133　试图追上同伴，揪到他的尾巴

✦ 我们的思考与支持

　　幼儿在游戏中迁移经验，将在日常生活中观察到的动物特点运用到游戏里，展现出了敏锐的洞察力。他们能够捕捉到小蛇扭动前行的姿态、乌龟缓慢爬行的步态还有老虎迅猛奔跑的速度，这些细致入微的观察为民间游戏"揪尾巴"注入了生动的活力。幼儿在表演时自信大方，还能勇于表达自己的猜想，充分展现了他们的自信与想象力。在游戏过程中，幼儿通过追逐跑锻炼了下肢力量和奔跑速度，同时也掌握了躲闪技巧。

　　在幼儿自主游戏的过程中，我采取了放手游戏的策略，会适时地给予他们帮助，确保他们能够顺利地进行游戏。同时，我也积极肯定和鼓励幼儿的游戏行为，让他们更加自信地展现自己的创意和想法。当幼儿展示出了新想法，我会把握契机，提炼玩法，并组织全体幼儿进行尝试，让大家都能够体验到不同的游戏乐趣。

（二）再探民间游戏

✦ "圈圈才安全"游戏

　　这一次的民间游戏因为天气原因在室内开展，在游戏开始之前，考虑到室内场地受限，我将桌子移开空出大面积的位置，但还是担心有些危险，我便向幼儿提问："在游戏时我们大家跑来跑去，要是不小心摔倒或磕到桌椅那可麻烦了，大家有什么好的方法吗？"龙龙的想法从众多答案中脱颖而出，他看着教室里的建构材料说："我们可以用积木围成大圆圈，这样就不会跑到桌子旁边去了。"于是我邀请幼儿用不同颜色的呼啦圈和泡沫积木围成大圆圈，接着向幼儿再次强调了安全问题："教室里的地不像草地一样柔软，周围还会有桌子，所以大家在跑动时，要注意安全，只能在圈圈里跑，要避免摔倒和磕碰哦！"

图134　泽泽揪住了蕊蕊的尾巴

第一轮游戏还是像昨天一样，两名幼儿组成一组，两组同时进行游戏。游戏结束后，蕊蕊和其他几名幼儿一同说道："我还想玩，还没有玩够。"于是在第二轮游戏时，我便将两组幼儿增加至四组幼儿，一起游戏。

游戏开始前，我提问："你们想怎么玩呢？四个人怎么玩呢？"

泽泽抢着回答："我觉得可以站到圈里去。"

小汤圆说："就像玩'开始和停止'游戏那样！"

新的游戏玩法诞生了，我将大家的建议进行了总结："那我们这次就加入游戏音乐来玩吧！音乐开始时大家就开始揪尾巴，音乐停止时幼儿要站到老师报出的颜色圈圈内，看看谁先揪到尾巴，大家加油哦！"在这次的游戏中，有了音乐的加入和新的游戏方法，幼儿的参与更加积极了。游戏过程中，幼儿一边玩一边注意着音乐有没有暂停，当我暂停音乐并报出"红色"时，幼儿立刻去找地上的红色圈圈在哪里，然后站进去，玩得非常开心。

✦ "木头人长尾巴啦"游戏

1. 游戏开始

这次的民间游戏开展得没有如所预期的那般顺利，幼儿按照既定规则体验过一次后，注意力开始逐渐分散，对游戏的兴趣也明显减弱。面对这种情况，我提出了一个建议："不如我们换个游戏，先来玩玩木头人？"出乎意料的是，这个提议立刻引起了幼儿的兴趣，他们纷纷举手想要当木头人。当大家体验过"木头人"游戏后，我再次提出一个新的想法："你们想不想试试同时玩这两个游戏呢？"对于这种新颖的游戏组合方式，幼儿的反应各不相同，有的表现出浓厚的兴趣，而有的则显得很困惑："那要怎么玩呢？我不知道怎么玩。"

为了更好地向幼儿讲解游戏的玩法，我请旺仔、妍妍、琪琪、乔治这四位小朋友来为大家作示范。首先，旺仔站在前面充当"木头人"，他的身后系着一条小尾巴。妍妍、琪琪和乔治则负责扮演揪尾巴的人。游戏开始时，旺仔会背对大家开始数数，数到"1、2、3"的时候，作为揪尾巴的幼儿可以向前进。在这个过程中，他们需要尽可能快地接近旺仔并试图揪掉他身后的尾巴。当旺仔数完数并转过身来面对大家，说出"木头人"的时候，所有的幼儿都必须立刻停止移动，保持静止。如果在这个时刻有人还在移动，那么他就需要回到起点重新开始。游戏的目标是看看谁能最先走到旺仔面前，成功地揪掉他的尾巴。通过这样的示范和讲解，我相信幼儿能够更加清楚地理解游戏的规则和玩法。

木头人揪尾巴的游戏正式开始了，幼儿对游戏的热情再次燃烧起来，都高举小手踊跃参与游戏："请我！请我！我还没玩呢。"于是我顺着座位的方向依次请幼儿来做游戏，简单的游戏就是快乐的源泉，幼儿参与游戏时，脸上都洋溢着灿烂的笑容。

2. 出现问题

也许是第一次接触这样的游戏，我发现幼儿对规则的理解和执行力会因为自身的发展水平以及不同的游戏情境而有所变化，在邀请幼儿游戏时，我发现有小部分幼儿并未完全理解游戏的规则。例如：小彤在木头人回过头时依旧会继续前进，婷婷在应该原地不动的时候会往回跑。为了确保游戏的公平性和顺利进行，我决定暂停游戏，并特意邀请了那些对规则理解透彻且玩法熟悉的幼儿站出来，向大家详细讲解游戏要点和注意事项。

图 135　戴尾巴玩"木头人"　　　图 136　"木头人"游戏中

3. 再次游戏

经过了反复引导后，大家终于掌握了规则与玩法。轮到琪琪来当有尾巴的木头人了，她背对着大家数"1、2、3"，其余的幼儿站在她身后轻手轻脚地前行靠近，当琪琪转身喊道："木头人！"时，大家立刻停下脚步并保持着前进的姿势，原地不动等待着琪琪的再次转身。

✦ 我们都来说一说

1. 分享大发现

当游戏照片和视频被分享出来后，幼儿都显得异常兴奋和激动，纷纷开始指着屏幕上的自己喊起来："这是我，是我在玩游戏！"观看游戏视频后，我问道："大家有没有发现，在游戏过程中出现了哪些小问题呢？"问题一被提出，幼儿踊跃举手来发表自己的看法。

烨烨说："刚刚我看到睿睿在地上爬，很危险，会被小朋友踩到。"

细心观察的草莓说："瑄瑄刚开始没有跑，她的尾巴差点就被揪掉了。"

嘻嘻憋红着脸，有点生气地说："涵涵在地上打滚，都快滚到中间来了！"

2. 我们可以这样玩

幼儿通过观看游戏视频，发现了不少问题。针对问题，我组织幼儿一起讨论解决问题的方法，在游戏过程中怎样做才能保护自己呢？有的幼儿立刻回答道："我们要遵守游戏规则。"还有的幼儿提出："在等的时候不能到处乱跑。"更有幼儿建议："我们可以认真看看其他人是怎么玩的。"

✦ 我们的思考与支持

在我的提示和引导下，幼儿踊跃地尝试了将"木头人"与"揪尾巴"两种游戏玩法相结合的新颖方式。他们不仅体验到了将不同游戏玩法相融合的乐趣，还学会了如何制定新的游戏规则，并主动邀请同伴一起参与游戏。这一过程中，幼儿与同伴间的交往能力得到了显著提升。

在游戏过程中，部分幼儿对新规则的理解还不够深入，出现了在"木头人"转身后仍继续前进或突然往回跑的情况，只有少数幼儿能够完全掌握这一新的游戏玩法。这可能与"木头人"游戏开展较少，导致大家对游戏规则逐渐生疏有关。因此，在将两种游戏结合后，幼儿需要一定的时间去适应和接受新的游戏规则。

(三)创新民间游戏

"尾巴在哪里"游戏

1. 自选玩法

在今天的民间游戏开展过程当中，我们再次尝试了昨日创新玩法"木头人揪尾巴"。游戏过程中，我们可以明显发现幼儿对游戏的玩法更加熟悉了，我只需要提醒个别的幼儿注意游戏规则。于是在几轮游戏过后，我问道："这几天我们尝试了很多种揪尾巴的玩法，你们最想玩哪一种呢?"苹果组有幼儿说："木头人!"香蕉组有幼儿说："猫抓老鼠!"西瓜组和葡萄组的幼儿也有自己的建议，在收集到幼儿的想法之后，我决定让幼儿自行选择，每种游戏玩法都来两轮，幼儿可以自行加入游戏，这样一来每个人都能够玩到自己想玩的'揪尾巴'游戏了。

2. 新玩法的诞生

在幼儿自由游戏的过程中，琪琪看到小杜经常将丝巾做成的小尾巴蒙在眼睛上，琪琪说："老师，你看尾巴可以蒙在眼睛上。"于是新玩法产生了——蒙眼揪尾巴，猜猜尾巴在哪里。

小帆蒙上双眼，依靠声音前行寻找尾巴时，他受到了旁边环境的干扰，竟然笔直地朝着我走了过来。他紧紧抱住我的腿，努力地寻找着尾巴的踪迹。在场的幼儿看着这一幕，忍不住爆发出了阵阵欢笑声。笑声让小帆意识到了自己的错误，他迅速转身调整方向。与此同时，安安也机智地拍起了手，用声音引导小帆找到自己的准确位置。经过一番周折，小帆最终成功地揪到了安安的尾巴，两人顺利地完成了游戏。

★ 我们的思考与支持

在游戏创新的过程中，幼儿凭借自己的过往游戏经验，在我的引导下，成功地将两种传统游戏进行融合，这不仅提升了他们的游戏技能，更展示了他们在创新思维上的突破。在游戏的过程中，幼儿享受乐趣，积极参与，遇到难题，勇于挑战，积极讨论，共同寻找解决方案。这种积极的态度不仅增强了他们的交往能力，还让他们体验到了团队合作的乐趣。在游戏中，他们所展现出的不畏困难、勇往直前的精神，值得我们给予高度的赞扬。同时，在这个过程中他们发现了自己的潜力，体验到了成长的快乐。在游戏创新过程中，我观察到幼儿已经积累了一定的游戏经验，他们能够将以往喜欢的游戏元素融入新的游戏中，创造出独特的玩法。然而，为了进一步提升游戏体验，教师需要时刻关注并提炼出游戏中的亮点，引导幼儿建立新的游戏规则。在与家长分享游戏瞬间时，我们邀请家长参与，鼓励他们在家中与孩子一起玩"揪尾巴"游戏，并探索更多的玩法，然后将这些新点子带到幼儿园进行尝试。

在蒙眼玩法的实施中，我们注意到前两轮幼儿能够保持较好的纪律，但到了第三轮，等待中的幼儿开始变得兴奋并跟着拍手。这反映了他们对游戏的热爱和强烈的参与欲望。因此，在后续的游戏中，我们可以尝试增加参与人数，以减少幼儿的等待时间，让他们能够更充分地享受游戏的乐趣。

三、民间游戏感悟

《幼儿园教育指导纲要（试行）》指出："幼儿是游戏的主导者。"在"揪尾巴"游戏的推进过程中，幼儿不可避免地会面临种种挑战，如：人数的变动以及对规则理解不一致等。然而，正因为民间游戏源于幼儿的自发性创造，他们在整个游戏过程中都展现出高度的积极性和自主性。从游戏主题的选择，到角色的分配，再到游戏道具的准备和游戏情节的发展，幼儿都全程参与，积极投入，用自己的智慧和想象力，推动游戏的进展。

在"揪尾巴"这一民间游戏的开展过程中，幼儿如果只依赖教师的思路，其创意和深度必然受到限制。因此，教师要巧妙地整合家长资源，带动家长一同进行探索和尝试。通过"先探索，再尝试，后发现问题，解决问题"的递进式过程，游戏焕发出新的活力，每天都呈现出更加精彩的局面。在这一过程中，幼儿不仅学会了与他人合作，应对挑战，还提升了自我保护意识，培养了创新思维和游戏设计技巧。这种家园共育的模式，不仅丰富了幼儿的游戏体验，也促进了其全面发展。

为了激发幼儿对民间游戏的兴趣，教师适宜的指导至关重要。"揪尾巴"这一游戏简单易懂，深受幼儿喜爱，不仅促进了他们走、跑、跳等运动能力的发展，还锻炼了他们的大肌肉。在追逐类游戏中，幼儿还学会了如何保护自己，避免受伤。在游戏实践阶段，教师可能会遇到规则不够细化导致幼儿等待时间过长、游戏兴趣降低的问题。这时，教师需要灵活调整规则，根据实际情况进行完善，以确保幼儿能够积极参与并遵守游戏规则。

（案例撰写教师：黄雨萱）

有趣的糖纸

——"飘糖纸"民间游戏案例

一、民间游戏缘起

《3~6岁儿童学习与发展指南》明确指出："幼儿科学学习的核心是激发探究兴趣，体验探究过程，发展初步的探究能力。"一天，班上一名幼儿兴奋地跑来问我："老师，你知道'飘糖纸'游戏怎么玩吗？我和妈妈在家一起玩过，但总是妈妈赢。"他的话让我陷入了深思，我意识到，传统的民间游戏可以带给幼儿欢乐。结合这一理念，我决定将民间游戏引入幼儿园的日常活动中，开展一系列基于民间游戏的探究活动。让幼儿在玩耍中发现问题，解决问题，从而培养他们的观察力、思考力和动手能力。

二、民间游戏实录

(一)初识民间游戏

✦ 落叶飘

在幼儿园的互动环节中，一名幼儿分享了他与家人玩的"飘糖纸"游戏。我借此机会取出纸片将其置于桌面，立刻引起了幼儿的注意。他们好奇地问："老师，这些纸片是做什么游戏要用的呀？"我借机介绍了新游戏"落叶飘"，并和大家一起讨论了游戏玩法、规则和注意事项。

为了确保游戏安全，帮助幼儿逐步熟悉游戏，我首先选择了锦锦和远远两名幼儿参与游戏。游戏开始时，他们手持筐子，紧盯着我手中的纸片，眼神中充满了专注和期待。首次尝试抛接时，由于经验不足和对抛物线轨迹把握不够精准，两人都未能成功接住纸片。但在我的引导下，他们迅速反思并调整策略。第

图 137　小组玩飘糖纸

二次抛接时，锦锦和远远吸取了之前的教训，当纸片再次由老师抛出时，他们果断地举起筐子，同时紧跟纸片飘动的轨迹，及时调整自己的位置和高度，最终成功地接住了纸片。远远成功接到纸片后兴奋地大喊："老师，我接到纸片了！哈哈，这个游戏真是太有趣了！"然后满怀信心地继续投入后续的游戏之中。

随着游戏的进行，越来越多的幼儿参与到"落叶飘"游戏中，其他幼儿也逐渐掌握了抛接技巧，并乐在其中。直至游戏结束，幼儿争先恐后地展示他们通过努力拼搏所取得的成果——"糖纸"。特别是锦锦，她在这次比赛中表现很出色，成功接住了十张纸片，出人意料地赢得了比赛。锦锦满脸喜悦地向同伴炫耀："你们看，我的纸片比你们多哟，我赢啦！"此话瞬间激起了幼儿想再次参与游戏的兴趣。根据实际情况，我调整了游戏人数，邀请了七名幼儿参与游戏，让他

图 138　集体玩飘糖纸

们徒手接纸片。纸片飘落时，幼儿兴奋地一跃而起，希望尽可能多抓一些纸片，"飘糖纸"游戏在一片片欢笑声中持续着……

★ **我们的思考与支持**

　　今天的游戏将纸片作为材料，起初对幼儿来说并没有太大的吸引力。但在第一轮游戏结束后，他们发现游戏非常有趣，纷纷想参与进来。为了确保幼儿的安全，在竞赛环节我采取了两人一组的形式。在游戏中，我注

意到幼儿接到的纸片数量有很大的差异，有的多，有的少，甚至有的幼儿一张都接不住。我并没有直接告诉他们如何接更多纸片，而是选择适当引导，让他们在游戏中自主摸索和总结经验。"落叶飘"游戏不仅给他们带来了欢乐，还在无形中锻炼了他们的手眼协调能力和应变能力，也极大地提升了他们的自信心和竞争意识。

(二)再探民间游戏

✱ 纸片过桥

为了加深幼儿对纸片游戏的理解和参与度，在活动开始之前，我组织了一场关于"纸片创意玩法"的集体讨论会，幼儿积极发言，提出了许多富有创意的点子。经过讨论，我们共同选定了"纸片过桥"这一玩法，并一起制定了详细的游戏规则。

游戏正式开始，——和瑞瑞作为首批挑战者走上台。瑞瑞紧紧靠着桌子，鼓足腮帮子向纸片吹去，但初次尝试并未成功，纸片依然稳稳地待在原地。瑞瑞并未放弃，他迅速调整策略，移到桌子边缘进行第二次尝试。这一次，纸片在他的吹气下终于缓缓飘动，接近了中线位置。而——则展现出了高超的技巧，

图 139　吹纸片过"桥"

他轻轻一吹，纸片便越过中线，赢得了在场观众的阵阵掌声。

随着第一轮游戏的结束，现场气氛愈发热烈，其他幼儿纷纷摩拳擦掌，渴望加入游戏。于是，我安排了两组新的对决：开开对阵远远，以及刚刚胜出的——对决锦锦。开开在第一轮就遭遇了挫折，由于用力过猛，纸片直接掉落在地，让他略感沮丧。反观锦锦，面对强大的——，他全力以赴，却始终无法让纸片移动分毫。他困惑地询问："老师，为什么纸片一点动静也没有呢?"我立

即给出提示："试试改变吹气的方向，或许会有意想不到的效果。"他恍然大悟："老师，我明白了，应该对着纸片旁边的桌面吹气，而不是直接对着纸片上方吹气！"得到指导后，锦锦立刻重新投入游戏中，他尝试着从纸片的侧面向桌面吹气，神奇的是，纸片在他的操控下开始左右摇摆。尽管锦锦找到了正确的吹气方式，但在与——的较量中，仍未成功将纸片吹过中线，因此在这一轮比赛中失败了。

✷ 我们的思考与支持

　　每一组幼儿都在游戏实战中逐渐摸索和掌握吹动纸片的技巧。有些幼儿在努力克服吹不动纸片的问题，有的虽能吹动却时常不慎将纸片吹落地面，但也有一部分幼儿已经能够熟练操控纸片，使其准确地按照预期路径飘行。无论胜负如何，每名幼儿在游戏中都体验到了探索、实践与进步的乐趣，同时也锻炼了自身气息控制能力、空间感知能力和解决问题的能力。而教师的介入对自主游戏的实施效果有着非常重要的影响。在幼儿遇到难题时，我通过提问的方式引导幼儿自主探索，适当给予幼儿鼓励和支持，最终调动幼儿的游戏积极性。本次"吹纸片"游戏，不仅活动了幼儿的脸部肌肉，提高了幼儿的肺活量，集中了幼儿的注意力，同时也让幼儿体验到了"纸片过桥"游戏带来的乐趣。

(三) 创新民间游戏

✷ 会跑的糖纸

　　今天的游戏，我们用了扇子作为道具，游戏参与者被分成三组，最先开始的分别是琳琳、小云、小棋，在拿到扇子后，她们信心满满地扇了起来，糖纸并没有跑起来，于是她们扇得更卖力了，不停地拿着扇子左右扇来扇去，然而糖纸还在原地一动不动。见此情形，我轻轻地走过去问其他幼儿："你们知道她们的糖纸为什么没有跑起来吗？"幼儿们各抒己见："扇得不够用力。""没有

图140　用扇子"赶"糖纸

好好扇。"我提示道："你们观察一下她们的扇子是左右扇还是上下扇的呢?"三位参与游戏的幼儿异口同声地说："左右扇的。"我接着说："那你们要不要试试换一种方法扇呢?"于是她们调整了扇扇子的方式,再一次进行游戏,这次糖纸终于跑起来了,小云兴奋地喊道："哇,糖纸跑起来了,我知道怎样才能让它跑了。"新一轮游戏中,琳琳跑到了第一位,我问："你们觉得谁赢了呀?"他们异口同声地说："琳琳。"这时豪豪突然说："我觉得她没有赢,因为她用手抓了糖纸往前放。老师说过手是不能碰糖纸的,只能用扇子扇。"事实确实如他所说。

第二轮游戏开始了,乐乐、小煜、佳佳开始比赛了,在幼儿的加油声中,乐乐没一会儿就到了终点,而佳佳的糖纸却还在原地不动,原来他的扇子也是对着糖纸的上方扇的,所以扇不动。我提问："谁能告诉他问题出在哪儿呢?"安安边举手边大声地说道："扇扇子的方向不对,不能对着糖纸的上面扇,要从旁边扇。"佳佳听后试了试,可是

图141　比赛"赶"糖纸

由于方法没有掌握好,还是没有成功,这时安安急匆匆地走过来说："我来帮你吧!你看像我这样扇就行。"他拿起扇子一扇糖纸跑得远远的了。经过安安的示范,大部分幼儿都能将糖纸扇跑,就这样,一轮一轮的游戏在幼儿的欢呼声和加油声中结束了。

我们的思考与支持

游戏看似很简单，但是通过游戏我们发现，该游戏对于幼儿来说操作起来还是有一定的难度，纸片跑的距离与扇扇子的方向有一定的关系，必须找到合适的方法才能将糖纸扇跑。在游戏中，我发现大部分幼儿的规则意识有了一定的加强，个别幼儿需要进一步加强。

游戏开始时，幼儿信心满满，觉得自己一定能让纸片跑起来，但是经过实践之后，发现有些困难。遇到糖纸跑不动的难题时，我首先以"同伴"身份介入，通过提问的方式，引导幼儿自主探索正确的方法。在第二次遇到问题时，创造同伴协助的机会，请其他幼儿帮忙，引导幼儿尝试解决问题。幼儿通过学习扇纸片的方法，掌握了游戏技巧。游戏的开展不仅增强了幼儿的身体灵活性，同时，让幼儿在试错中也不断地激发自身的探索欲望。

顶糖纸跑

在户外游戏时，我们开展了"顶糖纸跑"的游戏。活动开始，琳琳站在起点处犹豫不前，远远在一旁热心地鼓励她："琳琳，快走呀，你怎么还不开始呢？"不一会儿，豪豪已经成功到达终点。这时，远远大声地说："老师，豪豪用手摸糖纸了。"豪豪听后立刻意识到错误，羞涩地回到座位上。为了确保游戏的公平性，我提示道："大家都要记住，'顶糖纸跑'游戏的关键是不能用手触碰糖纸哦。"

第二轮游戏开始了，小博、小煜和睿睿三人吸取了前几位幼儿的经验，他们屏息凝神，小心翼翼地顶着糖纸前行，然而终究未能成功坚持到终点，糖纸相继滑落。鉴于前几轮游戏中幼儿普遍难以顺利进行游戏，我

图 142 头顶糖纸向前跑

决定对游戏进行适度调整，由原来的慢跑改为慢慢走，期望通过降低游戏难度，提高幼儿的成功率。经过这一改动，确实有部分幼儿成功完成了游戏，他们的笑脸与成功后的喜悦洋溢在整个活动现场。

★ **我们的思考与支持**

在深入观察的过程中，我发现"顶糖纸跑"这个游戏不仅锻炼了幼儿的身体协调能力和耐心，还教会了他们如何在实践中，发现问题，遵守规则，并学会从失败中吸取游戏经验。为更好地支持幼儿游戏，作为教师，一定要适时地调整游戏难度，如根据幼儿年龄特点设计游戏，在游戏中提供更具体、更具指导性的示范和个别化的辅导，以满足不同幼儿的需求，帮助他们更好地理解和掌握游戏规则及技巧。确保每位幼儿都能在游戏中，体验到快乐和成就感，提升自身各项技能。

三、民间游戏感悟

一片简简单单的糖纸，在通过改变游戏玩法后，变得更加地有趣，通过抛接、吹、扇、顶糖纸跑等方式进行游戏，幼儿感受到的不仅仅是游戏的乐趣，更体验到了科学的有趣和作用。"飘糖纸"游戏蕴含了很多物理现象，能让幼儿感知物体的下落速度以及下落距离与时间的关系，从而也锻炼了幼儿的手眼协调能力。

教师在组织幼儿参与民间游戏时，应提供丰富的游戏形式，提升幼儿运动兴趣，同时结合教学内容，促进幼儿身心全面发展，并强化其意志力和反应能力。"飘糖纸"游戏作为一种竞赛性游戏，通过比较幼儿的吹远程度、接糖纸数量、糖纸扇远距离以及防止糖纸落下的技巧，不仅有效地激发了幼儿的运动潜能，锻炼了他们的反应能力和身体运动技能，还通过手、脑、脚的协同运用，增强了幼儿的身体灵活性。更重要的是，这种游戏有助于培养幼儿的专注力、探究精神和合作意识，从而促进幼儿各方面的全面和谐发展。如在"会跑的糖纸"游戏中，幼儿起初不知道如何使糖纸跑起来。但在教师的引导和自己的尝试下，他们逐渐找到了方法。为了让糖纸跑得更快更准，幼儿持续探索，挑战自我，自行商量规则，积极面对困难并寻找解决办法，展现出了优秀的学习品质。

皮亚杰的发展理论指出："儿童对日常规则执行和遵守方式的第一阶段是单纯的个人运动规则阶段，儿童此时按个人的意愿和行为行事。"在传统的教育方式中，教师往往过度强调规则，但效果并不理想。在民间游戏活动中，尤其是创新游戏，我鼓励幼儿自己制定规则。在每次游戏前，我都会同幼儿一起讨论并确定规则。如果游戏中出现问题，我也会让幼儿自主讨论和解决，尊重他们的主体性，同时也能增强他们的规则意识，幼儿自己制定的规则在游戏中得到很好的遵守。

(案例撰写教师：吴章兰)

炒，炒，炒毛豆
——"炒毛豆"民间游戏案例

一、民间游戏缘起

"炒毛豆"是一种比较经典的民间游戏，动作简单，配上朗朗上口的儿歌，

图 143 "炒毛豆"游戏中的幼儿

节奏感极强，有着浓厚的趣味性，而且不太受场地的限制，即便是在较小的地方也可以玩，而且对幼儿的发展起着多方面的作用。它能提高幼儿的身体素质，锻炼幼儿肢体动作的协调性。游戏中涉及的规则、数量、颜色等概念，能够帮助幼儿认知事物，提高思维能力。在和同伴牵手游戏当中，幼儿之间需要相互配合交流，还可以帮助幼儿培养社交能力，增强合作意识。在日常活动中，我发现我班幼儿很喜欢朗朗上口的儿歌、手指谣，他们对此非常着迷。于是我就想到了"炒毛豆"这个幼儿喜欢的儿童文学类民间游戏，它不仅有欢快的儿歌，还能让幼儿体验到合作的乐趣。该游戏玩法简单且趣味十足，非常适合小班年龄段的幼儿进行游戏，于是我们就将"炒毛豆"定为本次民间游戏的主题。

二、民间游戏实录

(一)初识民间游戏

⭐ 什么是炒毛豆?

为了引出"炒毛豆"的游戏，我首先播放了一段厨师炒毛豆的场景视频，引导幼儿仔细观察厨师的动作，并让他们模仿翻炒的姿势。紧接着，我自然地过渡到了"炒毛豆"的游戏中。视频结束后，我拿来了小厨房的锅和铲子作为道具，并用小毛球当作毛豆，请幼儿来表演炒毛豆的动作。我看见轩轩高高地举起了手，我便邀请了他。只见他拿起铲子轻轻地在锅里扒拉了两下就说豆子炒好了，我提问其他幼儿："他的豆子炒好了吗?"大部分幼儿都回答道："炒好了。"这时我听见了不一样的声音："没炒好，他没有这样抖。"嘉嘉边说边做出一只手拿锅，另一只手拿勺的动作，双手抖动做出颠勺的姿势。于是，我邀请嘉嘉上来为大家表演炒毛豆，她一边用锅铲划拉"豆子"，一边颠锅将豆子翻起来，表演得有模有样。

在给予了嘉嘉肯定和鼓励之后，我邀请全班幼儿模仿她颠锅翻豆子的动作。接着，我抛出一个问题："如果锅太小，豆子会不会掉出来呢?"这一问题立刻引起了幼儿的思考和讨论。周周反应迅速，她与旁边的果果手拉手，"变成"了一口大锅："老师，你看，我和果果手拉手就变成一个很大的锅了。"我问："有了这口锅我们怎么炒毛豆呢?"他俩手牵手摇晃起来，真像一口大锅在炒毛豆呢!

⭐ 怎么炒毛豆?

在有了基本动作以后，我和聂老师便开始了游戏，并请幼儿和我们一起学习儿歌："炒，炒，炒毛豆，炒完毛豆翻跟头。"看完演示后，幼儿都跃跃欲试，迫不及待地开始自行组队和好朋友一起尝试炒毛豆。今天他们的动作比较生疏，常常是双手摇动后不知道下一个动作是什么，或者是头

图 144　不知道怎么"炒"回来

不知道该往哪里钻，有时候甚至是一个幼儿钻进去，而另一个幼儿就不钻了，直接转过身来，两手"打结"，动作很不协调。

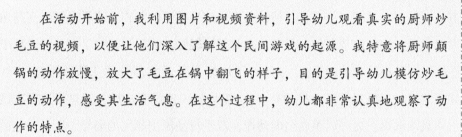

我们的思考与支持

在活动开始前，我利用图片和视频资料，引导幼儿观看真实的厨师炒毛豆的视频，以便让他们深入了解这个民间游戏的起源。我特意将厨师颠锅的动作放慢，放大了毛豆在锅中翻飞的样子，目的是引导幼儿模仿炒毛豆的动作，感受其生活气息。在这个过程中，幼儿都非常认真地观察了动作的特点。

然而，我提供的锅具相对较小，幼儿担心"毛豆"会炒到地上，因此他们在表演时并没有充分放大这个动作，导致动作表现不够明显。在幼儿初次尝试游戏后，我和聂老师一起进行了示范，引导幼儿仔细观察游戏动作，并教授他们"炒毛豆"的儿歌，为之后的游戏作好充分准备。这种源自实际生活的丰富体验不仅增强了幼儿的游戏兴趣，也为他们后续持续参与游戏奠定了坚实的情感基础。

（二）再探民间游戏

开始炒毛豆咯！

今天我们要正式开始炒毛豆了，在观看了我的示范后，幼儿纷纷找到自己的伙伴积极尝试起来。

图145　与同伴合作尝试"炒毛豆"

镜头一：安安和轩轩手牵手尝试起来。只见他们念着童谣："炒，炒，炒毛豆，炒完了毛豆翻跟头。"然而他们的手扭在了一起并没有成功，接着他俩松开手尝试了好几轮，都以失败告终。

镜头二：铄铄和朵朵在第一次

尝试中便成功翻转了身体，他们露出了激动又骄傲的笑容。于是我请所有幼儿来看他们俩"炒毛豆"，大家都看得很认真。结束后我提问为什么他们可以成功完成游戏，幼儿展开了激烈的讨论。

宸宸第一个观察到，他大声地说："他们手举得很高。"

泽泽扣着脑袋说："他们都没有摔倒，我们都站不稳。"

鑫鑫不好意思地笑着说："我们也摔倒了，我们是乱翻的。"

嫣嫣接着说到了重点："而且他们的手没有松开，一直牵着。"

幼儿们你一言我一语，逐渐总结出了游戏成功的诀窍。我说："你们还记得上次我们玩的钻山洞的游戏吗？炒毛豆就像两个人的钻山洞游戏，在翻的时候手不能松开，两人要同时举起手做成一个'山洞'，然后两人一起钻过山洞就翻过来了。"为了帮助幼儿更好地理解和掌握，我再次用儿歌"好朋友，手拉手，面对面，升高一小手，头儿朝里钻，再伸一小手，头儿往外钻"来指导他们。

图 146　哎呀，拧住了　　　　　　图 147　"炒，炒，炒毛豆"

接下来，幼儿两两结伴，按照儿歌的提示，玩起了"两人钻山洞"的游戏。这一次，大部分幼儿都能够成功地完成游戏，不仅解决了在"炒毛豆"游戏中手容易松开的问题，也掌握了正确完成动作的诀窍。

✦ 我们的思考与支持

　　游戏开始后，幼儿尝试炒毛豆的动作时，遇到了不少困难，除了铄铄和朵朵之外，大部分幼儿都未能成功完成动作。我观察到，有的是因为幼儿两个人在翻的时候方向不一致，有的则是中途松开了手。幼儿尽管一开始都充满了兴趣，但很快就因为不断失败而失去了热情。

　　为了重新激发幼儿的兴趣，我邀请他们一起观察铄铄和朵朵的动作。我发现幼儿都有着敏锐的观察力，他们能够从同伴的动作中发现一些关键点。这也让我意识到，幼儿在发现问题和解决问题方面的能力正在逐渐提高。

　　为了帮助幼儿更好地理解游戏的方向问题，我决定采用一种直观的方式来进行解释。这时，我看到铄铄和朵朵在翻的时候，高高地举起了一只手，然后一起钻了过去。这让我想起了幼儿上个月玩过的"钻山洞"游戏，也许能通过这个游戏来解释"炒毛豆"的动作，会更容易让幼儿理解。于是，我结合儿歌和动作示范，这样显著提高了幼儿成功完成"炒毛豆"动作的概率，他们不仅能够更快地掌握游戏技巧，而且在游戏中展现出了更高的自信心和积极性，并在游戏中体验到了喜悦和成就感。

✦ 我们自己的"炒毛豆"游戏

　　镜头一：有了前一天成功游戏的经历，幼儿的兴趣愈发高涨。在逐渐熟悉和掌握游戏技巧后，他们开始了一场富有创意的儿歌童谣改编之旅，并探索出了"炒毛豆"游戏的新玩法。妮妮和汐汐是一组，我听见妮妮一边开心地笑，一边说："炒，炒，炒白豆，炒完了白豆翻跟头。"我问她："白豆是什么豆子呀，我好像没有见过呢。"她一听大笑着指着汐汐的衣服说："你看，她衣服上有白豆。"原来她观察到汐汐衣服上的白色圆点，把它想象成豆子了。

　　镜头二：我给幼儿提供了游戏记录单，让他们画一画游戏过程和还可以用什么来炒毛豆。嘉嘉给大家介绍说："我画的是我和六一在玩炒毛豆。"我问她："那你们的手上拿的很长的是什么呢?"她回答说："这是一根绳子，我们还可以用一根绳子拿着玩炒毛豆。"轩轩骄傲地说："我画的是我和果果、泽泽、天天在一起炒大毛豆。"

★ **我们的思考与支持**

　　幼儿熟悉"炒毛豆"游戏后，开始自发地进行再创造。他们凭借已有的游戏经验，迁移思考，结合身边的游戏材料和对生活事物的想象，创造出独特的民间游戏。他们通过主动探索和学习游戏方法来表达自己的创意，用语言和画笔将想法付诸实践，分享如何与朋友一起玩"炒毛豆"的新想法，由此可见幼儿的自主游戏能力在逐步提升。

　　幼儿的想象力和创造力令人赞叹，他们擅长从生活中发现灵感，视角独特。例如，妮妮提出的"炒白豆"创意就让我深感惊喜。幼儿拥有发现美的眼睛，作为教师，我们倾听幼儿的奇思妙想。在幼儿构想新游戏时，我们应给予他们充分的表达机会，从他们的视角去创新民间游戏，并在适当的时候提出问题，引导他们继续探索和创新"炒毛豆"游戏的可能性。

(三)创新民间游戏

★ 呼啦圈炒毛豆

　　经过昨天的设想，幼儿决定今天尝试使用呼啦圈来进行"炒毛豆"游戏。在游戏过程中，他们发现用呼啦圈来模拟炒豆子的动作有点困难。鑫鑫提出："这个圈太小了，我和帆帆不能都钻进去。"帆帆说："是呀，我们不能都钻进去再出来啊。"在幼儿尝试后，我发现他们都有些困惑，打算放弃时，我便提出：

图148　呼啦圈炒豆子

"用呼啦圈炒毛豆时，是应该将呼啦圈举高还是从里面钻进去呢?"带着这个问题，幼儿又进行了第二次尝试。这一次安安和程程兴奋地告诉我:"老师，我们成功了，原来是举起来不是钻进去呀。"其他幼儿看见他们成功了，纷纷效仿起来。妮妮说:"我喜欢用呼啦圈炒毛豆，实在是太好吃了!"

✦ 我们的思考与支持

　　幼儿以前都是用呼啦圈来跳圈的，初次使用它来炒毛豆对于幼儿来说是比较陌生的。他们经过了商量，尝试，再商量，再尝试的过程，找到了用呼啦圈炒毛豆的方法，可见幼儿的游戏能力、交往能力、与朋友共同游戏能力都在提高。经过三天的游戏，幼儿已经对传统炒毛豆游戏非常熟悉了，但是在增添了新的材料后，幼儿对于新材料的探索过程比较迷茫，容易放弃，这就需要老师适时地推行游戏。在我提出问题进行点拨后，幼儿茅塞顿开，有了成功的喜悦感，游戏也进行得越来越顺利了。在这次的材料创新中，幼儿也感受到寻找适宜的材料，来辅助游戏带来的快乐，会主动观察、主动探索，说明他们发现问题、解决问题的能力正在逐步提升。

✦ 一起炒大毛豆吧!

　　今天幼儿决定炒个大毛豆，在进行男女分组后，游戏开始了。在初次体验中，希希和周周等几名幼儿将彩虹绳向后拉，导致炒毛豆的"锅"东倒西歪，还有幼儿摔倒了，总是炒不成功。这时，铄铄着急地喊道:"大家不要往后拉，要圆一点才能翻。"程程也说:"是的，这样拉来拉去我们不会成功的。"在有了这样的提议后，幼儿纷纷按照自己制定的规则来游戏，这一次毛豆翻过来了，但新的问题出现了。"怎么帆帆还没进来?"佳佳问道。"我还没翻呢!"帆帆说。幼儿发现有的人翻进来了，有的人没进来，再尝试几次后，他们发现要同时喊口令才能做到统一。于是大家一致决定由铄铄喊口令，按照他的节奏，游戏越来越顺畅了。

★ **我们的思考与支持**

多人怎么玩炒毛豆呢？幼儿通过观察交流，共同制定游戏规则，将一日生活中老师的口令进行仿编，从而找到多人玩的秘诀，并大方地分享给同伴。小班的幼儿往往以自我为中心，在游戏时只顾自己的感受。但在这次的合作游戏中，幼儿积极交流，一次次地尝试从两个人的游戏发展到三个人甚至更多人一起游戏，尝试的过程是他们主动学习、探索的过程。多人一起玩游戏中，幼儿调整"山洞"的高低，听同伴的口令，勇于尝试等行为均是他们综合能力提升的表现。

三、民间游戏感悟

（一）看见幼儿，激发无限"炒"能力

"炒毛豆"这一民间游戏看似简单，实际上对幼儿的多项能力发展都具有深远的影响。在游戏中幼儿要根据儿歌的节奏准确地和同伴一起翻身，具有一定的挑战性，能很好地促进幼儿手眼协调能力的发展。它在语言方面也具有特殊的价值，对小班幼儿来说，教师首先要激发他们"说"的欲望。在游戏中，幼儿处于放松的状态，心理上没有压力，可以大胆地说话。游戏中的童谣更是简单、有趣、节奏感强，朗朗上口，能迅速吸引幼儿的注意力，激发他们学习的兴趣。同时，童谣的重复性和韵律感也有助于幼儿对语言的感知和理解。这种合作与商量的过程有助于培养幼儿的社交技能，提高他们的交往能力。

在这次的民间游戏"炒毛豆"中，我们看到了小班幼儿经验持续发展的过程。幼儿从真实生活中的场景观察、思考、模仿得出来的游戏经验十分珍贵。通过模仿炒豆子的动作，再到成功探索出炒豆子的姿势要领，最后从自身找原因协商合作炒豆子的过程，幼儿实现了由个人到群体、由模糊到清晰的经验转变。其中的多元感知、丰富想象、自主表征、动手操作、同伴讨论等都助力了新经验的建构。

(二) 支持幼儿，拓展无限新游戏

教师在这个过程中所扮演的角色是支持者和鼓励者。在幼儿手打结、翻不过来时，教师根据幼儿需求，作为引导者适时介入游戏，引发幼儿对新游戏的关注。教师及时帮助幼儿总结游戏经验，学习游戏方法。在小班幼儿分不清左右手的情况下，教师采用"钻洞"的方法很快引导幼儿了解游戏动作特点。当幼儿对游戏失去兴趣时，教师为了推动游戏发展，给幼儿提供自由表现的机会，幼儿自主选择工具进行新的游戏，增加了游戏的趣味性，激发了幼儿的学习兴趣和挑战欲，教师始终认可的态度也给幼儿提供了极大的信心。

（案例撰写教师：王思愉）

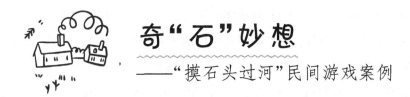

奇"石"妙想

——"摸石头过河"民间游戏案例

一、民间游戏缘起

"摸石头过河"游戏的起源可以追溯到中国古代的民间活动。当时，人们经常在河流、溪流等地方开展游泳、摸鱼等活动，为了增加活动娱乐性和刺激性，一些人开始尝试在水中放置一些石头，通过踩着石头来跨越河流。随着时间的推移，这种游戏逐渐被传播开来，成为一种深受民间欢迎的游戏活动。该游戏富有趣味性、普及性、娱乐性等特点，不仅可以锻炼幼儿身体的协调性和平衡能力，还可以培养幼儿的勇气和团队合作精神，符合幼儿身心发展规律，也是现如今比较流行的民间游戏。

"摸石头过河"游戏普及性很强，小班幼儿正处于自我意识萌芽的阶段，富有好奇心，开始思考问题，而"摸石头过河"游戏的趣味性强、取材容易，可以用报纸、瑜伽砖、呼啦圈等材料进行游戏，便于小班幼儿探索，并且幼儿可以利用不同的材料去创新游戏玩法，因此，我将"摸石头过河"民间游戏引入班级。

二、民间游戏实录

(一)初识民间游戏

这个游戏怎么玩?

今天跟大家推荐一个好玩的新游戏叫"摸石头过河"，你们猜一猜这个游戏怎么玩呢? 悦悦说:"就是要像小马一样，过小河去送东西。"龙龙说:"还有石头啊。"妍妍说:"这个游戏到底怎么玩呢? 我现在好想玩。"幼儿对游戏很好奇，我便讲起了游戏玩法和游戏规则。

当了解游戏玩法后，幼儿开始体验游戏，这时，辰辰跑过来再次问："老师，这个游戏怎么玩啊？和跳圈圈是一样的吗？"我回答："你回想一下，刚才我们是怎么玩的呢？你也可以观察其他的小朋友是怎么玩的！"妍妍跑过来说："要先把两个呼啦圈拉拢，脚打开跳进圈里，再拉呼啦圈再跳，跳完所有的圈就玩完了。"我接着说："妍妍讲解得很好，是这样玩的，辰辰你也去试试吧！妍妍你可以当小老师，在旁边教教他。"因为有了妍妍的帮助，辰辰掌握了游戏玩法。

★ 我们的思考与支持

民间游戏"摸石头过河"对小班幼儿来说确实是一个具有挑战性的游戏。在观察幼儿的游戏过程中，我发现他们对这个游戏非常感兴趣，当遇到问题时，幼儿会积极主动地向我寻求帮助，同时，他们也非常愿意帮助遇到困难的同伴。这些互动不仅提高了幼儿的交往能力和语言表达能力，还培养了他们的初步亲社会行为。

《幼儿园教育指导纲要(试行)》强调："教师应成为幼儿学习活动的支持者、合作者、引导者。"在游戏初期，我通过提问的方式，成功吸引了幼儿的注意力，并引发了他们对"摸石头过河"游戏玩法的讨论，从而激发了他们对游戏的好奇心。当幼儿在游戏中遇到困难并向我求助时，我始终坚守以儿童为本的原则，鼓励他们自主思考和解决问题。当幼儿成功解决问题后，我会及时给予正面反馈，并提供机会让他们分享和交流经验，进一步促进他们之间的互助与合作，从而更好地掌握游戏玩法。

★ 我也来当小老师啦！

幼儿自由体验游戏后，准备进行"过河取玩具"的游戏。全班幼儿分为两组，每组各派一名幼儿进行PK游戏，其余幼儿排队等待，先过完河的一组为获胜方。轮到悦悦和雅雅进行PK游戏了，旁观的幼儿都在给她们加油打气，熙熙说："悦悦，加油！悦悦你是第一名。"妍妍说："雅雅，你最棒，加油啊！"在此起彼伏的加油声中，游戏进行了一轮又一轮，轮到小离进行游戏时，他只跳圈，并没有摸圈。这时，悦悦走到小离旁边说："小离，加油！你要先摸再跳，先摸，再跳，摸，跳……"小离根据悦悦的指令，完成

图149　悦悦和雅雅进行PK赛

了游戏。游戏结束后，小离笑嘻嘻地对悦悦说："谢谢你，我会玩这个游戏了。"

　　虽然游戏已经结束，但幼儿还沉浸在游戏中，与同伴分享着游戏的感受。趁着愉悦的氛围，我接着提问："摸石头过河游戏还可以加入什么材料或玩具，能变成新游戏呢？"龙龙说："这个游戏很好玩，我明天还想玩这个游戏。"霏霏说："那就把教室里的玩具都放在圈圈里吧。"雅雅接着说："那就不能跳了，里面都是玩具。"霏霏说："把玩具拿开不就可以了。"

★ 我们的思考与支持

　　在"过河取玩具"的游戏中，幼儿萌发了集体意识和荣誉感，能为同伴加油打气，开始适应集体生活；能力较强的幼儿能总结出游戏的动作要领，来教同伴进行游戏，说明幼儿思维很活跃，在前期体验游戏时，积累了一些经验；幼儿受到同伴的鼓励与帮助后，能够及时调整，接纳同伴的建议，掌握了游戏玩法，收获了喜悦与成就感。在最后开始讨论新游戏玩法时，我抛出问题，幼儿能畅谈自己的想法，探索欲强烈，主观意识和思维能力得到了提升。

　　游戏时，幼儿遇到困难，我在旁观察，让幼儿自主解决问题，给予幼儿成长的空间；在讨论新玩法时，我提出具体有指向性的问题，引导幼儿利用材料进行创新游戏，幼儿得到启发，与同伴讨论，最后创造了新玩法。

（二）再探民间游戏

✦✦ "小球"来帮忙

在进行游戏之前，我结合幼儿提出的想法，准备了一些游戏材料，并鼓励他们再次讨论和探索新的游戏玩法。我先请霏霏来展示新游戏玩法，霏霏选择将纸盒和水管玩具放在圈里当障碍物。接着她摆好呼啦圈和障碍物，开始游戏。玩了一会儿她泄气地说："这样太难了，我拿不到盒子和玩具。"我说："没关系的，我们请大家来帮帮忙吧！"泽泽说："可以趴在地上捡啊？"妍妍说："地上脏，会把衣服搞脏了！"纬纬说："我们不跳两个圈圈，跳一个圈圈，像这样就很容易捡开纸盒和玩具了。"纬纬边说边走过来摆弄呼啦圈，给大家展示，他的建议使游戏变得更加容易了。

通过讨论，我们商量出了新玩法，接着准备上楼开展游戏了。可发现纸盒和玩具太多不好拿，不便于上楼，也不便于经常在户外游戏，我便提出了问题："在户外玩'摸石头过河'游戏时，我们可以把在室内玩的纸盒、玩具换成户外器械吗？"幼儿纷纷回答说："可以啊，换成什么呢？"我说："谁愿意去找一找呢？"胡老师带着悦悦、熙熙、淇淇去找。回来后，大家选择了小球，我问："为什么会选择这个呢？"熙熙说："以前黄老师带我们玩过这个躲避球的游戏，很好玩，我就想选这个。"

游戏开始了，濛濛和怡怡在起点跃跃欲试。还没有听到"开始"指令，濛濛就迫不及待地向前跳。在旁观看的幼儿纷纷说道："濛濛，老师还没有说开

图 150　尝试把"石头"移除过河

始呢？"听到同伴的话语后，濛濛不好意思地笑了笑说："老师，我重新开始吧！"轮到汐汐玩游戏了，听到"开始"指令后，她站在原地，没有立即行动起来。我走过去问她："宝贝，你怎么了？是有困难吗？"汐汐用很小的声音说："我不知道是要先跳还是先拿小球。"我说："是这样啊！那我

们在旁边看一看，别人怎么玩吧！等一下你再玩。"汐汐在一旁看着同伴玩游戏，过了一会儿，我问她："你知道怎么玩了吗?"她说："知道了。"我接着说："是先跳还是先拿小球呢?"她说："有的先拿球，有的先跳圈。"我说："你观察得真仔细，这两种方式都是可以的。"听到我赞同的话语，汐汐很开心，她蹦蹦跳跳地走到起点开始玩游戏。

✦ 我们的思考与支持

结合前期经验，在游戏开始之前，我与幼儿一同讨论了新的游戏玩法。在讨论中我发现，幼儿是很有想法的，他们你一言我一句，新玩法就产生了。因此，教师适当地说明调整方法与策略，在前期给幼儿作经验铺垫，也能帮助幼儿进行创新游戏。当幼儿提出使用纸盒、玩具进行游戏时，我首先让幼儿先尝试进行游戏，用实际行动来验证是否方便游戏，当游戏材料使用不便时，我将问题抛给幼儿，让幼儿想办法解决道不好拿放或是否更换道具的问题，最后大家更换了户外使用的游戏器材。在游戏时我逐步放手，让幼儿观察同伴游戏来解决困惑，积累经验，做游戏的主人。

游戏中，在幼儿没有听到"开始"的指令时，同伴会提醒幼儿要等待老师的指令并遵守游戏规则，说明幼儿的规则意识在不断加强。幼儿出现困惑时，会直接用行为表现出来。当我去了解幼儿的情况时，幼儿能说出心中的困惑，我会通过适宜的引导，让幼儿观察同伴游戏。幼儿找到问题答案后，通过师幼互动，明确了游戏玩法，幼儿得到肯定后表现得很开心，他们的观察能力以及解决问题的能力得到了提升。

✦ 爸爸妈妈来支招

我提问："昨天回家后，大家有没有和爸爸妈妈还有好朋友一起玩'摸石头过河'的游戏呀?"霏霏说道："有啊，我跟妈妈讲了，妈妈还告诉了我一种玩法，我和姐姐在家一起玩了。"听完之后，我请霏霏给大家分享游戏玩法。龙龙看到霏霏展示的游戏玩法后说道："今天就玩这个游戏吧!"皓皓说："我也想玩。"大家纷纷表示想体验新玩法。幼儿开始体验新玩法了。在游戏的过程中，幼儿发现了一些问题。雅雅说："我总是把呼啦圈拉到很远。"翊翊说：

"老师，我玩不好。"听到两位幼儿提出的问题，我组织幼儿一起来讨论，来帮忙解决问题。

图151 大家一起"过河"了

我首先请几位玩得比较好的幼儿进行游戏，请旁观幼儿进行观察。过了一会儿，我追问："她们玩的时候，呼啦圈为什么没有飞走啊？"蕊蕊说："我看见悦悦是先拿呼啦圈，再放下的。"接着，我又请雅雅和翊翊在此进行游戏，游戏后，我问幼儿："他们两个的呼啦圈为什么会飞走呢？"大家都默不作声，为了帮助幼儿找到问题的原因，我也加入游戏中，我一边玩游戏一边说："我轻轻地拿，我用力地放下，不好了，呼啦圈甩出去了。"接着我追问："呼啦圈甩出去了，是什么原因呢？"幼儿都说："力气太大了，就容易甩出去。"总结出游戏的经验后，幼儿进行了竞技游戏"看谁过河快"，幼儿在游戏的过程中，移动呼啦圈的动作越来越熟练了。

★ 我们的思考与支持

幼儿通过与家人一起游戏、商讨，也能创新游戏，间接地引导幼儿学会借助多种途径解决问题，增进了亲子关系并加强了家园合作。在游戏时，幼儿遇到困难，会主动寻求帮助。通过师幼互动的方式，教师帮助幼儿自主总结出游戏经验，幼儿的观察力和解决问题的能力得到了提升。随着游戏的升级，游戏难度在逐渐递增，当幼儿遇到问题时，我采取了让幼儿观察、讨论的方式，寻找解决问题的方法。但是幼儿没有找到问题所在，所以我以"朋友"的身份加入游戏，间接地告诉幼儿，问题在于力量太大，协助幼儿解决问题。其实当幼儿回答不出问题时，教师可以抓住这样的教育契机，引导幼儿遇到问题不气馁，用多种方法解决问题，培养幼儿解决问题的能力，例如：可以请游戏较好的幼儿和游戏困难幼儿同时游戏，再进行观察，请教玩得好的幼儿分享游戏经验等。

✲ 和好朋友一起玩

游戏结束后，幼儿回到教室休息，互相分享着游戏感受。泽泽走过来对我说："老师，为什么？我们都是自己玩游戏，上次玩捉尾巴的游戏，我们都可以和好朋友一起玩。"我回答说："这个游戏也可以和好朋友一起玩啊？"泽泽说："哦！知道了，那怎么玩呢？"我说："大家可以想一想。"泽泽说："那就大家一起过河呗！"龙龙说："那怎么过呢？"妍妍说："是啊，是啊。"我接着说："我这里有呼啦圈，谁愿意上来试一试呢？"蕊蕊和悦悦高举小手跃跃欲试，于是我请她们上来尝试游戏，她们摆弄了半天，脸上出现了消极、丧气的情绪，最后放弃了。她们对我说："老师，我们不知道怎么玩。"我鼓励道："可以结合今天的游戏，再动脑筋想想，还能玩出更多新花样呢！"

听了我的话，悦悦行动起来，拿了两个圈圈，跳进摆好的圈中说："蕊蕊你快来啊！"蕊蕊听到后，跟着跳了进来，我接着问："怎么办啊？没有可以移动的呼啦圈了？"蕊蕊说："老师，你那里不是有很多呼啦圈吗？给我们一个，我们就可以跳了。"我递给了蕊蕊一个呼啦圈，蕊蕊又递给悦悦，悦悦往地上一摆，就往前跳，蕊蕊就跟着往前跳，她们就这样进行着游戏，玩得很开心。

幼儿自由结伴，开始尝试新游戏。这时，涵涵跑过来跟我说："老师，小离他总是不知道跳，也不知道给我递呼啦圈。"我说："他可能还不太会玩，你可以当小老师教教他。"听到我说可以当小老师，小歆跑过来也跟我说："我也想当小老师，教小离玩这个游戏。"我说："好哇，你们一起教吧!"在涵涵和小歆的带领下，小离掌握了游戏的玩法。

✲ 我们的思考与支持

幼儿与同伴分享感受的环节至关重要。在轻松的谈话氛围中，幼儿能够自由地交流观点、碰撞思维，从而产生新的创意和玩法。作为教师，我会适当地介入并引导，鼓励幼儿继续思考、探索和发现，再通过深入的讨论，不断完善和创新游戏的玩法。这样的过程不仅锻炼了幼儿的思维能力，也极大地提升了他们的创新能力。

幼儿在尝试合作游戏时，难免会遇到一些矛盾和问题。但正是这些问题的解决过程，成为了幼儿主动学习和成长的重要机会。他们会主动提出问题，而我则会帮助他们分析问题，并将解决问题的权利交给他们。在这样的过程中，幼儿不仅得到了启发，更从困惑中走出来，主动地去教授和指导同伴参与游戏。这样的经历无疑提升了他们的交往能力、合作精神和解决问题的能力。

对于小班幼儿来说，他们正处于自我意识强烈的阶段，合作游戏对他们来说确实有一定的难度。因此，在游戏时，我特意采用了"强弱搭配"的方式，并引入了"小老师"的角色，引导幼儿相互帮助、相互学习。当然，我也明白幼儿与同伴之间的默契是需要时间来培养的。所以，在本次游戏中，我会给幼儿多次练习的机会，让他们在游戏中不断磨合、不断进步。同时，我也会将这个游戏作为户外游戏的一部分，让幼儿在更多的时间和空间中培养合作意识和团队精神。

（三）创新民间游戏

"营救"小动物

在生活过渡环节，我给幼儿们讲了《刺猬的家》的故事，幼儿聚精会神地听着。其中，故事某一片段是，小刺猬掉入水里，小青蛙救了小刺猬。纬纬听到这里，受到故事的启发说："我们在过河的时候，也可以救刺猬啊。"辰辰说："我也要像'汪汪队'里的阿奇一样，出去营救，帮助别人。"蕊蕊说："小青蛙能救小刺猬，我们也能救。"在幼儿激烈讨论中，产生了新玩法"营救小动物"。我追问："游戏怎么玩呢？怎么过河呢？怎么营救小刺猬呢？"悦悦说："我们踩在石头上，把刺猬捞起来就可以了。"妍妍说："那如果有好多小动物掉河里了，怎么办呢？"悦悦说："都救起来呗。"雅雅说："我们一起来玩玩，这个游戏肯定很好玩，我可以救好多小动物的。"小离说："哈哈，我也来救小动物了。"我接着问:"大家的想法都非常棒!幼儿园里没有大石头,没有小河,怎么办呢?"熙熙说:"这很简单啊,我们在幼儿园找找有什么玩具可以充当石头的,不就好了吗?"幼儿纷纷赞同熙熙的想法。

幼儿在教室里和操场上找起了游戏道具。龙龙急匆匆地跑过来说:"你们看这个像不像石头,在这里摆一摆,就成了石头路。"熙熙说:"真的好像啊。"泽泽说:"这就是水里的彩色石头。"雅雅走过来说:"老师,你看我手里有好多小动物。"皓皓说:"我们可以玩游戏了。"幼儿拿起器械摆出了石头路,把小动物玩具放在石头旁,开始了游戏。

✦ 我们的思考与支持

幼儿的想象力是丰富的,其思维是活跃的,能够结合绘本故事中的片段,提出新的想法,同时,幼儿能根据已有经验进行思考与迁移,讨论新的游戏玩法,提出新的游戏材料,幼儿的语言表达能力、思维能力也得到了提升。幼儿会付诸行动,寻找可以用的辅助材料来进行游戏,可见他们的游戏能力、分享意识、创新能力在逐渐萌芽。

在幼儿提出不想进行游戏时,我会适当进行提问,引发幼儿思考并与同伴商量,大家一起开发了新玩法。在讨论新玩法时,我注重幼儿的主动性,会在氛围愉悦时,以谈话聊天的方式,引导幼儿思考并创新游戏,并在幼儿提出新想法时,给予鼓励和支持,使游戏变得更加生动。

✦ 为什么我总是掉到河里?

游戏进行了一会儿,龙龙提出:"为什么我站不稳,老掉进河里。"妍妍说:"你走得太快了,你走慢一点,就不会掉进河里了。"听了妍妍的话后,龙龙继续尝试游戏说:"看来,还是不能走快了。"玩了一会儿,一旁的幼儿说:"老师,你看龙龙的脚一直踩着石头往前滑,他的脚又掉到河里了!"

到底怎么样才能又快又稳地走到河对岸呢?我组织幼儿通过讨论来解决问题。欣欣说:"只要站稳,蹲下来救小动物,这样就不会掉河里了。"纬纬说:

图152　拯救"落水"的小动物

"要踩在这个石头的中间，就不会掉下去了。"幼儿提出了自己的想法，龙龙也听取了同伴的建议，再次尝试游戏，这一次，他稳稳地站在石头上，没有再掉下去了。

解决了问题，幼儿再次进行游戏，玩得很开心。辰辰说："我像'汪汪队'里的阿奇一样，帮助了好多小动物。"纬纬说："这个游戏太简单了吧！我一下子把所有的小动物都救起来了。"蕊蕊说："我也很厉害，我也救了很多小动物。"游戏结束后，我与幼儿互动聊天，向他们提问："你最喜欢哪个游戏呢？"辰辰说："我最喜欢今天的游戏！"晓彤说："所有的游戏我都喜欢。"由此可见，幼儿都很喜欢民间游戏"摸石头过河"。

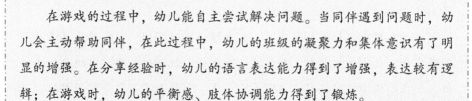

★ 我们的思考与支持

在游戏的过程中，幼儿能自主尝试解决问题。当同伴遇到问题时，幼儿会主动帮助同伴，在此过程中，幼儿的班级的凝聚力和集体意识有了明显的增强。在分享经验时，幼儿的语言表达能力得到了增强，表达较有逻辑；在游戏时，幼儿的平衡感、肢体协调能力得到了锻炼。

在游戏中，当幼儿再次出现"掉入"河里时，我组织幼儿展开讨论，分享经验，协助幼儿解决问题并获得游戏技巧，不断鼓励幼儿尝试游戏，关注每位幼儿的发展。在游戏结束后，我会与幼儿交流心情，感受幼儿的喜悦，了解幼儿的心情变化，总结经验。

三、民间游戏感悟

民间游戏内容丰富、形式多样、简便易行，它符合幼儿好动、好学、好模仿以及好游戏的心理特点，而且易学、易会、易传，有的是徒手进行的，有的只需十分简单的材料就可以进行游戏。随着民间游戏"摸石头过河"的深入开展，教师将游戏的自主权都交给了幼儿。游戏活动中所遇到的问题能推动幼儿的思考与实践。幼儿多次发现问题，探索多种游戏玩法。每当遇到问题时幼儿都是边设想，边实践，边检验，能够主动探究，借助多种工具材料不断进行尝试。在最后创新玩法时，幼儿能充分挖掘身边的资源，这也体现了幼儿思维的灵活性与开阔性。经过一遍一遍的尝试，幼儿专注力也在探索游戏的过程中不断提高。

"摸石头过河"新玩法具有竞争性和合作性，幼儿在游戏中也会面临成功与失败。当幼儿在游戏中获胜，他们体会到成功的喜悦和满足感，增强了自信心和成就感；当他们面临失败，会产生挫折感，但幼儿好胜心强，丰富有趣的民间游戏又深深吸引着幼儿，使他们能承受失败和挫折给他们带来的不安，从而克服自身弱点，继续参加游戏。在这个过程中，幼儿学会了自我控制，增强了抗挫能力，形成了乐观、开朗的性格。合作过河游戏需要 2~3 名以上幼儿共同配合才能进行，满足了幼儿群体活动的需要。幼儿在游戏中结成现实的伙伴关系，培养了自身合作精神。幼儿通过相互协调模仿，学会与别人友好相处，发展自身助人、合作等心理品质，学会自己解决人际关系中的矛盾，控制自己的情绪和行为，有机会给予那些"处于沮丧或不幸状态"的伙伴同情和帮助，这对现在的幼儿来说尤为重要。民间游戏能让幼儿在游戏中充分享受到自由，在自然、自发的民间游戏中，幼儿没有心理压力，情绪放松，他们自娱自乐，敢于大声说笑，大方地表现，大胆地想象。因此，民间游戏的开展过程，可以说是幼儿逐步形成良好个性心理和积极情感的过程。

小班幼儿在社交技能、体力和兴趣持续性方面存在局限，进行民间游戏时可能面临沟通合作不足、体力不支和兴趣减退等挑战。因此，开展民间游戏时，教师需充分考虑这些因素，提供适当的引导和辅助，以助幼儿全面发展。尽管如此，"摸石头过河"作为民间游戏活动，仍成功锻炼了幼儿的身体，提升了他们的能力，并让他们获得了宝贵经验。

（案例撰写教师：左玲）

飞翔吧，纸飞机
——"纸飞机"民间游戏案例

一、民间游戏缘起

纸飞机作为我国的一项民间娱乐游戏最早起源于两千年前，最初以"风筝"的形式出现。对于许多人来说，纸飞机承载着童年的美好回忆。每当幼儿在操场上活动或散步时，只要有飞机从天空飞过，他们都会表现得很兴奋，嘴里不停地喊着："老师，飞机！飞机！"回到教室后，幼儿依然会持续这个话题。坤坤自豪地说："我还玩过纸飞机呢！我最喜欢玩纸飞机了，我哥哥教过我怎么折纸飞机，我折给你们看看。"发现幼儿对"飞机"产生了浓厚的兴趣和好奇心，我抓住这宝贵的教育契机，和幼儿一同开启了一段关于纸飞机的探索之旅。

二、民间游戏实录

(一)初识民间游戏

★ 制作纸飞机

坤坤很快折好了一架纸飞机，引起了幼儿极大的兴趣，他们一拥而上，争抢着要玩纸飞机。瑞瑞问："坤坤，你能教我怎么折吗？"坤坤回答道："当然可以啊。"其他幼儿也各自拿出一张纸，坐在坤坤身边，跟着他的步骤一步一步学折纸飞机。当同伴遇到不会折叠的地方，坤坤会主动伸出援手："要边对边对折，就像我这样，然后再往中心对折……"坤坤仿佛变成了一个小老师，带领同伴折叠纸飞机。纸飞机叠好了，幼儿迫不及待地开始玩耍，然而教室的空间有限，纸飞机难以自由飞翔。于是，我提议并组织幼儿进行讨论，最终大家一致决定在户外活动时，带着纸飞机出去，举行了一场精彩的纸飞机飞行比赛！

纸飞机，飞起来

幼儿拿到纸飞机后，激动地开始了飞行游戏。他们奔跑的身影遍布了整个操场。涵涵对轩轩说："我妈妈昨天跟我在家里也玩了纸飞机，我的飞机比妈妈的飞机飞得还远。"轩轩回应说："那我们就来比一比吧！"于是，两人站在了一条线上，准备开始比赛。其他幼儿看到这一幕，纷纷被吸引，争先恐后地想要效仿。他们都想和自己的好朋友一起比赛，看谁的纸飞机飞得更远。然而，随着游戏的进行，现场逐渐变得混乱起来。有的幼儿在捡回纸飞机的路上奔跑，有的则不停地扔出纸飞机，存在安全隐患。

我及时提醒他们注意安全后，俊俊和小文还是差点发生了碰撞。两人拍了拍胸脯大声地说："吓死我了，差点撞到了！"这一幕让我意识到了问题的严重性，于是我赶紧用手机拍下了这段视频。随后，我请幼儿观看这段视频，并提出自己的想法。俊俊说："我们要一起把纸飞机扔出去，捡回来后再一起扔出去，这样大家就

图153 站在起点线比赛投掷飞机

不会撞到了，要不然会很危险！"其他幼儿也纷纷表示赞同。

✦ 我们的思考与支持

通过这次游戏，幼儿不仅体验到了"纸飞机"游戏的乐趣和成就感，更重要的是，他们在解决问题的过程中实践了《3~6岁儿童学习发展指南》所提到的"能关注别人的情绪和需要，并能给予力所能及的帮助"这一社会性的内容。他们在互帮互助中增进了彼此之间的友谊，也提高了独立

解决问题的能力和人际交往的能力。同时，通过观察天空中的飞机和讨论纸飞机的制作方法，幼儿还展现出了自主探究的能力。他们向坤坤学习制作纸飞机的方法，俊俊也能发现问题并主动帮助其他同伴解决问题。这些经历不仅增强了幼儿参与活动的积极性和主动性，还初步培养了他们的目的性和计划性。

(二) 再探民间游戏

✱ 拱门大挑战

下雨天，游戏场地不得不从室外换成室内，我请幼儿在注意安全的前提下在教室里投掷纸飞机。有的幼儿没有目的地在教室里投掷，有的幼儿将纸飞机投进了两个桌子腿中间，有的幼儿将飞机飞进了区角里。潇潇看到区角里搭建的拱门，她冲着坤坤喊

图154　将飞机投向区角里的拱门

道："坤坤，你快过来，我们比赛，看谁的纸飞机能够飞到这两根柱子中间谁就赢了！"两个人兴高采烈地比起赛来。越来越多的幼儿看到他们两个将纸飞机往拱门里投掷，纷纷加入进来。

✱ 报纸圈大挑战

在户外的游戏中，俊俊发现了一张报纸，他把报纸的中间撕开，形成了一个较大的不规则的圈圈，便大声叫道："琪琪你看，我们可以把纸飞机飞进这个圈圈里哦！"两人你来我往地比起赛来。没一会儿，琪琪很生气地

图155　站在圈圈里往报纸中间投掷

来跟我告状："老师，他赖皮！他离报纸那么近，肯定飞得进去啊，我不想跟他比赛了！"我引导他们："那你们可以设置一个起点线啊！"琪琪从玩具柜里找到一个圈圈对俊俊说道："我们都站在圈圈里，飞进去的才厉害！"其他幼儿看到后，也争先恐后地站在圈圈里来比赛。

✷ 我们的思考与支持

在民间游戏中，为幼儿提供低结构材料作为游戏辅助，鼓励幼儿发掘并利用身边的常见物品来丰富游戏玩法。当幼儿在游戏中遇到问题时，我以平行视角，引导他们思考并归纳出游戏的玩法与规则。这种互动不仅有助于拓展幼儿的交往能力和表达能力，更能促进他们社会性的发展。在游戏过程中，幼儿之间的关系是平等的，他们拥有自由交流的机会，相互影响，共同成长。

在纸飞机游戏中，每个幼儿都展现出独特的创意和想象力。特别是在室内空间有限的情况下，部分幼儿巧妙地衍生出了多种游戏玩法，如将纸飞机扔进特定的洞里。当投掷成功时，他们获得了巨大的成就感。此外，还有幼儿在潇潇的引领下，发现了区角材料与纸飞机的融合玩法，这一具有创新性的尝试进一步丰富了游戏内容，展现了幼儿的创造力和探索精神。通过这样的游戏体验，幼儿不仅锻炼了自己的技能，还培养了合作与创新的意识。

（三）创新民间游戏

✷ 你接我扔

自由玩纸飞机的时间到了，小婧拉着雯雯在比画着什么，小婧十分激动地指着地板，让雯雯站在黄色方块里："雯雯，你站在这个方块里，我把纸飞机飞给你，你接着，然后再把纸飞机飞给我！"雯雯同意了她的玩法，两人玩得十分开心。小婧和雯雯刚开始站得很远，两个人玩了一会后，小婧说：

图156　站在格子里玩"你接我扔"

玩了起来!

"雯雯,我们离得太远了,你总是接不到我的纸飞机,要不我们离得近一点吧!"说完,两人都往前跨了一个格子,又开始玩了起来!辰辰和泽泽看到小婧和雯雯的玩法后,泽泽对辰辰说:"哥哥,我们也来玩这个游戏吧!你也要接住我的纸飞机哦!"越来越多的幼儿看到他们的玩法后,都同自己的好朋友一起玩了起来!

✦ 纸飞机接力赛

今天只有两名幼儿带了纸飞机,我提出疑问:"只有两个纸飞机,怎么保证每个幼儿都玩到呢?"俊俊抢答道:"我们可以跟之前玩'袋鼠跳'的方法一样啊!"玩了一会儿后,琪琪大叫道:"老师,他们女生投得很近就回来了,我们飞得远,回来得很慢,不公平!"我问他:"那你想怎么解决这个问题呢?"琪琪说:"我们要投

图157　排队玩"纸飞机接力赛"游戏

到一个地方才行!"俊俊大声说道:"那我们在对面放一个圈圈吧,投进去了就算赢。"到达对面的圈圈后,有的幼儿是把飞机按照刚才的方法继续飞回来,有的幼儿是直接把飞机拿回来交给了下一位幼儿。我请幼儿进行投票,最后大家就游戏玩法达成了一致意见,飞到对面圈圈里后直接拿回来交给下一个幼儿。

✦ 我们的思考与支持

针对幼儿的年龄特点及发展水平,在游戏中,我时刻关注每个幼儿的表现,给予他们肯定和支持,并用鼓励的话语引导他们探索未知事物,培

养他们的自信心，激发他们的探索欲望。幼儿对同一种游戏有不一样的想法时，我们可以看出他们的探索能力得到了加强。如：在玩"纸飞机"游戏时，幼儿从最初的单独玩耍逐渐发展到了合作游戏，这体现了他们的合作意识、语言表达能力和社交能力的提升。在玩"纸飞机接力赛"时，他们会延伸之前的玩法，在我的引导下，探寻游戏共同的规律，在游戏中幼儿愿意与他人交流沟通，遇到困难时会寻求帮助，也是合作意识很好的体现。

三、民间游戏感悟

《3~6岁儿童学习与发展指南》指出，幼儿的学习经验是以直接经验为基础，在游戏和日常活动中习得。在本次活动中，幼儿自己折飞机、玩飞机，他们收获的不仅仅是快乐，还有积极主动、善于发现、乐于创造的学习品质。在折纸飞机时，幼儿能够动手折一折，和其他同伴一起交流、互帮互助。在玩纸飞机时，幼儿能够比较谁飞得远，谁飞得近，并且想办法让自己的纸飞机飞得更远，探索不同的玩法。在整个游戏过程中，他们学会探索、观察思考、分享经验，提高了思维能力和动手操作能力。

在组织幼儿游戏活动时，教师应放慢脚步，与幼儿共同感受探究的点滴，有助于幼儿的身心发展。通过这样的教育方式，我们可以为幼儿创造一个幸福美好的童年生活，使他们在游戏的愉快氛围中学会交往、学会学习、学会生活，为他们的未来奠定坚实的基础。

（案例撰写教师：魏芳）

不一样的沙包游戏

——"玩沙包"民间游戏案例

一、民间游戏缘起

沙包是一个趣味性很强、玩法多样的游戏，很多幼儿都爱玩，既能锻炼幼儿手臂、腿、脚部力量和平衡能力，还能提高幼儿双脚活动的灵活性和身体动作的协调性，也能训练幼儿快速反应能力。

在一次户外活动当中，我发现有几名幼儿围在一起，拿着布球扔来扔去，便想起了孩童时期的民间游戏"玩沙包"。我走过去问："你们在玩什么呀?"嘻嘻回答说："我们在玩扔球!"我又问道："那你们知道沙包吗? 也是可以像这样扔着玩的。"大家都表示不知道，但又非常好奇，很想知道什么是沙包。于是借此话题，我向大家介绍了玩沙包的民间传统游戏。

二、民间游戏实录

(一)初识民间游戏

★ 这就是沙包吗?

放在玩具柜上的一个绿色筐子，立刻吸引了大家的目光。安安是第一个发现这个新奇物品的幼儿，她好奇地围着它转了几圈，然后兴奋地跑到我面前问道："老师，这个筐子里装的是什么呢?"她的问题立刻激发了其他幼儿的兴趣，他们也纷纷围拢过来，七嘴八舌地好奇询问："这里面是什么呀? 老师能给我们看看吗?"

我意识到这是一个绝佳的教育契机，于是将绿色筐子里的沙包拿出来，向大家展示并说道："这个叫作沙包，你们想用沙包玩游戏吗?"话音刚落，幼儿便异口同声地表示想要尝试玩沙包游戏。

在初步探索沙包游戏的环节中，每位幼儿都各自拿到了一个沙包，在操场上自由探索。有的将沙包扔来扔去，有的拿着沙包开心地跑动。悦悦和妍妍、安安等几名幼儿围坐在一起，拿着兔子形状的沙包玩起了角色扮演"我的小兔子要回家啦！"而在不远处，小宝发现了墙边的彩色圈圈，他兴奋地跑过去，拿起一个圈圈放在地上，随后开始尝试投掷沙包。他的这一新颖玩法立刻吸引了周围幼儿的注意，大家纷纷模仿起来，于是，沙包投掷游戏诞生了。为了让幼儿能够更专注地练习投掷技巧，我们决定休息片刻后，将游戏场地转移到室内。在室内，我们按照小宝的方法把彩色圈圈放在地上，幼儿依次来练习投掷，并在此期间增加圈圈数量看看谁投得最远。

图 158 "我的小兔子要回家啦！"

图 159 将彩色圈圈放在地上进行投掷

☀ 快快投进去

今天大家都带来了自己与家人一起制作的沙包，形状各式各样，有毛茸茸的，有三角形、正方形、糖果形状、动物形状等，一想到可以用这样的沙包来进行游戏，大家都特别兴奋。

我们带着沙包来到了二楼操场，在阴凉处开始了游戏。"老师！这里有很大的圈圈！"濛濛指着玩具柜旁的滚筒大喊起来，我问道："你们想用这个来投沙包吗？""想！"幼儿的情绪更加高涨了。

于是，我将四个大滚筒搬来立好，方便游戏，大家便开始探索新玩法。只见嘻嘻先把自己的身体钻进去感受滚筒的大小，再钻出来朝里面投沙包，濛濛

图160 向滚动起来的滚筒里投掷沙包

则是把沙包放在了滚筒顶上想看看会不会滑下来，小汤圆推动着滚筒并尝试在滚动时将沙包投进去，正当大家都玩得很高兴的时候，泽泽突然跑过来找我，一副很沮丧的样子说："老师我的沙包破了。"我一看，发现原来是沙包连接处脱线了，裂开了一个小口子，里面装的大米竟然漏掉了一半。"没关系，让我们一起想想办法吧。"我带着泽泽思考应该如何解决问题，泽泽很有耐心地将洒落的大米收集起来，然后开始寻找能够一起共用沙包进行游戏的伙伴。

✦ 我们的思考与支持

幼儿在初次接触到"沙包"的时候，会对新鲜事物表现出强烈的好奇心和探究欲，大家通过自己的摸索感知到了"沙包"柔软的特点，结合之前在户外游戏中积累的经验，尝试了各种投掷技巧，如抛和扔。也能通过不同的"沙包"造型联系生活，玩幼儿最喜爱的角色扮演游戏，学会了大胆尝试与同伴合作。

在探索沙包玩法的时候，幼儿逐渐有了自己的想法，并且能够结合身边的其他材料进行玩法上的探索，让单一的投掷方式变得有趣起来。加入了滚筒之后，有的幼儿会用身体去测量，感受滚筒中心的大小后再来投掷；有的幼儿利用滚筒能够滚动的特点让"沙包"坐滑梯，感受物体下落的快乐。当游戏出现新的问题，如"沙包破了"时，幼儿开始自主思考，用自己的行动解决了问题。

游戏中，我尊重幼儿的自由探索，鼓励他们创新玩法，提炼精彩瞬间并分享。通过观察与反思，我助力幼儿总结游戏经验，为下一次游戏打下基础。整个游戏过程注重培养幼儿的耐心、合作与解决问题能力。

（二）再探民间游戏

兔子蹦蹦跳

在自由游戏环节中，小宝拿着兔子形状的沙包欢快地蹦跳，边跳边笑着说："哈哈，我是小兔子，蹦蹦蹦！"我好奇地问他："小宝，如果把沙包夹在脚腕上还能跳起来吗？"小宝对自己非常自信，立刻弯下腰将沙包夹好，他试了试，没想到真的跳了起来。这下他更开心了，开始向周围的幼儿展示。嘻嘻看到后也想

图161 尝试脚夹沙包向前抛

尝试，但总是夹不紧沙包，没跳几下就掉了。我注意到嘻嘻的沙包是夹在腿中间的，便提醒他调整位置："嘻嘻你看小宝的沙包是夹在脚腕上的，你的是夹在腿中间的，这样不容易夹紧哦！"嘻嘻听从建议后，果然成功了，沙包不再轻易掉落了。

我能踢出去

户外游戏时，大家拿着自己心爱的小沙包，来到空地上自由地玩耍，我看见有的幼儿在与同伴比赛，看谁抛得更高；有的则边转动身体边扔沙包，仿佛在进行一场小型的铅球比赛；还有的聚在滑梯旁，一个接一个地将沙包扔上滑梯，欣赏沙包滑落的瞬间，他们的掌声与笑声此起彼伏，操场上洋溢着欢乐。

这时我看见琪琪用脚夹着沙包蹦跳着玩，便问道："琪琪你可以试试用脚把沙包向前抛出去吗？"琪琪听后试了一次，可是没有成功，她问我："可是我的沙包怎么还在这里呢？"于是，我便给她示范了一遍："其实很简单，你看我玩，在跳起来的时候双脚要向前，然后松开。"琪琪看上去很感兴趣，又尝试了几次，终于，她成功了！她兴奋地跑去告诉其他幼儿她学会的新玩法。大家都围过来观看，纷纷尝试这种新的投掷方式。

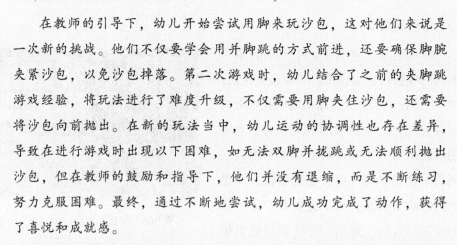

我们的思考与支持

在教师的引导下，幼儿开始尝试用脚来玩沙包，这对他们来说是一次新的挑战。他们不仅要学会用并脚跳的方式前进，还要确保脚腕夹紧沙包，以免沙包掉落。第二次游戏时，幼儿结合了之前的夹脚跳游戏经验，将玩法进行了难度升级，不仅需要用脚夹住沙包，还需要将沙包向前抛出。在新的玩法当中，幼儿运动的协调性也存在差异，导致在进行游戏时出现以下困难，如无法双脚并拢跳或无法顺利抛出沙包，但在教师的鼓励和指导下，他们并没有退缩，而是不断练习，努力克服困难。最终，通过不断地尝试，幼儿成功完成了动作，获得了喜悦和成就感。

在游戏过程中，我密切观察幼儿的游戏行为，通过提问和引导的方式逐步增加游戏难度，激发幼儿的创新思维。同时，我也注意到部分幼儿在双脚并拢跳的动作上还需要加强练习，有时会出现重心不稳导致沙包掉落的情况。针对这一问题，可以适当缩短终点距离，降低游戏难度，帮助幼儿逐步掌握正确的跳跃技巧。

（三）创新民间游戏

穿过圈圈隧道

今天下雨，小草莓吃完早餐后立刻跑来问我："老师，今天玩沙包吗?"我笑着回答："当然可以，我们就在教室里玩吧。"于是，我把沙包放在了活动室的沙发上，让幼儿自由取用。

只见旺仔和帆帆拿起圈圈举在胸前，让其他幼儿来投掷，轻松地将沙包一个接一个地投进了圈内。安安和雅雅见状也去拿起了一个圈圈模仿旺仔和帆帆的样子举着，这样一来就有了两层圈圈，投掷的难度增大了。小泽首先进行了尝试，他自信地挥手一扔，但沙包只穿过了第一层圈圈就落在了地上。接着是天天，他手臂摆动几下后，用力向前扔出沙包。沙包竟然飞过了两层圈圈才落

地，天天对此非常高兴，一边拍手一边
蹦蹦跳跳地跑去捡沙包，准备再来一次。
也许是受到了同伴的激励，安安和雅雅
也跃跃欲试。于是安安喊来了小汤圆：
"这个给你拿着。"小汤圆接过圈圈，但并
没有安稳地举着，她拉着圈圈的胳膊摇
晃起来，使得圈圈不断地晃动，这无疑
增加了大家瞄准的难度。尽管如此，安

图162　用圈圈形成隧道进行投掷

安和雅雅仍然同时抛出了沙包，遗憾的是，都没能成功投进去。

✦ 我们的思考与支持

　　幼儿通过前期的游戏经验，展现出了他们能结合周边事物进行游戏创新的能力。在本次游戏中，他们尝试利用圈圈作为"隧道"道具，创新投掷游戏的玩法。在游戏过程中，幼儿积极主动地与同伴合作，合理分工，分别承担举圈圈和投掷的任务。甚至在我的建议下，他们还学会了轮流进行游戏。

　　在本次游戏中，我充分给予了幼儿自由探索的机会，让他们自行决定游戏的玩法。我在一旁观察和记录，引导他们提炼出更加精彩的游戏方式，让他们在探索中潜移默化地形成游戏新玩法。当幼儿展现出不同的行为时，在确保安全的前提下，让他们继续游戏，看看他们能否在"不一样"的行为中创造出新的玩法，观察他们是如何随机应变的。这样的游戏方式不仅激发了幼儿们的创造力和想象力，也提升了他们的团队协作和随机应变能力。

三、民间游戏感悟

　　《幼儿园教育指导纲要(试行)》明确指出：游戏是对幼儿进行全面发展教

育的重要形式……以游戏为基本活动，保教并重。这说明游戏在幼儿成长过程中极其重要。

第一，本次民间游戏，我们选择的是"玩沙包"游戏。幼儿在游戏中，可以通过抛和扔的动作锻炼上肢力量，使大臂和手腕都得到充分的锻炼。同时，幼儿还需要观察距离的远近，思考投掷时需要使用多大的力气。力气过大或过小，都可能导致投掷失败。在瞄准目标时的方向感也尤为重要，很多时候幼儿明明是想往前抛，但抛出后的沙包却是往上的，这通常是因为幼儿在扔出沙包的瞬间，发力角度不正确，或者手腕动作没有协调好。

因此，幼儿的手、眼、脑需要相互协调配合，才能够准确地将沙包抛出并击中目标。这不仅需要他们具备敏锐的观察力和判断力，还需要他们具备良好的身体协调能力和空间感知能力。

第二，利用民间游戏的角色、规则、动作，培养幼儿的合作能力，促进其社会性的发展。在玩沙包的游戏时，幼儿通过尝试、探索和实践，逐渐熟悉并掌握游戏的基础玩法。他们尝试结合周边的现有材料，对游戏进行创新和升级。随着玩法的转变，游戏的难度也在逐步提升。在这个过程中，他们逐渐学会了如何与同伴进行沟通和协商，如何共同解决问题，如何分享成功的喜悦。更为重要的是，这些游戏经历让幼儿深刻体会到合作的乐趣和重要性。

第三，在幼儿创新游戏中，培养其发散性思维，有一部分是带有竞争性的，这使幼儿在游戏中会面临着成功与失败。如玩"兔子蹦蹦跳""我能踢出去"的游戏时，幼儿在游戏中获胜，他们体会到成功的喜悦和满足感，增加了自信心和成就感；面对失败，他们就会产生挫折感。但幼儿好胜心强，这次输了下次就想赢回来，从而能够分析自己的不足，克服自身的弱点，继续参加游戏。在这个过程中，幼儿学会了自我控制，锻炼了抗挫能力，增强了明辨是非、正确评价的能力，形成乐观、开朗的性格。

民间游戏具有浓厚的趣味性，它符合幼儿好奇、好动的特点，让幼儿在游戏中充分享受到自由。在自然、自发的民间游戏中，幼儿没有受到任何干预，没有心理压力，情绪是放松的，他们自娱自乐，敢于大声说笑，大方地表现，大胆地想象；他们随时随地、自由结合，不用任何道具就能玩得很开心。这说明民间游戏为幼儿创设了情绪环境，使幼儿逐步形成了良好的个性心理和积极的情感。

（案例撰写教师：黄雨萱）

好玩的泡泡

——"吹泡泡"民间游戏案例

一、民间游戏缘起

吹泡泡是小班幼儿非常喜欢玩的游戏，大大小小、五颜六色的泡泡在空中飞舞、飘扬，引得幼儿发出一声声欢呼，争相去追逐扑打，大声叫着："老师，我抓到泡泡啦!"他们玩得很开心，像是一只只回归到大自然的小鸟。《幼儿园教育指导纲要(试行)》指出教师要"善于发现幼儿感兴趣的事物和偶发事件中所隐含的教育价值，把握教育的时机，提供适当的引导。"

兴趣是幼儿最好的老师。游戏教学就是根据幼儿的兴趣让他们主动地参与学习，于是我将吹泡泡这个民间游戏与体育游戏相结合开展游戏活动，引导幼儿体验不同玩法带来的乐趣。"泡泡之旅"拉开序幕……

二、民间游戏实录

(一)初识民间游戏

图163　用泡泡水吹泡泡

★ 吹泡泡

在今天的户外活动中，幼儿对吹泡泡游戏展现出了无比的热情与投入。游戏开始时，他们兴奋地手持泡泡水，迫不及待地尝试吹出五彩斑斓的泡泡。一句句"你看我吹的泡泡漂亮吧""我的泡泡是五颜六色的"，无不透露出他们对游戏的喜悦与满足。突然，雨雨和熙熙带着遗憾的表情走来，原来他们的泡泡水因管子断裂而无法正常使用。我询问道："有谁愿意跟她们一起分享，一起玩泡泡水？"话音刚落，多多率先响应，紧接着泽泽、甜心、宁宁也纷纷举手表示愿意分享。我赞赏道："你们可真是爱分享的好宝宝，给你们点赞！"他们开心地笑了。

游戏继续进行，赫赫骄傲地展示他吹出的飞得高高的泡泡，而云云则正在疑惑："为什么我的泡泡总是破呢？"开开看了看，没有回答。见状，我走过去，引导云云多蘸一点泡泡水，轻轻地吹，试过几次后，云云吹出了好几个完整的泡泡。放眼望去，他们吹出的泡泡或高或低，幼儿以各种方式与泡泡互动，大家沉浸在欢声笑语中。此刻，甜心将泡泡水对准我，一边吹出泡泡一边说："老师，我好喜欢你，我要吹好多泡泡送给你。"她的举动迅速引发了其他幼儿的效仿，他们纷纷围拢过来，将我包围在一片泡泡与欢笑声中。我提议："我们一起来抓泡泡吧！"他们异口同声地回应："好耶！"于是，我们共同沉浸在这场梦幻般的泡泡盛宴中，尽情享受游戏带来的快乐。

★ 我们的思考与支持

　　幼儿对"吹泡泡"游戏表现出高度热情与投入，让我深深感受到幼儿对游戏的热爱与内在驱动力。根据幼儿兴趣需要和游戏实际情况，我以"引导者"的身份介入其中，适时调整游戏内容与形式，提议进行抓泡泡游戏，以保持游戏的吸引力，并推动幼儿探索更多的游戏玩法。当雨雨和熙熙遇到困难时，其他幼儿主动提出分享自己的泡泡水，这不仅解决了问题，更展示了他们的互助精神与分享意识。云云对泡泡易破的现象产生疑问，以及赫赫能把泡泡吹得很高，这些都体现了幼儿在游戏中产生的探究欲与问题意识。而我抓住了这些宝贵的教育契机，鼓励幼儿去尝试解答，引导他们通过观察、实验等方式，对泡泡的性质、吹泡泡的技巧等进行探索，培养幼儿科学探究精神与解决问题的能力。

（二）再探民间游戏

★ 彩虹泡泡

儿歌响起："吹泡泡吹泡泡，吹了一个黄泡泡。"随着歌词的引导，泽泽、熙熙、屹屹和彤彤四位胸前贴有黄色圆形贴的幼儿准确识别出自己对应的角色，迅速聚集成一个小圆圈。然而，小宇在听到"黄泡泡"指令后，显得犹豫不决，导致游戏无法进行。我注意到小宇的困惑，并上前询问："小宇，大家刚才说吹的是什么泡泡？"他回答："黄泡泡。"接着，我引导他关注自己的泡泡贴："你看看，你的泡泡贴是什么颜色呢？"小宇检查后回答："黄色的。"得到明确答案后，我进一步提问："真棒，那我们应该怎样做呢？"小宇歪着头想了想，立刻走向同样贴有黄色圆形贴的幼儿，与他们手拉手，成功地融入游戏中。"嫣儿，你错了，你不是红色泡泡，你是绿色的泡泡。"原来嫣儿误以为自己是红色泡泡，但在同伴的纠正下，她迅速意识到自己的错误并返回原位，游戏继续进行。

图 164　围成大圈念儿歌

图 165　贴同一颜色贴纸的幼儿合成一个小"泡泡"

★ 我们的思考与支持

本次吹泡泡游戏，不仅让幼儿体验到了欢乐，更巧妙地融合了儿歌、颜色识别、角色扮演等形式。这样的游戏设计，既富有趣味性，又能有效锻炼幼儿的颜色认知、听力理解、反应速度和协作能力，真正实现了游戏与教育的结合。

在游戏中，幼儿通过角色扮演，更加投入地参与其中。小宇在游戏中表现出的犹豫和困惑，反映了幼儿在认知速度、反应能力等方面存在的个体差异。我及时察觉到这一点，通过提问引导小宇自我发现与解决问题，尊重并关注他的个体差异，为他提供了适时且恰当的教育支持。当嫣儿误认角色时，同伴能立刻给予纠正，这不仅展现了幼儿之间的互助精神，也让嫣儿迅速意识到错误并作出调整，体现了幼儿的自我修正能力。

（三）创新民间游戏

✱ 吹气球

由于天气原因，今天的游戏改在室内分组进行。游戏活动以吹气球为主题，巧妙地融入了口令指挥与团队协作元素。游戏开始，远远担任首轮口令员，他一发出"噗"的声音，其他幼儿便迅速响应，手拉手围成一个紧密的圆圈。随着"噗噗"的口令声连续响起，其他幼儿按照指令向四周扩散，圆圈逐渐扩大。当远远喊出：

图166　在"口令员"指挥下吹泡泡

"噗噗噗，放气，气球没气了。"他们立即调整方向，向圆心靠拢，形成一个紧凑的小圆。整个过程中，所有幼儿积极配合，动作协调，欢笑声此起彼伏。"老师，我也想站在中间发口令"，屹屹用期待的眼神望着我，看到屹屹对游戏中心角色表现出强烈的兴趣，我决定给予他参与的机会。在第二轮游戏中，屹屹接替远远成为口令员，他与同伴们默契配合，共同完成了一轮精彩的游戏。游戏继续进行，口令员的角色在幼儿间轮流交替，每个幼儿都有机会站在圆心，体验指挥游戏的乐趣。他们沉浸于各自的角色中，充分享受游戏带来的快乐与挑战。

我们的思考与支持

本次室内"吹气球"游戏通过设定明确的口令与团队协作规则，成功调动了幼儿的积极性与参与度，不仅锻炼了他们的听觉反应能力与身体协调能力，还培养了集体合作意识与角色扮演能力。我适时关注幼儿的需求，鼓励他们轮流担任游戏中的关键角色，使每名幼儿都能在参与中获得成就感，进一步提升了游戏的教育价值与趣味性。

泡泡伞

今天是开展"吹泡泡"民间游戏的第四天，我一拿出彩虹伞，他们立即展现出极度的兴奋，找到位置站定，准备开始新一轮的游戏。然而，博博与琳琳却在原地未动，导致彩虹伞上有一处空缺无人填补。我引导他们找到合适的位置并加入游戏行列，确保全体幼儿都能参与其中。"游戏开始"的指令一下达，幼儿齐声唱起熟悉的儿歌："吹泡泡，吹泡泡，吹了一个大泡；吹泡泡，吹泡泡，吹了一个小泡泡；泡泡变高了，泡泡变低了，泡泡吹破了。"他们一边唱，一边拉着彩虹伞。每当唱到"大泡泡"时，幼儿齐心协力将彩虹伞撑得极大，甚至有个别幼儿选择躲入伞下，享受被"大泡泡"包围的乐趣。而当唱到"小泡泡"时，他们迅速将伞收拢，小雨更是加快步伐，紧贴前方同伴，共同营造出"小泡泡"的紧凑感。在唱到"泡泡变低了"时，幼儿做出蹲下的动作以模拟

图167 用彩虹伞玩吹泡泡

图168 彩虹伞模拟泡泡飞高、降低

泡泡下降的状态，但赫赫突发奇想，选择趴到彩虹伞上，熠熠和开开见状也纷纷效仿。为保持游戏的连贯性与趣味性，泽泽机智地变换口令为"泡泡飞高了"，赫赫、熠熠、开开闻声立刻起身，重新融入泡泡伞游戏中。

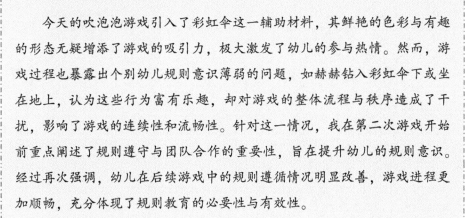

★ **我们的思考与支持**

　　今天的吹泡泡游戏引入了彩虹伞这一辅助材料，其鲜艳的色彩与有趣的形态无疑增添了游戏的吸引力，极大激发了幼儿的参与热情。然而，游戏过程也暴露出个别幼儿规则意识薄弱的问题，如赫赫钻入彩虹伞下或坐在地上，认为这些行为富有乐趣，却对游戏的整体流程与秩序造成了干扰，影响了游戏的连续性和流畅性。针对这一情况，我在第二次游戏开始前重点阐述了规则遵守与团队合作的重要性，旨在提升幼儿的规则意识。经过再次强调，幼儿在后续游戏中的规则遵循情况明显改善，游戏进程更加顺畅，充分体现了规则教育的必要性与有效性。

三、民间游戏感悟

　　在幼儿眼中，世界仿佛是一幅色彩斑斓、充满无限想象的画卷。民间游戏"吹泡泡"在其中扮演了重要角色，以其简单有趣的特点，轻易地抓住了幼儿的好奇心和探索欲望，锻炼了幼儿的身体协调能力，在无形中促进了幼儿在认知、情感和社会交往等多方面的成长。

　　整个活动的开展完全基于幼儿的兴趣点，教师巧妙地引导幼儿逐步深入游戏，不仅让幼儿熟悉并享受传统玩法的乐趣，还鼓励他们去探索和体验更多创新的游戏方式。在游戏中，幼儿尽情享受着与"泡泡"互动的欢乐。教师的角色定位在捕捉幼儿的游戏兴趣点，以此为契机，准备了如彩虹伞、即时贴、泡泡水等材料，进一步丰富了游戏体验，激发幼儿自主、自发地参与游戏，成为幼儿活动的智慧引导者。

　　吹泡泡游戏不仅给幼儿带来了欢乐，更为他们提供了宝贵的语言学习机会。在游戏中，教师通过与幼儿的互动，教授他们各种词汇和表达，同时，儿歌作为游戏的重要组成部分，激发了幼儿的参与热情。教师通过儿歌节奏和韵律，帮助幼儿更好地掌握游戏规则。

（案例撰写教师：吴章兰）

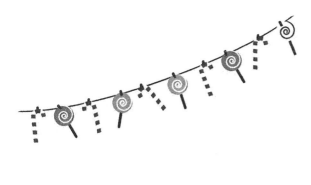

中 班

小方格 大乐趣
——"跳房子"民间游戏案例

一、民间游戏缘起

户外游戏时，好几个幼儿围在一起，他们一会学小兔子跳，一会儿学小青蛙跳，还比赛谁跳得高、谁跳得远。近一段时间我们班幼儿特别喜欢蹦跳、奔跑类游戏，但在游戏中他们只是模仿小动物向前跳、向后跳、向上跳等，游戏的持久性不够，幼儿常常玩一会就散了。

这一场景使我想到了小时候玩的"跳房子"，那时只要有一支笔、一块石子、几个小伙伴就能玩上许久。"跳房子"是传统的民间游戏，一直深受人们的喜爱。该游戏不仅能锻炼幼儿的身体协调性和跳跃平衡能力，还能培养他们的规则意识。同时，"房子"图案的可变性，能给予幼儿更多的自主创新空间，提高其思维能力，也为幼儿的跳跃游戏增加了游戏情景，使游戏更具趣味性。基于幼儿的游戏契机，我们也开始了一场关于"小方格"的游戏体验。

二、民间游戏实录

(一)初识民间游戏

✳ 初次相会——跳房子

在游戏之前，我向幼儿展示"跳房子"的图案，看到图案，大家的兴趣立刻被调动起来。有的幼儿说玩过这个游戏，有的说是"跳格子""跳方格"，并且还能说出一些另类的玩法。可可说："妈妈在家里会用湿了水的拖把在地上画格子让我跳。"墨墨说："我和姐姐玩过，姐姐告诉我说这个游戏是跳房子，还要丢石头呢！"幼儿对于"跳房子"有一定的游戏经验，于是我出示材料，引导幼儿自主游戏："今天老师准备了粉笔、跳圈、沙包、弹力绳、积木等材料，请大家动动脑筋，试试怎么利用这些游戏材料玩跳房子游戏?"幼儿开始结伴游戏。

房子造型变变变

在自主探索中，有的幼儿选择用粉笔在地上画格子，有的幼儿用跳圈摆弄，有的幼儿用弹力绳围合，大家的想法十分丰富。但是，选择粉笔和沙包的幼儿占大多数，有两三个幼儿用跳圈，有个别幼儿用弹力绳。过了一会儿，弹力绳没有一个人选择了，我问刚才尝试了弹力绳的诺诺："为什么把弹力绳放在一边不玩了?"诺诺说："弹力绳太长了，我们摆不出来格子，我们也想用粉笔画格子。"只见诺诺站在一边观看其他幼儿玩，随后加入进去。

图 169　谈谈跳房子是什么

图 170　用跳圈摆出房子造型

我们的思考与支持

在初次游戏中，有些幼儿有一定的游戏经验，不仅可以灵活地进行单双脚交替跳跃完成游戏，甚至加入了丢沙包和跳房子的游戏创意，经验丰富的幼儿还可以组织同伴共同进行游戏。但是在"造房子"的过程中也出现了一些小问题，有的幼儿利用辅助材料比较容易造出房子，例如粉笔、跳圈等，这些辅助材料易于操作，一个人也可以完成房子造型；但有的材料需要合作完成，例如弹力绳、积木等，这些材料造房子的可变性不强，操作起来比较费力，因此幼儿在游戏中都想选择简单的辅助材料，游戏的创新挑战意识不高。

在初次体验中，我没有过多地强调传统的游戏玩法，而是打破传统玩法的局限，从材料上引导，有了辅助材料的帮忙，幼儿的积极性更高了，有的头顶着沙包在跳房子，有的双脚夹着沙包跳房子，还有的设置路障跳房子，或者脚踢着小盒子跳房子。同时我也发现了对于不同的材料，幼儿的兴趣不同，对于简单易操作的材料幼儿兴趣更浓厚，但是对于需要探索和思考的低结构材料则是兴致索然。

（二）再探民间游戏

⭐ 你一跳，我一跳

体验完跳房子游戏后，幼儿对于跳房子的游戏兴趣逐渐提高，于是我用彩条在活动室的地面上贴了一些跳房子的图案。清晨入园，活动室里就有了这样的画面——"老师！快看，是谁贴的跳房子图案啊，我可以试试吗？""老师，你看我们可以这样玩，跳一次两手撑地再往前。""请你排在我的后面，在教室要注意安全。""老师，你快看我可以一下跳两个

图171　晨间锻炼也可以跳房子

格子。"大家把跳房子当成了晨间锻炼，陆陆续续来园的幼儿都加入了游戏，来得比较晚的幼儿刚开始玩就到了吃早餐时间，于是大家匆匆结束了清晨短暂的"跳房子"游戏，这时有人提出吃完早餐继续玩跳房子的游戏。

⭐ 跳房子，新花样

为解决幼儿在游戏中遇到"造房子"问题，我准备了一些游戏视频请大家观看，视频中的幼儿利用木棍、跳圈、绳子、滚筒等材料进行跳房子游戏，看完视频后我和大家进行了游戏探讨："说说你认为好玩的游戏方式。"乐乐说："我觉得用纸画图形摆在地上跳房子好玩。"轩轩说："还可以一个人写数字，

图 172　你说数字我来跳

让另一个人跳到那个数字上。"豆豆说："我们有积木，可以拼出不同的房子，然后再跳。"讨论过后，大家分组开始了游戏。首先，我请大家自主选择游戏场地，一半的幼儿选择在室内，一半的幼儿选择在室外，然后交换场地进行游戏。

在户外，豆豆和橙橙用积木搭格子进行游戏，利用弹力绳的幼儿变得更多，有的把积木和跳圈结合，让"房子"变得更长。在室内，沐沐当"指导员"，指定数字和图案，请小伙伴跳到指定的位置，比赛谁单脚跳得最远。

★ 我们的思考与支持

通过观看视频、尝试、合作、创新等多次游戏之后，幼儿对于跳房子这个游戏的兴趣明显提升，并且对材料的运用有了很多自己的想法，例如用积木摆弄不同的跳房子造型；在小方格里写上数字，让同伴跳到指定的数字格子中，逐渐形成了新的游戏玩法和规则。除此之外，幼儿对材料的挑战意识更加浓厚，不会因为积木倒塌就放弃游戏，而是选择合作；不会因为弹力绳不易操作就选择其他材料，而是叫上好伙伴一起想办法。幼儿在了解并掌握游戏基本玩法后还尝试以物代物来开展跳房子游戏，不仅锻炼了投、夹、顶等动作技能，还提高了挑战难度，积累了经验，提升了能力。

《3~6岁儿童学习与发展指南》强调："幼儿的学习是以直接经验为基础，在游戏和日常生活中进行的；要珍视游戏和生活的独特价值，最大限度地支持和满足幼儿通过直接感知、实际操作和亲身体验获取经验和需要。"在跳房子这个游戏的创新方面，幼儿的能力还比较欠缺，需要教师适当地引导。于是我运用多媒体资源，与幼儿共同观看有趣的游戏视频，让幼儿学习了解别人是如何运用低结构的辅助材料进行游戏创新。从而在激发幼儿游戏兴趣的同时也丰富了幼儿的经验。

(三) 创新民间游戏

多种材料齐上阵

户外游戏开始了，熙熙拉着小伙伴们开始了游戏，一开始她们没有选择跳房子，而是搭积木。不一会儿，熙熙对乐乐说："你看，我拼了好长好高的房子，我们可以用这个来玩跳房子，你去拿沙包好吗?"于是，乐乐去拿沙包，两人开始玩起了"跳积木"。过了一会儿，卷卷拿来了跳圈，

图173 "跳积木"障碍

"房子"变得越来越大，越来越长，加入游戏的幼儿也变得多起来。这时，熙熙站出来维持秩序，组织大家分组进行跳房子，也有的幼儿在旁边用积木拼搭新的"房子"。在游戏结束后的分享时间中，大家互相介绍着自己的"新房子"和玩法。

不同玩法创意多

活动室里，大家正在玩自主游戏，桐桐提议要玩跳房子，并说她们想出了好的玩法，只见桐桐和可可两个人玩起了"比谁跳得远"的游戏，桐桐跳

图174 比比谁跳得远

完后，可可还用粉笔做了标记。不一会儿，更多的幼儿加入了她们的游戏，不过在游戏中大家都想当"裁判"，墨墨和可可起了争执。这时萌萌提议用"石头剪刀布"来解决争执，大家你看看我，我看看你，思考了一下，一致决定采用这个办法，矛盾化解了，"跳远"游戏又开始啦!

✶ 我们的思考与支持

　　随着对游戏的不断探索，幼儿不再局限于单脚跳、双脚跳等运动，"跳房子"仿佛也可以成为一种建构游戏、智力游戏、娱乐游戏等，大家有了更多游戏经验的迁移与拓展，尝试用不同的材料搭建"房子"，可以随时随地拿出来玩；搭建好的"房子"也可以成为游戏的载体，开始跳远比赛等。游戏中幼儿的情绪活跃，创作热情高涨，他们不断地与活动材料、同伴及教师进行着积极有效的良性互动。

　　在整个游戏的探索进程中，我为幼儿提供了自主的活动空间，让幼儿能选择游戏材料、合作伙伴，自主地进行思考、创造，使幼儿真正成为游戏的主人。在充分把握幼儿年龄特点和学习特点的基础上，教师鼓励幼儿学习与同伴合作探究、协商，并及时组织集体交流和分享活动，让幼儿各抒己见，对不合适的地方进行修正和补充，互相分享创作成果，共享游戏乐趣。

三、民间游戏感悟

　　"跳房子"是一种传统的户外游戏，其游戏材料简单，游戏玩法易变，游戏过程生动有趣，符合幼儿好动、好奇心强的身心发展特点，同时可以锻炼幼儿投掷、跳跃、平衡、手眼和手脚协调等能力，使幼儿能在轻松愉快、自由的游戏氛围中得到发展。

（一）探索民间游戏生发点，不断创新

　　民间游戏源于生活又回归生活，其不断丰富、拓展的游戏玩法进一步地激发了幼儿对游戏的兴趣，促使幼儿在活动中始终以饱满的热情投身于一次又一次的探索和创造中。从最开始简单的双脚跳、单脚跳、投掷定点跳，到后期添加不同的辅助材料，改造房子"造型"，不仅仅局限于体育活动，幼儿在跳房子中寻找到拼搭建构的乐趣；"比谁跳得远"的创意中，幼儿需要了解测量的实践运用，利用不同的工具探索远近的科学原理；"定点跳跃"中，幼儿需要

准确地说出不同的数字，巩固自身对数量关系的掌握。教师能够在幼儿的游戏中细心观察，发现该游戏所蕴含的丰富教育价值，并以之为生发点，将民间游戏的趣味与多个领域进行有效整合，让幼儿运用已有经验对游戏玩法不断进行创新，赋予了民间游戏新的生命力。

(二)促进同伴社会性交往，增强合作

对于幼儿的社会适应能力来说，同伴交往的重要性甚至超过幼儿与成人的交往，同伴之间的相互作用是儿童社会化的重要影响因素。"跳房子"游戏需要幼儿三五成群一起游戏，通过相互协商合作，学会与别人友好相处，在快乐的气氛中解决冲突。游戏前，幼儿由猜拳决定玩游戏的顺序，这需要幼儿服从共同的行为准则，掌握和学习轮流、协商、合作等社会技能。游戏中，通过与同伴的交往，幼儿需要克服以自我为中心的思想，意识到自己是集体中的一员，学会站在他人的角度看问题，正确处理自己和他人的关系，从而形成良好的合作关系。除此之外，"跳房子"的游戏具有较强的规则性，遵守游戏规则需要有效的监督，而对幼儿来说，自我监督很难做到，即便做到也很难保证公正、持久。真正的监督是对立面的监督，即同伴之间的相互监督，这在幼儿社会化进程中起着不可小觑的作用。

(三)培养规则意识与受挫能力，乐意挑战

在游戏中，幼儿的情绪都比较放松，使得他们能够在愉快的氛围中迎接挑战，形成积极进取、乐观、自信的意志品质和心理品质，并增强自我成就感和效能感。游戏往往与规则相连。幼儿如果想要参与游戏，就必须学会遵守公认的游戏规则，这有助于培养幼儿遵守纪律的意识。游戏一定会有成功和失败，幼儿在游戏中难免会遭遇挫折和失败，如总是不能成功地将沙包扔进相应的方格、双脚总是不能按规则跳跃等，这会使他们产生挫败感，但为了继续游戏，幼儿必须克服这些负面情绪，这在无形中培养了他们坚强面对和承受失败的勇气，同时也发展了幼儿正确评价自我和他人的能力。

民间游戏"跳房子"深受幼儿的喜爱，在游戏中，幼儿的大运动能力和精

细运动能力得到锻炼，认知方面的注意、记忆和思维能力都能得到提升，社会性能力也得以发展。在后续的活动中我们应该创造更多机会，陪伴幼儿一起将更多的民间游戏融入幼儿园游戏和日常生活之中，让中华优秀传统文化得以传承。

（案例撰写教师：瞿紫怡）

一"触"即发

——"叠骨牌"民间游戏案例

一、民间游戏缘起

在我们班级活动室的外墙边，有几个大玩具柜和一些带滑轮的玩具收纳筐，里面摆放着大量长度不同的碳化积木。瞧！几名幼儿挑选出高度一样的碳化积木小心翼翼地摆放着，开始的搭建非常顺利，一根一根积木整齐有序地排列着，就快要围成一个圈时，一不小心有一根积木倒了，导致后面连续倒了十来根积木。

卷卷见此情景，便有点生气和沮丧："哎呀！怎么回事，围墙怎么都倒了？"豆豆激动地说："哇，刚才吓我一跳，一下子倒了这么多积木！不过这也太好玩了吧，我们再摆长一点好不好？"他们不断改进积木摆放的距离和形状，时而整个积木能全部倒下，时而中间会有"故障"发生，每一次成功后都拍手欢呼，感受到了"多米诺"游戏带来的欢乐。

不少幼儿被他们的游戏所吸引，纷纷加入游戏中。在本轮游戏结束后的交流时间里，幼儿提出了碳化积木"多米诺玩法"存在两个问题：一是碳化积木体积大，每组游戏都需要较大的空间和场地，有的幼儿甚至要将积木拉到很远的地方进行游戏，浪费了游戏时间；二是数量有限，幼儿对于很多玩法容易半途而废，游戏体验感不佳。根据他们提出的问题和高昂的游戏兴致，我们一起讨论发现了更适合玩此类游戏的材料——骨牌，而且骨牌游戏是一种集德、智、体、美、学于一体的游戏，对于幼儿来说具有较强的吸引力和挑战性，不仅考验参与者的体力、耐力和意志力，还能拓展幼儿的创造性思维空间，培养想象力，有助于幼儿养成良好个性。于是，我便在教室内投放了数量庞大的骨牌材料，游戏开始了……

二、民间游戏实录

（一）初识民间游戏

✦ 不断倒下的单一路线骨牌

皓皓选取一部分骨牌在进行排列游戏，乐乐也同样将骨牌一个接一个地进行排列，但两个幼儿的排列形状不一样，皓皓是长长的一条，乐乐的骨牌是弯弯曲曲的。还有幼儿在组队合作排列骨牌，大家摆出的形状各不相同，达到一定数量后，推倒第一个骨牌，产生多米诺连锁反应。经过几轮游戏后，他们迫不及待地邀请我去观看，分享他们成功的喜悦。

图175　单一路线搭骨牌

✦ 我的骨牌怎么不能连续倒下呢？

泽泽和乔乔的骨牌不能连贯性地全部依次倒下。泽泽有些焦急地说："唉，唉，不能这样，要靠近一点。"

乔乔听到泽泽的建议后将发生"故障"的几片骨牌之间的距离进行了调整，再次推倒第一块，但是转角的位置还是发生了二次"故障"。他们接着商量，"这一块要斜着一点放""这一块要往后再歪一点点"，在他们的努力下，这一次排列的骨牌终于一次性全部倒下了。

✦ 抢救"脆弱"的骨牌

涵涵的骨牌数量不够了，他想再去取一些过来，在经过小伙伴搭建的骨牌旁边时，一个不小心，他的脚尖碰倒了一块骨牌，导致同伴搭建的大部分骨牌倒下了。看着一个手足无措、怒目圆睁的幼儿，我赶紧走上前去，对涵涵说道："涵涵，我们碰倒了西西的骨牌作品，虽然是不小心的，但是西西还是很伤心，我们要跟她说什么呀？"涵涵意识到问题后，赶紧说："对不起，西西，我不是故意的，我帮你一起重新拼骨牌好吗？"西西听到涵涵的道歉，也不再责备他了，开始重新摆放骨牌。

游戏结束后的分享时间，我提出了讨论问题："怎样才能保护好我们的骨牌，确保它们不会在游戏中途倒掉呢?"幼儿纷纷发言："放骨牌时轻一点，不要碰到旁边的骨牌。""为了不碰到旁边的，我是用手指一点一点推进去的。""要爱护小伙伴的骨牌，不能故意破坏别人的成果。"

我再次追问："如果一不小心倒了几块，怎么挽救后面的骨牌?"言言恍然大悟道："赶紧拿开后面的一块骨牌，这样接不上了，后面的就不会倒了!""你们如果遇到这种情况了可以试一试!"在我的鼓励下，幼儿继续尝试游戏，好几个幼儿能在遇到突发情况时快速"抢救"骨牌。

★ 我们的思考与支持

刚刚接触骨牌时，幼儿一不小心就会将骨牌碰倒，之前的努力也都白费了。当幼儿之间因为碰倒骨牌发生矛盾时，我适时介入了他们的游戏，消除了幼儿的消极情绪。在游戏结束后，我与幼儿共同分析干扰游戏成果的因素。通过讨论，幼儿发现主要来自两方面的原因：一方面是骨牌本身排列的原因，摆的时候应该要注意保持前后的距离；另一方面同伴间的互动也容易导致骨牌倒塌。经过一番思索，大家找到了一些解决办法，在选择游戏区域时要注意观察，确定合适的游戏场所。同时，一旦有幼儿不小心碰倒其他幼儿的作品，教师应提醒该幼儿及时道歉，帮助伙伴想办法修复游戏成果。在不断地探索与游戏中，幼儿的专注力、观察能力、分析能力和文明的社会交往能力得到了提升。

(二)再探民间游戏

★ 看，以美引发关注

我选取了各种骨牌展示视频，利用多媒体带领幼儿观看骨牌专业人士的拼摆现场表演，在看到一块块小小骨牌"流动"起来的时候，大家都惊住了，一边欢呼一边鼓掌："哇，骨牌这么酷! 太好玩了!"

摆，见证简单生成的神奇

1. 确定主题

游戏前，我组织幼儿自由分组进行讨论："你们想要拼搭什么主题?"在讨论中幼儿确定了自己的主题，有的是"游乐场"，有的是"长江大桥"，有的是"迷宫"……小组讨论结束后，幼儿根据所在小组的主题开始绘制图纸，接着由推选出的组长进行分享，他们一个个高举小手，迫不及待地想要向

图 176　用骨牌拼骆驼

大家介绍自己的搭建主题。卓卓说："我们组准备拼一只大大的骆驼，看，我们的图纸上有驼峰。"浩浩说："我们组要拼一个迷宫，拼好后欢迎大家一起来玩走迷宫游戏。"帅帅说："我们组想要拼一个多层的高楼，然后玩抽牌游戏。"我对帅帅的介绍充满疑惑，于是问道："你们准备怎么玩抽牌游戏呢?"帅帅很兴奋地说："就是先用骨牌拼出高高的楼房，然后每人抽一张骨牌出来，还要保证楼房不倒。"我恍然大悟："哦! 这个游戏很有挑战性哦，一定很好玩。"介绍完后，他们便开始准备材料，按照图纸进行游戏了……

2. 快乐搭建

有了设计方案，材料准备齐全，幼儿便开始进行分工，每个组员分工合

图 177　用骨牌摆迷宫

作，认真、小心翼翼地搭建着。不一会儿，地面上就出现了栩栩如生的"骆驼"、漂亮的"花朵"等造型，浩浩这一组的迷宫还分了两种玩法：一组迷宫较小，是用来走小车的；一组迷宫较大，幼儿可以直接走进去进行游戏。

我们的思考与支持

　　幼儿随着对骨牌游戏的不断探索，已经不满足于单一的、同一平面的游戏形式。为了进一步激发他们创新游戏玩法，我抓住幼儿的兴趣点，利用视觉(观看骨牌大师的表演)、听觉(推倒骨牌"流动"的声音)、触觉(自己动手搭建骨牌)等多感官刺激来激发幼儿对骨牌创新游戏的兴趣，尝试提升游戏难度。一石激起千层浪，幼儿心中探索骨牌创意玩法的愿望被大大激发，他们均跃跃欲试，我便把继续探索的机会留给了他们。

　　骨牌的摆放形式不一，就像积木一样并没有固定的形式，幼儿在游戏的时候完全是根据自己内心的想法来搭建自己喜欢的模型。这个过程实际上就是对想象能力的培养，幼儿的想象力十分丰富，但是如何将自己的想象付诸实践却并不是一件容易的事情，他们想象的东西和自己实际做出来的可能总是有细微的差距。而要想搭建出理想的模型，就必须经过一定的设计，我提出"搭建主题"这一问题，引导幼儿通过自由讨论、设计图纸、分工合作，进行自主思考并实践完成。经过一番商讨，幼儿将任务分配好，在团队里谁负责放牌，谁来看护已经完成的作品，谁来递牌，大家分工明确，这样很快就将模型搭建好了，幼儿也意识到了与他人合作的重要性。

(三)创新民间游戏

成功转弯

　　乐乐利用户外的积木将骨牌摆成楼梯的样式："快看，快看，我拼骨牌的新玩法。""你拼得这么高，能成功吗?"半信半疑的辰辰问道。乐乐自信地说："我们多试几次，让上面这一块在倒下的时候能碰倒下面这一块就行了。"聚拢过来的幼儿越来越多，只见乐乐指尖轻轻一推，骨牌就像流水一样向下流淌直至转弯处。在转弯的地方，由于连接处的两块骨牌所摆放的角度不是很合适，第一次的游戏失败了。几名幼儿便一起合作，纷纷帮助乐乐重新摆骨牌，一遍一遍地调整每个转角处的骨牌角度，最后将转角处摆成了圆弧形再进行尝试，终于成功了。

图 178　碳化积木搭楼梯摆骨牌

多线并进

　　言言正在搭建一棵有许多分叉树枝的树造型，但是她的"树干"和"树枝"总是要分几次才能被全部推倒。我说道："如果能一次推倒，那就更神奇了！"言言摸摸脑袋说："为什么我总是一条路倒了，另一条路都没倒？"豆豆说："我是中途有些断开了，没全部倒下。"帅帅站起身引导我们去看他："大家看，只要在一块骨牌后面放两块，就可以同时倒下啦。"听了帅帅的建议后，言言在前面一块骨牌的后面并列摆放两块骨牌，通过第一块骨牌同时触动后面两块骨牌，又在这两块骨牌后继续放置多块骨牌，实现了多线并进的效果。此外，他们还合作玩起了同时启动多线齐倒的游戏。

图 179　摆出分叉型骨牌造型

高级机关玩法

看完大家的游戏，琪琪突然想到了什么，她提出："我们用骨牌做一个机关吧，我看我妈妈玩过，骨牌倒下时小球会滚动起来，我们现在需要一些平的、长的积木，当作桥面。"浩宇补充说："两边还需要楼梯。"豆豆嘟着嘴说："我想反过来玩，把小球作为开关，小球通过'山洞'，再经过'隧道'推倒骨牌。"

我鼓励幼儿去试一试，利用多种材料根据自己的想法进行组合搭建，测试一下自己设计的机关是否好用。琪琪和豆豆两组幼儿将自己原本的想法付诸实践之后开始启动"机关"，结果都遇到了不同的问题。琪琪的骨牌不能全部倒下，导致后面的小球没有受力滚动起来，豆豆的弹珠则因为出发时距离骨牌太远没有成功经过山洞。我问："琪琪，你知道你的骨牌为什么没有全部倒下吗？"琪琪回答说："我看了一下，这两块骨牌之间的距离太远了。"我说："那你调整一下再试几次肯定就会成功了。"琪琪听完我的鼓励，开始了她的改造。我问："豆豆，为什么你的弹珠没有撞击到骨牌呢？"豆豆回答说："弹珠滚下来的速度太慢了，我想让弹珠滚

图 180 用骨牌搭建小球通道

得更快一点。"我问："有什么办法可以让弹珠滚得更快一点呢？"豆豆说："嗯，我想再加一块厚积木，抬高弹珠滚下的坡度。"

经过几次实验游戏，他们的机关都设计成功了，不同材料的组合玩法吸引来了几个幼儿，他们也加入到各种"机关"游戏的试验中，一边发现问题，一边改进自己的装置。借此机会，我便鼓励幼儿们将自己成功后的装置用图纸记录下来，汇集成册。

✦ 我们的思考与支持

在游戏中，幼儿遇到了"骨牌不能连续性倒下""怎样改变受力方式"等问题，我适时地进行有引导性的提问，鼓励幼儿自主思考，不断探索、

不断尝试用自己想到的办法解决问题。游戏过程中，教师既关注了幼儿的心理需求，又关注了学习与发展以及个体差异性，尊重幼儿的独特想法并指导游戏实践，促进幼儿进行主动学习。

骨牌游戏不仅仅是一项单一的游戏，其中还蕴藏着丰富的科学知识，游戏结束后我带领幼儿结合自己的游戏成果记录，有目的地组织集体分享，加深他们在骨牌游戏中习得的经验印象，从而打开思路，引发共鸣，创造更多的游戏玩法，使他们的游戏水平、知识和能力得以提高。

三、民间游戏感悟

(一)凸显幼儿游戏的主体地位，塑造良好学习品质

1. 培养了幼儿的耐心和专注力

在叠骨牌这个游戏中，幼儿经过自己的探索搭建、同伴间的合作互助、教师的支持引导，体验到了玩骨牌游戏的快乐以及成功完成游戏带来的成就感。在探索骨牌的游戏中，幼儿有自己的想法，在游戏过程中一直坚持不懈地探究，经过多次失败后仍然不气馁、不放弃，在不断发现、不断调整、不断积累经验的过程中表现自己。最终感受到轻碰第一张骨牌后骨牌依次倒下的清脆悦耳的撞击声，以及图形变化万千的美妙感觉。

摆放骨牌的过程是需要细致与耐心的，当图案摆放好了以后，经常会因为失误或外来因素的干扰出现大面积"倒牌"现象。所以幼儿手中一个个创意无限的造型，都来自他们一次次追求距离的精准，他们不怕失败，越挫越勇，在游戏过程中表现出了十分的专注与毅力，体现了良好的游戏与学习品质。

2. 提升了幼儿的审美能力和创造力

骨牌包含多种色彩，可以构建出多种图形，幼儿在不断参与骨牌的游戏过程中，全面锻炼了自身的设计能力、色彩搭配能力。从单一的色调到有序的色彩，从无意识地选牌到选择与图案协调的色调，幼儿越来越会创造美，也越来

越会欣赏美。幼儿创造美和欣赏美的能力都得到了有效锻炼，骨牌游戏对于全面提升幼儿审美能力，实现对幼儿综合素质的培养具有不容忽视的重要作用。

3. 锻炼了幼儿的逻辑思维能力

小小的骨牌游戏看似是搭建游戏，但却蕴含着多种知识和技巧，码放过程中的图案组合、力的分解与合成应用等都能让幼儿在游戏中获得直接体验。游戏开展过程中，幼儿对骨牌的热爱越发强烈，搭建技能也越来越熟练，并能合作共同设计搭建路线与图形，从中体会到骨牌一推就倒的连锁反应，理解了传递的意思。在创新游戏过程中，他们尝试了搭建不同造型的骨牌所需的角度及间隔，其对空间关系的感知和判断、逻辑推理、合作沟通能力都得到了发展。

(二)关注幼儿的游戏体验，以兴趣助推游戏持续创新

搭建骨牌并非一件容易的事情，一张看似简单的小骨牌，如果摆放位置不对，很有可能就会使已经搭好的骨牌倒塌，之前的心血都付诸东流。幼儿的协调能力不如成人灵活，在搭建过程中若不注意观察周围幼儿的搭建情况，就会出现将别人的作品不小心碰倒的问题，会影响幼儿的情绪。教师及时进行正向指导，将问题作为游戏生发点，鼓励同伴合作探究，交流自己的问题与发现，最终达到更高的骨牌游戏水平。他们不怕困难、勇于尝试、不断改进的精神也让骨牌游戏更具挑战性。在后续的游戏中，教师若穿插骨牌设计大赛和一些家园互动环节，或许会让幼儿获得更丰富的游戏体验。

(案例撰写教师：龚念慈)

会说话的影子

——"手影游戏"民间游戏案例

一、民间游戏缘起

户外活动时，甜甜指着脚下："这是我的影子！"辰辰说："我也有影子！"苗苗说："你们看，不仅我们有影子，大树和小花也有影子。"幼儿都开始找自己的影子，对着影子打招呼。有的跑到栏杆旁、围墙下，找到属于栏杆、围墙的影子，有的来到屋檐下观察屋檐的影子，他们发现这些影子的形状都不一样，在观察了不同的影子后，幼儿开始了各种各样的讨论和实践。

图181 观察到自己的影子很有趣

《3~6岁儿童学习与发展指南》指出：大自然和生活中真实的事物与现象是幼儿科学探究生动的内容，激发探究兴趣、体验探究过程、发展初步的探究能力是幼儿科学探究的核心。基于幼儿在生活中无意间发现的大自然奇妙之处——影子，师生共同拉开了班级"手影游戏"的帷幕……

二、民间游戏实录

（一）初识民间游戏

✶ 发现影子

1. 实录一

"老师，你看这棵小树的影子像不像一个小人。""老师，你看我头上的发夹也有影子，像一朵小花。""老师，你看这个围栏的影子好像变得比原来的大一点。"妍妍突然跑过来说："老师，你看我现在的影子在我前面，好长呀，像

图182　发现影子可以发生变化

个大巨人。"说完便对着影子唱起儿歌《大巨人和小矮人》，旁边站着的幼儿也跟着哼唱，做起了律动游戏……自从上次发现了影子的秘密后，他们对影子的兴趣越来越大。

2. 实录二

户外活动时间中，小小跑回来说："老师，你看影子总跟着我们一起跑！""那我们一起玩个跟影子相关的游戏，想玩吗?"幼儿听到游戏就兴奋地说："想!"就这样，踩影子的游戏开始了！他们在操场上追逐着玩"踩影子"游戏。这时，小小一边跑一边喊："我们去踩老师的影子!"这个建议立刻得到了大家的认同，他们都跑过来踩我的影子，我自然地加入到他们的游戏中。

3. 实录三

曼曼指着地面说："妍妍，你快看，地上有'小鸟'。"幼儿闻声都朝着曼曼看去。只见曼曼用手指做出了"小鸟"手势，在太阳光的照射下，"小鸟"的手势也变成了"小鸟"手影。她的小手上下来回摆动，地上的影子也翩翩起舞。"瞧，我的手影'小鸟'飞起来了。"曼曼开心地说着，幼儿也纷纷学着她的样子，摆弄起了自己的小手。

图183　用手做出不同造型的影子

✨ 我们的思考与支持

《幼儿园教育指导纲要(试行)》在"科学领域"版块指出：要尽量创造条件，让幼儿实际参加探究活动，使他们感受科学探究的过程和方法，体验发现的乐趣。在游戏中我以平行介入游戏的方式，对幼儿萌发的新奇想法给予鼓励和支持，激发他们游戏的兴趣。在好奇心的驱使下，幼儿体验着探索发现的乐趣，并在相互合作中创造出不同的游戏，从中获得有关情绪变化、肢体和语言表达等多方面的体验。教师观察发现幼儿从最初的个人游戏到合作游戏，合作意识和创新意识在逐渐增强，对影子的探索愈加深入，有了很好的游戏体验。

(二)再探民间游戏

⭐ 如影随形

1. 实录一

菲菲蹲在地上，手比画来比画去！原来她是在玩手影游戏，悦悦看见了也凑过去跟着比画起来！于是，一场属于影子的造型游戏就开始啦！芊芊跑过来，两只手勾在一起组成一只鹰的形状："老鹰飞过来啦!"他们模仿着玩起来，都在有光的地方摆动着自己的小手，变化成不一样的形态和姿势。

2. 实录二

这天，幼儿正在撕纸拼贴，骏骏拿了张黑色的纸开始撕，一旁的言言马上嫌弃他："黑色的，真不好看!"骏骏扭过头来说："我这个是树的影子，影子就是黑黑的!"于是一旁的诺诺也拿了张黑色的纸开始贴影子!

3. 实录三

轩轩说："看我的手影，像一个大怪兽，好凶猛。"曼曼说："我的小兔子竖起长长的耳朵。"甜甜说："这是我的手影，一只小鸟在飞。"婷婷说："老师不管白天还是晚上，影子都会跟着我们吗?"我追问道："这个问题，你们有谁知道吗?"涵涵说："没有太阳，我们就没有影子啦，在有太阳光的地方，我们才会有影子，所以我们做手影，一定要有太阳光。"轩轩说："不对，晚上我和妈妈走路的时候，我们也有影子，可是晚上也没有太阳啊。"轩轩边说边摆手。看着他们激烈地讨论，我说："晚上没有太阳光，怎么看见路的?""晚上有路灯。"许多幼儿说道。这时候甜甜说："只要有光，就会出现影子。"通过大家的讨论与实践操作，共同得出了结论——我们的小手，挡住了光，所以才会在地面上形成手的影子。

✴ 我们的思考与支持

　　幼儿在探索一个事物以前，首先是对该事物产生了极大的兴趣，然后在不断地自我观察、自我探索中发现更多奇妙的秘密。通过游戏，幼儿联系生活发现了影子的出现是因为有光，也提出光的来源不一定就是太阳光，也可能是各种各样的灯光。为了证实自己的想法，幼儿通过各种方式不断验证，这样的探索让幼儿对光影原理的学习也奠定了重要的基础。

　　科学来源于生活，一些复杂又难以理解的原理，很难让幼儿获得直观感受，我灵活使用教育方法，用他们能够接受的方式去解决问题。影子游戏是日常生活中很常见的一个游戏，幼儿几乎都能够从生活中发现影子。幼儿游戏需求高、好奇心强，作为教师，我们要利用不同的游戏一步一步引导幼儿去探索更深的东西。让幼儿做游戏的主人，及时抛出问题，激发他们的探索欲和求知欲，让他们在不断的观察探索中获得更多知识，养成自主探究的好习惯。

（三）创新民间游戏

✴ 绘声绘色

1. 实录一

　　妍妍、小浩已经在大树下蹲了很长时间，我走过去准备邀请他们参与游戏，曦曦向我介绍："老师，你看这个大树的影子真奇怪，我们想帮它拼出来。"听到他们的想法，我很惊喜："可以啊，那边就有很多可以拼的东西，你们自己去看看有什么是可以用的。"说完他们就开始去找，不一会儿找来了

图184　给影子做造型

跳绳、积木、木棍等材料去拼影子的形状。随后他们还玩起了影子加工游戏，对影子的形状进行联想，再利用材料组合成各种有趣的图案。

2. 实录二

看着美工区围观的幼儿越来越多，我说："这里面拥有神奇的小手，不同的造型可以变成不同的小动物，谁想拥有神奇的小手?"敏敏说："我想把小手变成一只鸡。"西西说："我想把小手变成鱼。"甜甜说："我想把小手变成长颈鹿。"我趁机编了一首儿歌：小手小手变变变，变成一只大公鸡。小手小手变变变，变成一只长颈鹿。小手小手变变变，变成一条五彩鱼。小手小手变变变，变成一只小蜗牛……

✦ 我们的思考与支持

幼儿的探索焦点渐渐从影子本身迁移到影子的形状，将自己以往的经验结合起来去探索新的事物，这表现出他们是非常具有创造力和想象力的，自主学习的效果会比教师的直接灌输来得更加有效。

在他们主动探究各种新鲜事物的同时，我时刻做好幼儿学习路上的引导者和观察者。当他们遇到疑惑时，我不急于立刻给予答案，而是抛出更多的问题让他们自己去直观地感受，给幼儿提供更多相关的游戏条件，帮助他们更深入地去探究新的东西。美术活动的渗透让幼儿对手影的兴趣只增不减，但在艺术领域，光有兴趣还不足，需要技能的训练，接下来我将结合幼儿的兴趣点，不断提升他们的各项能力，这将是一个长期积累的过程。

趣玩影子

1. 实录一

游戏活动时，幼儿拿起手电筒（初次游戏）与同伴开始玩起了手影，看着幼儿对光影游戏的兴趣越来越高。我为幼儿播放了与传统民间游戏"皮影戏"相关的视频。看完整个视频，幼儿们纷纷说道："老师，这个好玩，我们可以玩吗？"看着他们炽热的眼神，我便与他们一

图 185　利用手电筒进行手影游戏

起开始讨论游戏道具的分工与实施，邀请他们自主画出喜欢的人物或者卡通动物形象，并涂上自己喜欢的颜色，着手筹备皮影戏的游戏道具。

2. 实录二

幼儿操作着纸偶影子，并为影子配音，演绎着一场"森林音乐会"。"我是威武的大象，我的影子怎么和小鸟一样大？我要变大！"大家随着果果的声音看去，也有了一定的疑惑。突然甜甜叫道："你们看，你们看，我移动手电，它的大小就变了。""还真是！"果果一边尝试一边记录着。几次之后，多多说

图 186　创设情景，幼儿变换影子大小

着："我发现一个秘密，手电筒近，影子就可以变大；手电筒远，影子就变小了。""果果，我要演小蚂蚁，那得拿得多远呀？你看我的好办法，手电筒不动，移动纸偶不就搞定了吗？"

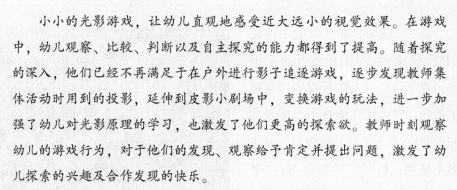

★ **我们的思考与支持**

　　小小的光影游戏，让幼儿直观地感受近大远小的视觉效果。在游戏中，幼儿观察、比较、判断以及自主探究的能力都得到了提高。随着探究的深入，他们已经不再满足于在户外进行影子追逐游戏，逐步发现教师集体活动时用到的投影，延伸到皮影小剧场中，变换游戏的玩法，进一步加强了幼儿对光影原理的学习，也激发了他们更高的探索欲。教师时刻观察幼儿的游戏行为，对于他们的发现、观察给予肯定并提出问题，激发了幼儿探索的兴趣及合作发现的快乐。

三、民间游戏感悟

　　《3~6岁幼儿学习与发展指南》指出："幼儿的学习是以直接经验为基础，在游戏和日常生活中进行的。"世间万物都有着数不清的奥秘，只要你细心观察与发现，总会发现一些令人惊讶的事情。这个"光影游戏"符合中班幼儿的年龄特点和求知欲望，是幼儿日常生活中比较熟悉、常发生的现象，幼儿在生活中发现过影子，活动中能运用各种感官动手动脑解决问题，激发他们对探索科学活动的兴趣。

　　在整个"手影游戏"的实施中我从发现幼儿的兴趣，到尊重幼儿的想法，尽可能提供游戏支持，让幼儿在游戏中看得到，摸得到，参与其中，玩自己喜欢的游戏。在追踪观察中，关注他们的活动，倾听他们的谈话，故意抛给他们一个个串联的问题，让他们从一个游戏玩到另一个游戏！

　　对幼儿而言，影子是一种随时看得见却抓不到的东西。它时而长，时而短，忽大忽小，有时神秘地消失无踪。这些特性很能激发幼儿的好奇心与学习的欲望，是成为他们开启探索大自然奥秘之门的好契机。科学知识必须在亲身活动中去尝试、去体验、去发现、去收获，而我需要做的是为他们创造更多的观察、探究、经历、体验的机会。

　　这些大概是每个和幼儿一起"游戏"的教师要经历的一个过程，希望在以后的游戏中，幼儿越来越想玩，越来越会玩，让教师成为他们游戏中更好的互动者、支持者。那就让我们放下脚步追随幼儿的发现，一起寻找身边更多的小秘密吧！

（案例撰写教师：向蕊）

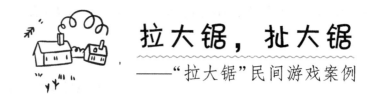

拉大锯，扯大锯
——"拉大锯"民间游戏案例

一、民间游戏缘起

《拉大锯》是一首来源于北京胡同的童谣，历史悠久，在我国北方家喻户晓。

在活动伊始，我给幼儿分享了一段很久以前人们合作拉大锯的视频，看完视频后，朵朵问我："老师，这里面的人在干什么啊？"糖糖问："他们在锯木头吗？"面对幼儿如小雨点般密集的问题，我耐心地一一解答："很久很久以前，在机器还不发达的年代，木匠都是用锯子锯木头的，锯大木头时就得用大锯子，大锯子一人拉不动，就需要两个人脚对脚抵住木头，这样拉起来才稳当，然后来回地拉锯子。后来人们有时会模仿拉大锯的动作逗小朋友玩，慢慢就有了拉大锯的游戏玩法。"

我向幼儿提出了一个问题："看了视频中人们拉大锯锯木头的动作，那'拉大锯'游戏要怎么玩呢？"这个问题立刻引起了幼儿的兴趣和好奇心，他们开始积极思考并找到好朋友尝试模仿视频中的动作。幼儿欢乐的笑声中还夹杂着几个声音："我觉得拉大锯的动作是这样的。""老师你快看，拉大锯是这样玩的吗？"

我们班"拉大锯"的民间游戏就这样在欢声笑语中拉开了序幕。想知道幼儿在玩民间游戏"拉大锯"时，会发生哪些充满童趣和惊喜的小故事呢？让我们一起来看看吧！

二、民间游戏实录

(一)初识民间游戏

★ 找到好朋友一起"拉大锯"吧！

早餐结束后，我邀请幼儿上来分享，糖糖上来后便说："我能请一个朋友

图 187 幼儿手拉手玩“拉大锯”

上来一起示范吗?”我说：“当然可以啦!”说完，她便邀请了悦悦上来跟她一起，两名幼儿面对面、手拉手席地而坐，一边做“你一拉，我一扯”的动作，嘴里还一边念叨着：“拉大锯，扯大锯……”其他的幼儿坐在小椅子上看着她们俩玩，自发地和旁边的幼儿手拉手一边做着动作，一边时而大声时而小声地念起了童谣，整个教室都充满着幼儿的欢乐笑声。

“拉大锯，扯大锯，姥姥家唱大戏；接姑娘，请女婿，小外孙子也要去；今儿搭棚，明儿挂彩，冰糖葫芦串串红，边吃边看笑盈盈。”

在教室里，幼儿各自去寻找玩伴一起“拉大锯”。沫沫说：“彤彤，我们一起来玩吧!”沫沫和彤彤一起玩起了“拉大锯”游戏。

“拉大锯”交流会

第一次玩“拉大锯”游戏时，幼儿刚开始都非常开心，不一会儿，我看见沫沫一个人待在旁边，这时我脑子里面闪过很多问题：“怎么不玩呢？是没有找到伙伴一起吗?”我走过去问她，她噘着小嘴巴回答我说：“老师，我觉得这个游戏不好玩。”我问：“为什么会这样觉得呢?”她说：“我觉得这个游戏太简单了，不好玩。”沫沫觉得游戏简单所以不想玩，旁边来了几名幼儿也说觉得游戏不好玩。

我想让幼儿自己去发现其中的问题，于是，组织了一场“拉大锯”的交流讨论会，让幼儿说说自己为什么觉得不好玩，想怎么玩。

幼儿纷纷举手说出了自己的想法：有的说游戏太简单了，有的不会念童谣，有的分享了自己想出来的新玩法……

我们的思考与支持

"拉大锯"民间游戏是以两人为一组的形式进行的，幼儿自己选择玩伴进行游戏。单从合作创新角度来分析，幼儿的合作能力可以得到锻炼和培养，他们也喜欢与自己的好朋友一同游戏。幼儿通过向家长和同伴学习念诵童谣，不仅逐渐掌握了童谣的韵律和节奏，还在游戏的过程中深入体验了民间童谣所蕴含的独特韵味。这种学习的过程不仅加深了他们对民间文化的理解，还激发了他们对传统童谣的热爱。

当幼儿在游戏中遇到"不好玩"或"不想玩"的情况时，我耐心倾听他们的想法，并尝试分析问题的真正原因。鼓励幼儿勇敢地表达自己在游戏中遇到的问题，帮助他们更好地理解问题的本质，从而找到有效的解决策略。

在整个过程中，我会引导幼儿积极分享自己的想法和解决方案，让他们学会从多个角度思考问题，培养他们解决问题的能力。通过这样的互动和讨论，我相信幼儿不仅能够在游戏中获得乐趣，还能在解决问题的过程中不断成长和进步。

（二）再探民间游戏

"背对背"拉大锯

琦琦找到果果说："果果，我们一起来玩吧！我想到了一个特别好玩的方法。"琦琦和果果一起玩了起来，她们背对背坐下，手挽着手，开始了"背对背拉大锯"，其他幼儿看见琦琦和果果的新玩法，也开始模仿起来。

越来越多的幼儿开始玩起"背对背拉大锯"游戏，琦琦开心极了："老师，你快过来看，我们还会背对背拉大锯，你看我们厉不厉害？这是我先想出来的哦！"赞扬的话语我还没来得及说出口，果果就因为蹲着"拉大锯"，"一拉一扯"的动作导致他重心不稳而摔倒在地。

不会摔倒的好方法

不仅琦琦和果果"拉"失败了,其他幼儿也都失败了。琦琦尴尬地对我哈哈一笑,我顺势向幼儿提出问题:"琦琦的想法很棒哟!不过这样是不是有点危险呢?果果刚才摔了一跤了,我们为什么会失败呢?"蕊蕊说:"我们刚才玩的时候没有坐好,而且背对背不好拉手。"我问:"那要怎样才能不摔倒呢?"

图188 幼儿"背对背拉大锯"

这时,一直在旁边认真听的朵朵提出了一个想法:"如果我们背对背拉大锯的时候,把腿这样直直地坐在地上,我们的背也紧紧地贴在一起,手挽着手,这样我们就不会摔倒啦!"朵朵一边示范,一边讲解她的想法。其他幼儿看到了,也都找好朋友一起玩了起来,真的不会摔倒啦!

我们的思考与支持

会一边念童谣一边玩"拉大锯"游戏是幼儿协调性、节奏性发展的体现,是幼儿通过前期经验准备的结果。幼儿在"拉大锯"原有的玩法上进行创新、改编,对幼儿的创造性有一定的促进作用。幼儿在改编游戏的过程中遇到难题时,并未放弃,而是主动聚集在一起,共同探讨解决方案。这一行为表明,他们正在尝试自己解决游戏中所遇到的困难,这不仅体现了他们的团队合作精神,也展现了他们勇于面对挑战、积极解决问题的态度。

当幼儿觉得"拉大锯"游戏"太简单""不好玩""不想玩"时,我抓住机会,给幼儿创设了"创新"游戏的机会。在"拉大锯"活动引导中,教师应注重培养幼儿活动的主动性,鼓励他们用自己的想法和方式去开展游戏,于是就有了"背对背拉大锯"的创新玩法。在游戏过程中遇到问题时,老师让幼儿主动发现问题,引导幼儿发现"为什么会摔倒"的原因,幼儿回忆游戏失败的瞬间,共同寻找解决问题的方法。

（三）创新民间游戏

✦ 抢球大战

有了"背对背拉大锯"的新玩法后，幼儿的想法也越来越多。今天的户外活动中，我组织幼儿想办法找一找，可以玩好"拉大锯"的辅助材料。幼儿找来了套圈、小皮球、跳绳等材料，尝试之后霏霏和语语选择了小皮球。

图189　手拉手准备"抢"中间的球

霏霏和语语抱着小皮球，找到一块空地准备开始游戏。两人面对面，将小皮球放置在两人中间的地上，然后手拉手站立。霏霏像是想到什么似的，看到我站在旁边，一边冲我招手一边说道："老师！你能来当裁判吗？看我跟语语谁先抢到这个球。"

"预备，开始！"一听到我的口令，霏霏和语语开始了她们的游戏。两人手拉手开始唱起歌谣，做起前俯后仰的动作，当唱到"边吃边看笑盈盈"后，两人就要撒开手开始抢球，霏霏凭着快速的反应和身手，在第一轮先得手，裁判宣布霏霏是这一轮的获胜者后，两人开心极了，立马开始了下一轮的"抢球大战"。

翰翰看到"抢球大战"觉得非常有意思，便喊了几个小伙伴一起来比赛，经过几位选手的"加密"讨论过后，本次比赛一共有三组队员参加，分别是：翰翰和灏灏、瑶瑶和——、蕊蕊和萌萌。

✦ 我们的思考与支持

随着游戏的展开，我用"寻找不一样游戏材料"的方法，带领幼儿来到户外，尝试找到适宜的辅助材料，既给了幼儿探索的机会，又有助于同伴间的相互合作。幼儿的思维打开了，面对多种多样的户外游戏材料，幼儿的创新能力得以提升，其合作能力也得到了增强。

✱ 拉大绳

琦琦和琪琪在尝试了各种户外游戏材料后，选择了一根跳绳，开始尝试将"拔河"与"拉大锯"相结合创造出新玩法"拉大绳"。

图190 琦琦、琪琪"拉大绳"

琪琪说："我比你高，我的力气肯定比你大。"

我说："那你们要比比才知道哦！"

赛前"放狠话"的阶段结束，比赛开始，两位比赛选手分别轻轻握住跳绳的两端，开始玩"拉大锯"游戏，在念完最后一句童谣后，一同开始发力"拔河"。但因为大家没有在场地上做好中心标志，所以迟迟分不出胜负。结果两人都拉累了，坐在地上休息。

我问她们："你们刚才分出胜负了吗？"

琦琦说："我们刚刚拉了很久都不知道谁赢了。"

我说："那你们想一想，试一试看看怎么能分出胜负。"

她俩开始转换玩法，在不断的尝试中，最后决定比赛结束时看谁拉到的绳子长，那么谁就获胜。

✱ 我们的思考与支持

幼儿能用完整的语言表达自己的想法，当游戏出现问题后，通过不断尝试和转换玩法来解决问题，可见幼儿发现问题、解决问题能力正在向更高水平发展。在游戏的创新中，幼儿把"拔河"和"拉大锯"这两个民间游戏进行融合，使其成为一个新的游戏"拉大绳"，幼儿得到了更大的满足感，在游戏中感受和体验游戏变化带来的不同挑战，始终保持对游戏的参与热情。当幼儿在游戏中遇到问题时，我通过聊天的方式引导幼儿去想一想、试一试，看看如何解决现阶段的问题，给予幼儿尝试转换游戏规则的机会，促使幼儿自主与同伴去共同解决问题，团结协作能力得到了一定锻炼和提升。

图 191　多人围圈"拉大锯"

拉大锯

悦悦、萌萌、糖糖和朵朵四名幼儿围成一个圆圈后，开始尝试玩"拉大锯"游戏。四人"拉大锯"的时候，因为萌萌的手松掉，所以游戏失败了。

在"拉大锯"的过程中，拉好手，才能成功"拉好大锯"。

悦悦说："又失败了。"

萌萌说："我拉得很紧了，可还是容易松手。"

幼儿又重新开始尝试，这一次"拉"的动作放慢了一些，果然萌萌没有再松手了。

四个人"拉大锯"成功之后，她们又叫了一些幼儿，围成了一个大圈，不仅如此，大圈里面还有一个小圈，她们想要很多人一起"拉大锯"。

围成两个圈以后，有几名幼儿站立"拉大锯"，有些幼儿坐在地上"拉大锯"，还没等开始，游戏却以失败告终，我组织幼儿讨论为什么会失败。

瑶瑶说："我要站着玩，可是琦琦要坐下，她一拉我就摔倒了。"

祎祎："我们大家手拉紧！外面大圈一边念童谣一边转圈圈，小圈就站着拉大锯，等大圈念完童谣坐下之后，小圈就开始唱歌谣转圈圈，大圈就坐在地上拉大锯！"大家听完后，纷纷同意这样玩，游戏进行得很顺利。

我们的思考与支持

中班幼儿的游戏兴趣显著提升，且游戏水平也大大地提高了。在"拉大锯"的过程中，大家遇到了一些小问题，幼儿在多次尝试和互相提醒下，发现只要在"拉"的过程中慢一点，就能顺利地"拉大锯"了。游戏创新从两个人到四个人甚至更多人一起玩，通过"尝试—失败—尝试—失败—讨论—商量"的过程，大家成功找到多人玩的方法。可见幼儿的游戏能力、交往技巧以及解决问题的能力都在增强。

多人游戏中，幼儿没有事先分配好哪些人站立，哪些人坐下，这是导致游戏失败的主要原因。我引导幼儿从游戏"乱作一团"以失败告终到自行分配并成功完成游戏，在整个游戏过程中，我遵循幼儿在游戏活动中的主体地位，支持、鼓励幼儿的创新，并创造更多游戏的机会，让幼儿主动发现问题、解决问题，在轻松、自在的游戏活动氛围中发展无限的潜能。

三、民间游戏感悟

整个游戏故事中，幼儿真正成为了游戏的主体，积极主动地参与其中，体验到民间游戏的独特乐趣，更在游戏过程中展现出了自己的创造力和团队合作精神。

(一)儿童经验获得与提升

在游戏活动中幼儿的自主性和主动性有了进一步的提升，他们能够主动提出自己对于游戏的想法。比如在"拉大锯"游戏刚开始的时候，他们能表达"不想玩""不好玩"的原因，并在讨论中积极提出自己的想法。从一开始的两人合作游戏到四人合作游戏再到多人合作游戏，游戏能力与水平有了很大发展，与同伴的合作性也逐步提升。

中班幼儿在游戏中逐渐形成伙伴关系，而且，有了相对稳定的游戏伙伴。在"拉大锯"游戏中，幼儿能体验到自我归因，出现的各种问题、难题都能够与同伴用交流讨论、尝试改进的方法解决问题。

(二)教师的学习与成长

我在游戏中与幼儿一起交流讨论，不限制幼儿的想法，提供用多种方式解决问题的机会，始终认可幼儿的行为，重视他们的活动意愿，支持他们的探索，用自身的行为对幼儿产生推动作用。

看到幼儿运用多种材料进行创新游戏，我对游戏中幼儿呈现的高光时刻进行放大点亮，同时也理性判断幼儿哪一方面仍需加强引导，以支持和助推幼儿进行下一步游戏。在游戏中，通过引导和推动幼儿的自我反思和集体反思，帮助幼儿回顾游戏过程、梳理经验、发现问题、反思方法、建构经验，从而推动幼儿的学习和发展，为后续的游戏开展提供更有效的动力源。

（三）下一步指导策略

幼儿会观察并模仿教师的行为。因此，在游戏活动中，如果班级老师能够组织多一些与成人之间的合作，多一些与幼儿的互动，幼儿有可能会获得更多的经验。在具体教学中，还需结合幼儿的实际成长需求，选取合适的民间游戏内容，可运用多媒体技术营造多样化的民间游戏情境，还可对民间游戏进行再创新，充分发挥民间游戏的教育价值，从而让幼儿通过丰富的活动，实现身心全面和谐发展，度过快乐而有意义的童年。

（案例撰写教师：戴紫钰）

与手绢的"邂逅"

——"丢手绢"民间游戏案例

一、民间游戏缘起

在一次户外活动中，我无意间注意到婷婷手持一块隔汗巾，兴奋地向身边的幼儿提议："看，我们可以用这个当作手绢，来玩一场丢手绢的游戏。"面对大家满怀好奇又略带困惑的眼神，婷婷热情而耐心地向他们逐一解说游戏的玩法。这一幕不禁让我深思，幼儿对于民间传统游戏其实抱有浓厚的兴趣和探索欲望。因此，我们遵循幼儿兴趣导向的原则，经过集体讨论后，决定将"丢手绢"作为本学期班级特色民间游戏活动的主题。

在"丢手绢"游戏的欢快旋律、紧张刺激的追逐环节中，幼儿能体验到无尽的乐趣，同时也能增强体质，锻炼自身反应能力，加深与同伴间的友谊。

为更好地满足幼儿对手绢游戏的热爱，我在班级游戏区域特意增添了各类趣味手绢道具，鼓励他们发挥想象，创造属于自己的游戏方式。每当看到幼儿围绕手绢展开的一幕幕新颖有趣的故事时，我都满心期待着，他们会在这一场场"丢手绢"的游戏中，碰撞出精彩绝伦的火花，孕育出意想不到的欢乐。

二、民间游戏实录：我们一起来玩丢手绢

（一）初识民间游戏

⭐ 一起唱"丢手绢"的儿歌

前期我在班级群里分享了民间游戏，当进入民间游戏周的第一天时，班上有很多幼儿带来了自己设计的手绢，嘴巴里还一直哼唱着歌曲《丢手绢》，原来他们在家里都提前学会了儿歌《丢手绢》。这时，悦悦说："老师，我告诉你

哟，我会唱《丢手绢》的歌曲，我来唱给你听。"于是悦悦就用她那清脆的嗓子唱起了歌曲。听到歌声，其他的幼儿纷纷围过来说："我也会唱。""丢手绢，丢手绢，轻轻地放在小朋友的后面，大家不要告诉他，快点快点捉住他，快点快点捉住他。"此时大家的脸上露出了欢快的笑容，他们的歌声此起彼伏，在教室里回荡着。

为什么我不知道手绢被丢在我后面了？

操场上，他们开始玩"丢手绢"的游戏，只见糖糖吩咐着大家手拉手围成圆圈，然后松开手盘腿坐下，糖糖昂首挺胸威武地说："谁坐得好，谁就可以丢手

图192 围成圈坐下，玩丢手绢

绢。"于是幼儿一个个坐得直直的，眼睛紧紧盯着糖糖，生怕错失了这个机会。糖糖扫视了一圈，选出了自己的好朋友朵朵，并告诉其他幼儿："因为刚才朵朵坐得最端正，现在请朵朵来丢手绢。"游戏开始了，幼儿一起欢快地拍着手唱着儿歌，当唱到"轻轻地放在小朋友的后面"时，朵朵蹑手蹑脚地将手绢丢到了犀犀的背后，但是当歌曲唱完了，犀犀还不知道手绢就放

在他后面，旁边的幼儿不停地提醒他，他才回过神来，发现了手绢在他身后，犀犀猛地捡起手绢追过来，朵朵见状快速地"逃走了"，坐在了自己的位置上。这时候朵朵开心地笑了起来，犀犀失败了，则由他继续丢手绢。

针对刚才犀犀提出的问题，我问幼儿："怎样才能判断自己的身后是否有手绢？"——说："我们玩游戏时要集中注意力，不能走神。"琦琦抢着说："当唱到'轻轻地放在小朋友的后面'时，我们要看一下自己的身后，看看有没有手绢。"根据大家想出来的办法，幼儿继续开展了几轮游戏，将游戏规则掌握得更好，在互相追逐中玩得不亦乐乎。

手绢总是不"理"我

经过几轮游戏，有很多幼儿因为丢了手绢非常开心，但也有一部分幼儿脸上露出了沮丧的表情，熙熙噘着嘴巴说："我在这里坐了很久，没有人把手绢

丢在我身后，我没有玩到游戏，我很不开心。"霏霏也皱着眉说："她们只丢给自己的好朋友，所以手绢都不理我们了。"

✨ 我们的思考与支持

　　前期幼儿对"丢手绢"游戏有一些了解，在民间游戏周开展前，家长也在家里和幼儿回忆了自己儿时玩"丢手绢"游戏的情景，所以大部分幼儿基本了解游戏的玩法。我作为引导者，是在全班幼儿熟悉歌曲的情况下让幼儿进行游戏，我先介绍规则再提问："游戏时，拿到手绢的幼儿要怎么去追丢手绢的人？"幼儿异口同声地回答："要快快捉住他。"幼儿熟悉规则后，我们的游戏就正式开始了，幼儿们都很开心地参与游戏中，享受着被追逐的快乐。当幼儿遇到种种问题时，我会以问题引导的形式去启发他们，让他们找出"问题"的真正出现的原因，并在游戏后主动去聆听幼儿的想法，以此帮助他们总结问题出现的原因，梳理出解决问题的方案。

（二）再探民间游戏：让手绢与更多的幼儿"相遇"

✨ 两人/三人丢手绢

　　针对幼儿在游戏中的感受，我发现了几个关键的问题，带着这些问题，我进一步引导幼儿："怎样让更多的幼儿参与游戏中，缩短等待的时间呢？"有的幼儿说："我们要公平一点，玩过的幼儿就不要再丢手绢了。"有的幼儿说："我们可以增加丢手绢的人数，比如两人丢或三人丢。"有的幼儿说："可以进行三人圈，这样就能保证更多的同伴参与游戏中。"

　　两人丢手绢后，幼儿非常激动，一边拍着手，一边唱着《丢手绢》歌曲。这次他们悄悄地丢在了沫沫和鸣鸣的后面，只见他们两人以飞快的速度捡起手绢就开始追，操场上都是幼儿的欢呼声，大家脸上洋溢着开心的笑容。紧接着两人丢手绢玩了几轮后，他们又开始进行"三人丢手绢"游戏，三人听着音乐同时将手绢放在不同的三位幼儿后面，当唱到"快点快点捉住他"时，三名幼儿陆陆续续拿起手绢就开始追丢手绢的幼儿。这时候圈圈外有六人追赶着，轩轩看着在他前面奔跑的葫芦，开心地抓住了她，葫芦生气地说："你抓错了，我没有将手绢丢在你的后面。"氛围有点尴尬，大家都有点迷茫。我问幼儿："你们觉得这样玩好玩吗？"拿到手绢的幼儿齐声说："老师，人数太多了，我们不知道谁追谁？我们还是变成三个圈圈玩吧，一个人站在一个圈圈外，这样就不会混淆了。"

✦ 三圈丢手绢

于是大家由一个圈变成三个圈进行"丢手绢"游戏，在每个圈圈里选一名幼儿进行丢手绢，这样就有三名幼儿同时丢手绢，幼儿都沉浸在游戏的快乐中。在一轮的游戏中，呜呜被抓住了，被抓住的幼儿要到圈圈中间表演节目。轮到呜呜表演节目了，平时腼腆的他今天突然表现得格外自信。只见他胸有成竹地走到圈圈中间，用了比平时说话声音大一倍的音量介绍

图 193　幼儿由外到内围成三个圈

道："我今天表演的律动是《小白兔》。"接着他开始带着熟练的动作表演了起来，这时全班幼儿都集中注意力欣赏着呜呜的表演。我走到幼儿身边，问道："你们觉得游戏好玩吗？"

图 194　快乐丢手绢

犀犀说："我觉得今天的游戏很好玩，我们在圈圈里面跑得很开心。"

琪琪说："在今天的游戏中我丢了手绢，我觉得很好玩。"

朵朵说："这个游戏中，大家分成不同的圈圈，我看到每个人在游戏时都开心地笑，我觉得他们都很喜欢这个游戏。"

灏灏说："我觉得这个游戏不好

玩,因为中间圈圈空间太小了,我们不容易跑。"

这时,悦悦说:"我觉得可以让最外面的圈圈往后退一点,这样空间就变大了。"接着琪琪抢着说:"把三个圈圈变成两个圈圈也会不那么拥挤。"

双圈丢手绢

吸纳了大家的提议后,在两人圈游戏中,幼儿有序地进行着丢手绢游戏,瑶瑶说:"这样玩好好玩,两个圈圈一点都不拥挤。"其他的幼儿也对她的看法表示非常赞同,就这样大家开开心心地享受着游戏带来的快乐。

我们的思考与支持

我们将原本的一人丢手绢环节拓展为二人或三人同时丢手绢,乃至动态变化圈子规模,从单人一圈、三人一圈到两人一圈等形式,希望让更多幼儿能够积极投入游戏中,保证了游戏的公平性和广泛参与性。在游戏中,幼儿通过切身的游戏体验,不断自行调整和完善游戏玩法,从中体现出他们敏锐的问题发现力和解决问题的能力。通过连续观察并亲身参与游戏探索过程,我发现他们的自主创新能力也在逐步提升。然而,作为教师,我也认识到适时适度的引导是必要的,从而优化游戏设置。

随着参与丢手绢游戏的幼儿数量增多,整体气氛愈发热烈,游戏等待时间得以有效缩短。但同时,我们也注意到有一部分幼儿在多人、多圈的复杂情境下出现了跑错圈的现象,这可能是大家对新规则的理解不够清晰导致的。为此,在活动结束后,我鼓励幼儿自我评价游戏过程,通过他们的反馈来深入了解他们对游戏的喜爱程度及关注度,并借此机会进一步提升他们发现问题、分析问题和解决问题的能力。这样的评价机制不仅有助于游戏本身的不断改进与优化,更能有效吸引并保持幼儿对"丢手绢"游戏的持久兴趣。

在尊重幼儿兴趣的同时,教师作为引导者在必要时也要给予幼儿适当的支持和指导,通过不断优化"丢手绢"传统游戏,使其更贴合幼儿的认知水平和认知发展需求,从而在轻松愉快的游戏氛围中,全方位地促进幼儿的自主创新能力、团队合作意识和问题解决技巧的发展。

（三）创新民间游戏：一场场精彩的手绢"邂逅之旅"

小动物与手绢的"邂逅"

朵朵说："我们可以由坐着变成站着，模仿各种小动物们走路来丢手绢。"其他幼儿也表示："这听起来是个不错的想法。"于是大家依次扮演了小兔子、鸭子、企鹅、蝴蝶、老虎等。

图195　模仿小动物走路来丢手绢

悦悦不耐烦地说："我不喜欢学企鹅和鸭子走路，它们走得太慢了，我追不上前面的人。"瑶瑶则笑着说："我喜欢蝴蝶，蝴蝶飞起来又美又快。"他们一个个玩得不亦乐乎。

我们的思考与支持

在游戏中，幼儿们相互结伴进行创新游戏，体现了他们较强的合作意识。在前几次的游戏中，幼儿发现一直坐着玩比较无聊，于是萌发了用模仿小动物走路的方式来游戏，并且圆圈里的幼儿都是站着进行游戏，让静态的游戏变成动态游戏。在游戏中，幼儿会选择自己喜欢的动物进行模仿，主动与同伴分享，因此他们的语言表达能力、交往能力、动作发展能力和创新能力都得到了提升。在游戏中，我让幼儿自主分享游戏并且自由选择好玩的游戏，把主导权还给他们。他们也积极地参与游戏，尝试着不同的动物角色。这些做法符合中班幼儿的年龄特点。

手绢与相邻数的"相遇"

豆豆提出加大游戏难度的想法，于是幼儿商讨在游戏中结合数学相邻数的玩法，这对于部分幼儿来说有一些挑战性。豆豆宣布了游戏玩法和规则："十个人为一组，在我们衣服上贴一个编号，围成圆圈坐下，将歌词改成'轻轻地放在小朋友的前面'，选一个人丢手绢。大家都要闭着眼睛唱丢手绢的歌曲，当歌曲唱完后，谁的前面有手绢，则要说一句'××的相邻数'，则那个数的相邻的两个数的小朋友则要一起去追丢手绢的小朋友。"

在游戏的时候，霏霏说："老师，这个游戏太好玩了，非常有挑战性。"

宸宸拍着胸脯说："相邻数我都会。"

接着他们都想自己丢手绢，那怎么来决定丢手绢的人呢？悦悦那一组的幼儿用"石头剪刀布"的方式来决定谁是丢手绢的那个人。只见他们开始"石头剪刀布"了，最后胜利的是诗诗，轩轩说："用这样的方法比较公平，其他人就没有意见了。"

图 196　在衣服上贴编号进行丢手绳游戏　　图 197　用"石头剪刀布"来决定丢手绢的人

★ **我们的思考与支持**

幼儿对于这个创新玩法具有浓厚的兴趣，可能和之前的户外游戏有一定的区别。这次的游戏加上了数学相邻数的相关知识，最近班上正好也在学习相邻数，幼儿在玩游戏的同时也可以展现自己掌握的相邻数知识，很多幼儿都很愿意参与。在玩的过程中，我们还是会发现有些幼儿对相邻数掌握得不好，导致游戏无法进行。由于这个游戏规则具有一定的挑战性，所以在后期游戏的设定上，教师可以针对不同能力的幼儿进行引导调整，对于能力薄弱的幼儿可以降低游戏难度，并鼓励幼儿创新游戏玩法。

三、民间游戏感悟

(一)重视家园共育，提升幼儿游戏参与度

在"丢手绢"这一民间游戏中，幼儿通过亲身实践与创新体验，充分享受到了游戏的乐趣，这也正契合《3~6岁儿童学习与发展指南》所提倡的理念，即通过开展多元丰富的户外游戏和体育活动，培养幼儿参与体育活动的兴趣与习惯，强化他们的体质，提升他们对环境的适应能力。当我觉察到幼儿对丢手绢游戏产生好奇时，便敏锐捕捉到了这个教育良机，利用家园共育的方式，创新"丢手绢"游戏的玩法，使幼儿在享受游戏的过程中，不仅能接触到我国优秀的传统文化，还能够锻炼其自主创新能力。

(二)追随创新路径，激活幼儿游戏主体性

在"丢手绢"游戏中，教师明确以幼儿为中心的游戏创新目标，在实际操作中紧密跟随幼儿的行动与反馈。通过细致观察幼儿在游戏中展现的主动性与独特见解，适时地给予引导，助力幼儿从原有的游戏模式中跳脱出来。幼儿们积极参与游戏规则的改革与创新，如增加丢手绢人数和改变绕圈数，直观体现了幼儿对游戏目标的明确认识和实施策略。同时，幼儿们还巧妙地将现代游戏理念如"动物走路"、数学知识"相邻数"等融入传统游戏中，展现出高度的领域融合与游戏体验追求。

(三)灵活调整规则，抓住幼儿游戏真兴趣

在"丢手绢"游戏的实践中，幼儿会重视游戏规则的动态调整与完善，特

别是在游戏玩法发生变化或幼儿在游戏中发现原有规则存在的问题时，幼儿会立即采取措施调整规则，如从一人丢手绢逐步过渡到多人、多圈丢手绢的玩法，确保游戏规则既能反映幼儿的实际需求，又能保持公平竞争和持续参与的兴趣。同时，幼儿在游戏中将丢手绢与"小动物走路"、数字游戏相结合，是对传统游戏玩法的实质性突破，表明他们具备了根据个人兴趣和认知需求创新游戏玩法的能力。幼儿自发的兴趣是其探究的动力，真兴趣能引发幼儿持久探索，能创造有意义、有教育价值的学习经验。在整个过程中，我重视引导幼儿在收集和应用游戏材料时利用创新思维，鼓励他们借鉴日常生活经验，从而进一步激发自身思维潜力和游戏自主性，使"丢手绢"游戏更具趣味性。

（案例撰写教师：徐翠翠）

"老狼"来啦！
——"老狼老狼几点钟"民间游戏案例

一、民间游戏缘起

"老狼老狼几点钟"来源于中国古代的动物传说故事。相传，有一只凶狠的老狼经常潜伏在村庄外的林子里，等待着捕捉夜晚不小心走出家门的幼儿。为了提醒幼儿注意安全，村里的长辈们就把"老狼老狼几点了"编成儿歌警示幼儿们不要在夜晚外出，现在演变成为一项幼儿喜爱的民间游戏。

当我给幼儿讲述了《狼和小羊》的故事后，发现幼儿模仿起故事中的角色，开始兴奋地追逐、躲闪，仿佛自己就是那勇敢的"小羊"或是狡猾的"老狼"。这启发了我，为何不让幼儿在游戏中进一步体验这个故事呢？于是，我带着大家一起玩这个游戏。大家通过扮演"老狼"和"小羊"的角色，在互动和追逐中，学习如何观察、分析和判断，提高规则意识和身体协调能力，发展想象力和创造力，民间游戏"老狼老狼几点钟"便在班里展开了。

二、民间游戏实录

（一）初识民间游戏

图198 "黑白配"选出"老狼"

★ **谁来当老狼**

在了解游戏的基本玩法之后，幼儿开始寻找小伙伴。这一组五名幼儿聚在一起，婷婷说："我来当老狼。"希希马上抢着说："我来，我来，我来当狼。"优优大声说："我也想当。"希希疑惑地说："这么多人想当老狼，怎么办？"回回提议道："石头剪刀布最公平。""不行，石头剪刀布只能两个人，但是我们有三个人。"婷婷举起手说："我知道，我们可以用黑白配。"优优一听，赞同道："对，我们可以用黑白配。"于是，三人用"黑白配"选出了优优，让他成为老狼。

🌱 制作头饰

乐乐看了看正在游戏的几个人，从筐子里拿出了狼头饰戴上。依依看到乐乐的头饰也想要："可以给我戴一下吗？"乐乐点点头，取下头饰给依依。结束游戏后，文文问乐乐："你有小羊头饰吗？"乐乐说："没有小羊头饰。"文文想了想，跑进活动室拿出了纸和彩笔，趴在柜子

图199 自制头饰玩游戏

上画着图。不一会儿，她就跑到乐乐面前，高兴地说："你看我画的小羊!"乐乐看后，赶紧从一旁的筐子里拿出龙头饰递给文文说："可以放在这上面。"文文试了几次，但是纸总是掉下来，乐乐又去取了固体胶帮她将纸粘了起来，纸果然再也没有掉了。依依看到后也想要，文文给她也做了一个小羊头饰。三人戴着头饰玩着"老狼老狼几点钟"的游戏，吸引了不少人。

🌟 我们的思考与支持

在初次体验游戏的过程中，幼儿普遍表现出了积极的态度，结合自身的游戏经验决定选择出"老狼"的好方法。当出现大家都想当"老狼"的问题时，他们很快地想到了用"石头剪刀布"来解决，但是在分析了人数与游戏之间的关系后，幼儿们发现"石头剪刀布"比较适合两人游戏，而"黑白配"游戏更适合多人游戏，最终大家选择以"黑白配"的方式决定当"老狼"的人。

由于"老狼"的报时是没有规律的，"小羊"需要时刻保持警惕。游戏进行时，每位参与者能集中注意力，认真倾听后作出正确的反应。头饰的出现，更加吸引了幼儿的兴趣，从而开始了一系列行动，即想要头饰—制作头饰—完善头饰—完成制作，这个过程中幼儿有独立思考和合作的意识。当戴上喜欢的头饰，幼儿会更清楚自己的游戏角色，积极参与游戏中，从而提高自身的自信心和自我认知度。

图200　再次体验游戏

（二）再探民间游戏

　　通过"黑白配"游戏，阳阳成为了本轮游戏中的"老狼"。"小羊"手拉手，相互间邀请道："快来呀，我们一起玩！"阳阳说："我是老狼，你们是小羊。"说完就跑到前面去背对着"小羊"。"小羊"看到"老狼"已经准备好了，便开始了游戏："老狼老狼几点钟?"阳阳小声说："3点钟。""小羊"没有听到，站在原地又问了一遍。阳阳大声地说："3点钟。"这次"小羊"听到了，开始迈出步伐，紧张又兴奋地往前走了三步后停下来。"小羊"重复提问，阳阳则模仿着老狼低沉的声音突然大喊："开饭啦!"，整个场面瞬间沸腾起来！"小羊"尖叫着、笑着，开始四处逃窜。有的"小羊"选择直线冲刺，很快就回到了安全的"家"；有的则像是迷路的小鹿，左冲右撞；还有的一边跑一边偷偷回头看，那既想逃跑又想看看"老狼"追上来的小表情，简直太可爱了！最后阳阳抓到了萱萱，萱萱成为新一轮的"老狼"，继续游戏。

★ 我们的思考与支持

　　再次进行游戏，幼儿已经能够熟练地利用"黑白配"来决定"老狼"角色的扮演者，靠近"老狼"的动作有小步走、有大步跨以及在躲避时快速跑，"老狼"和"小羊"间的"一问一答"，需要幼儿集中注意力，并按数走路，这有利于幼儿掌握数字和步数之间的对应关系。在游戏过程中，"小羊"从陆续提问到统一提问，"老狼"从刚开始的小声回答逐步能大声回答，让"小羊"清楚地听到，能够看出幼儿发现问题后及时作出了调整。在奔跑的过程中，我没有干涉幼儿，而是在旁边观察，不仅观察幼儿的游戏状态，还会关注他们的安全，必要时及时提醒，避免出现相互碰撞的情况。

(三)创新民间游戏

多狼抓羊

奇奇玩了几轮游戏都没有抓到一只小羊,他有些难过地说:"我不想当老狼了,我抓不到你们。"涵涵说:"那我来,我想当老狼!"涵涵在当"老狼"的几轮游戏中,没有抓到小羊。这时萌萌提议:"两只老狼一起抓是不是更容易呢?"萌萌邀请涵涵一起当"老狼",涵涵问:"两只老狼怎么玩?"几人又安静地思考起来,我走过去问:"老狼说十二点或者被小羊拍到才能转身抓小羊,那怎么样让两只老狼都去抓呢?"奇奇反应很快地说:"也可以说十二点,老狼说十二点之后都去抓小羊。"我点点头,看向其他的幼儿问:"嗯,你很会利用规则,还有吗?"轩轩说:"那两只小羊是不是也可以一起拍两只老狼?"我应声说道:"是个不错的主意,你们可以试一试。"

图 201　两只"老狼"抓"羊"　　　　图 202　三只"老狼"抓"羊"

于是,有两只老狼的游戏开始了。"小羊"开始提问,萌萌和涵涵同时回答,萌萌说:"一点钟。"涵涵说:"三点钟。""小羊"听了,有的站着不动,有的走了一步,有的走了三步。球球问:"到底是几点钟呀?"萌萌看了一眼涵涵说:"你来说吧!"涵涵马上说:"三点钟。""小羊"这才开始走,走完继续问:"老狼老狼几点钟?"两只老狼你看我,我看你,涵涵指了指萌萌,萌萌点点头回答:"五点钟。""小羊"们向前走了五步,轩轩把萌萌和涵涵的后背都拍了一下，然后赶快向后跑，萌萌转身速度很快，没跑几步就抓住了奇奇。涵涵也过来，高兴地跳着喊："抓到啦，抓到啦!"奇奇赶紧跑到前面站好，萌萌惊讶地大声说："现在有三只老狼，两只小羊，这怎么玩?"涵涵也说："我们也不能三个人同时拍到啊。"奇奇说："那被拍到的两个人就去抓羊。"朵朵点点头，紧接着说："说十二点也可以。"奇奇听了说："对，还可以说十二点。"又继续对萌萌和涵涵说："涵涵你来说时间，我跟萌萌跑得快，我们两个去抓羊；或者你说十二点，我们一起去抓。"

三只狼的游戏开始了。"小羊"听着数字朝前走着，在快要接近小羊的时候，涵涵突然说了一句："十二点钟。""老狼"开始进行追捕，所有的"小羊"往"家"跑，球球被奇奇抓住了，轩轩开心地说："我胜利了! 你们抓不到我。"

✦ 我们的思考与支持

当出现"老狼"无法抓住"小羊"的情况时，幼儿提出了可以有两只"老狼"的建议，创新出"多狼抓羊"的游戏玩法。面对"老狼"人数的改变，结合扮演"老狼"需要遵守的规则，他们开始有针对性地对同伴进行任务分配，例如跑得慢的幼儿负责说时间，跑得快的幼儿负责抓羊，在这种情况之下展示出了中班幼儿的合作能力。

当幼儿在游戏时遇到困难，我适时介入，针对游戏的玩法和规则的变化对他们进行引导，激发思考，肯定他们的想法并鼓励他们尝试用新玩法进行游戏。

✦ 赶走老狼

我从宸宸旁经过，正在画画的他抬头看了我一眼，开心地拿起画纸说："老师你看，这个是我玩'老狼老狼几点钟'的游戏，老狼在这里，这些都是小羊，这个枪可以打死老狼。"我问："为什么要打死他呢?"宸宸说："这样就可以保护小羊了呀。"我继续问："还可以怎么保护小羊呢?"一旁的小希说："我知道，可以用木板。"说着就开始比画动作。元元摇手说："不能用木板，木板很重，打到别人会很疼，还容易受伤。"
元元说："早上玩的抛接球行吗？"宸宸
说："这个可以，这个我试过，打到身上
不疼。"小希补充说："那还有沙包，沙包
很轻也不疼，拿在手上很方便。"三人"你
一言我一语"地说着。讨论结束后，我
问："小羊在什么时候用这些武器保护自
己呢？"小希认为直接拿在手上，元元认

图 203 "小羊"击赶"老狼"

为要放在安全区，"小羊"跑回家才能拿，宸宸同意元元的想法。

三个孩子到收纳盒里拿了一些沙包和小球，开始玩起了"老狼老狼几点钟"的游戏。没一会儿，只见快速跑回家的"小羊"元元和小希，拿起"武器"就向"老狼"宸宸扔去，宸宸左右闪躲，但还是被"击中"了。

✶ 我们的思考与支持

通过表征的方式，幼儿表达了自己对游戏的想法。我便抛出了"还可以怎么保护小羊"的问题，引发他们进一步思考。他们结合自己的游戏经验、生活经验，总结出了材料需要具备安全性和便携性，并商量出将材料放在安全区，"小羊"回"家"后才能取用这一游戏规则。在新游戏元素的加入下，游戏内容逐渐丰富，现有材料与传统游戏的结合增加了游戏体验感和成就感。

三、民间游戏感悟

民间游戏寓教于乐，让幼儿在欢乐的氛围中得到全面发展。在游戏中，幼儿能自主选择角色，制定规则，在遇到问题时能主动思考并找到解决方案。例如，在面对"多人争当老狼"的问题时，他们通过"黑白配"的游戏方式公平地选出了老狼；当发现"一只老狼抓小羊"太难时，他们想到了"两只老狼一起抓"的办法；而在有"三只老狼"的情况下，他们又提出了"被拍到的两只老狼去抓羊"或者"十二点一起抓"的创意。这种自主探索和创造的精神，让我看到了他们的无限潜力，也让我惊叹"幼儿真是天生的游戏高手"。

在游戏中，幼儿也学会了团队合作和相互尊重，他们能够愉快地交流、协商，共同完成游戏任务。当有幼儿不想当老狼时，其他幼儿会给予理解和支持，并主动提供帮助。这种和谐的氛围让我感到非常欣慰。我也认识到教师在教育中的角色不仅仅是观察者，更是引导者和推动者，我们需要给予幼儿足够的自由和空间，让他们在游戏中尽情发挥，同时我们也要适时给予幼儿引导和启发，帮助他们更好地成长。

（案例撰写教师：李珺清）

快乐贴烧饼

——"贴烧饼"民间游戏案例

一、民间游戏缘起

"贴烧饼"是民间游戏中最喜闻乐见也是最广为流传的游戏之一。它在不同地域和不同民族都有存在，只是名称和形式有所不同。如"贴烧饼"在陕西等地也被叫作"贴膏药"，这是一项传统的民间游戏，通常由多名幼儿围成一个大圆圈，每人之间间隔一人宽的距离。另请两名幼儿在圈外，一人跑另一人追。跑的人在跑的过程中任意选择一名圆圈上的幼儿站在他的前面。这名圆圈上的幼儿就要立刻沿着圆圈外跑起来，争取不被追的人抓到。"贴烧饼"可以锻炼幼儿快速反应的能力，也能让幼儿体验追逐跑游戏的快乐。

经过了小班学习，幼儿已经对"老狼老狼几点了""丢手绢"等追逐跑的游戏规则以及基本玩法都有了一定的游戏经验。《3~6岁儿童学习与发展指南》提出"4~5岁幼儿能与他人玩追逐、躲闪跑的游戏"。对于教师而言，"贴烧饼"游戏不仅能锻炼幼儿的身体发展，提高幼儿奔跑的灵敏性和协调性，同时也能引发幼儿进行思考，创造不同玩法并与同伴体验共同游戏的乐趣。于是，我们的快乐"贴烧饼"游戏如火如荼地展开了。

二、民间游戏实录

(一)初识民间游戏

★ 大家来追逐跑

户外活动时间中，幼儿在活动区跑来跑去，通过几天的观察和了解我得知，他们是在做追逐游戏，但是幼儿的追逐往往是无序的，且容易发生争执。

今天，花花和岚岚似乎对这种简单的追逐游戏并不满意，因此他们联合其他幼儿一起讨论新的游戏形式，经过一阵激烈的讨论之后，幼儿似乎找到了追逐游戏的新玩法，于是他们在活动区内继续追逐着。

⭐ "贴烧饼"怎么玩？

在进行户外游戏时，幼儿聚集在活动区内追逐玩耍。多多跑得气喘吁吁，这时他对我说："我们游戏的区域太大了，我每次做游戏都会跑得很累，老师有什么办法吗？"我说："你和小朋友想想我们之前玩过的户外追逐游戏——贴烧饼。"于是多多把活动区内的幼儿集中起来，讨论要不要玩贴烧饼的游戏。幼儿纷纷表示赞同。这时我便邀请多多分享了"贴烧饼"的游戏规则。

图 204　讨论是否要玩贴烧饼游戏

图 205　举手表决

游戏正式开始了，幼儿井然有序地围成一个大圆圈，每人之间保持着适当的距离。在幼儿热烈参与和积极投票下，第一轮游戏由闹闹担任"奔跑者"，皮皮担任"追逐者"。随着游戏信号的发出，闹闹迅速开始在圆圈内奔跑，而皮皮则紧随其后，努力追逐。在跑动的过程中，闹闹灵活地观察着圆圈上的每一位幼儿，并在某个合适的时机选择了其中一名幼儿，迅速站在他的前面。被选中的这名幼儿需要立即作出反应，沿着圆圈外侧开始奔跑，试图避免被追逐者皮皮抓住。游戏继续进行着，幼儿表现得非常积极，玩得也非常开心。

我们的思考与支持

在游戏的过程中，我敏锐地捕捉幼儿的行为表现，根据他们的需求和兴趣及实际情况，调整游戏的难度和深度，使得游戏更加有趣且富有挑战性。幼儿从随意玩到有规则地玩，我及时地介入其中，对"贴烧饼"游戏的顺利进行至关重要。我在引入游戏时，巧妙地引导幼儿，帮助幼儿理解游戏规则，提供必要的游戏材料和环境，如音乐以及安全的游戏空间。还为幼儿提供游戏策略和技巧，如：如何进行"贴烧饼"以及如何在游戏中与其他幼儿合作。这些支持可以帮助幼儿更好地掌握游戏技能，增强幼儿的自信心和合作意识，并在游戏中给予幼儿及时的反馈和鼓励，鼓励幼儿更好地参与游戏。

（二）再探民间游戏

没有人来贴我？

今天，在操场上，幼儿有序地进行着"贴烧饼"游戏，每个人都沉浸在游戏的乐趣中。然而雯雯有些闷闷不乐，她小声地嘟囔着："我一次还没被贴呢，这个游戏好像有点没意思。"听到雯雯的话，一旁的俊俊也附和道："是啊，我也是，还没体验到被贴的感觉呢。"

图 206　幼儿讨论游戏感受

此时，我也发现有些等待的幼儿面露倦意，而追逐者也已经累得满头大汗，我趁机对幼儿说："要不然大家中途休息一下吧!"幼儿说："好!"于是我们席地而坐。借此机会，我向幼儿抛出了一个新的问题："刚才有的小朋友说好几圈都没有人贴他，等得都很无聊了，怎么办呢?"问题一抛出，幼儿立刻意识到了之前游戏中存在的不足之处。他们开始积极地参与讨论，你一言我一语地提出了各种建议。经过一番热烈的讨论,大家最终达成了一个共识,为了确保每位幼儿都能参与游戏,大家决定设定一个新规则——在一圈之内,追逐者必须成功"贴"到一名等待的幼儿。

✦ 新的"贴烧饼"

新的"贴烧饼"游戏开始了。轩轩对大家说:"我们可不可以绕着圈轮流玩贴人游戏?"安安立马摇头说:"不行,如果我们轮流贴,那很容易被抓住了。"赫赫站起来说:"那我们每个人只能贴一次,贴过的就不能再贴了,看这样行吗?"睿睿说:"嗯嗯,我觉得可以,不能总是贴一个人,这样其他人总是没有机会。"然然也点头说:"我同意,被追的人跑一圈就要贴,不能一直跑圈,那样就不用等那么长时间了。"于是大家纷纷举手同意,重新制定了游戏规则,休息片刻,游戏继续……

✦ 我们的思考与支持

针对幼儿在游戏过程中发现的问题,我及时介入,引导幼儿梳理了产生问题的原因,幼儿集思广益制定了新的游戏规则:一圈之内必须贴人。我的支持不仅帮助他们解决了游戏中的小问题,还促进了他们认知和社交技能的发展。在新的规则下,幼儿需要记住"贴烧饼"的顺序和位置,更加仔细观察其他幼儿的行为和表情,以便作出更快速的反应。同时,这也促使他们在游戏中与其他幼儿进行更多的交流和合作。我的引导和反馈也适时帮助幼儿发展了记忆力、观察力、沟通能力和合作能力,从而提高幼儿的游戏兴趣,丰富了幼儿的游戏经验。

(三)创新民间游戏

✦ 双层贴烧饼

在游戏时,安安抱着然然说:"我想和然然站一起。"轩轩听后也说:"我想和乐乐站一起。"于是幼儿站成了两层圈,安安和睿睿在圈圈内追跑,就这样"双层贴烧饼"游戏应运而生。安安跑着跑着就站在了然然的前面,安安立刻就跑了起来，睿睿则追了过来。

在尝试新游戏玩法时，很多幼儿还对规则不太清楚。雯雯主动站出来，为大家详细示范了游戏的玩法。在雯雯的示范和带领下，幼儿很快就掌握了新的游戏规则，并且越玩越起劲。第二天，安安说："今天我还是想和然然一起。"多多说："我也想和

图207 幼儿玩双层烧饼

我的好朋友站一起。"于是，幼儿再次站成了两层圆圈的队形。一一说："我今天想来追。"赫赫说："那你追我吧。"游戏由此开始，赫赫在圈里面跑，一一在圈外面追。赫赫跑了几圈后贴在了佳佳和程程的前面。佳佳和程程两人同时跑起来。一一说："你们两个人跑，我怎么追呀。"花花说："那我来帮你追吧！"于是游戏变成了两个人跑，两个人追。

2. 烧饼奔跑吧

图208 用烧饼画贴烧饼

"贴烧饼"游戏进行了一段时间，幼儿对"双层贴烧饼"游戏规则渐渐熟悉后，游戏进程停滞了，很多幼儿跑去玩其他的玩具材料了。观察到这个情况后，我在幼儿面前出示了一个可以贴的烧饼画并向他们提问："你们觉得这个可以怎么玩？"一一拿着烧饼画说："我可以用它来贴小朋友，贴在谁

的身上，谁就跑。"多多说："那我来追。"于是幼儿站成了一个大圈，一一在前面跑，多多在后面追。一一跑着跑着就跑到了岚岚身边，把烧饼贴在了岚岚的身上。岚岚立刻跑了起来。多多一下追上了岚岚，并把岚岚身上的烧饼画给撕了下来。然后岚岚反过来追着多多跑，多多把烧饼画贴在了安安身上。岚岚开始追着安安跑，游戏就这样继续了下去，幼儿玩得不亦乐乎。

图209 幼儿愉快地玩贴烧饼游戏

图210 幼儿在贴烧饼游戏中你追我赶

★ 我们的思考与支持

在游戏开展的过程中，我以观察者、引导者的角色时刻关注着幼儿的行为和表现，敏锐地捕捉他们的兴趣和需求，为幼儿提供合适的材料和资源。同时，我还以平等的态度与幼儿交流，鼓励他们表达自己的想法和感受，充分尊重幼儿的个性和意愿。在游戏中，幼儿展现出来的创造力、想象力总是那么让人出乎意料，他们能针对抛出的问题进行积极思考，并及时给予回应，说明中班幼儿的游戏经验有所提升。特别是——和多多两名幼儿思维能力很强，在出现问题时能积极地思考，运用平时的游戏经验，通过自己的探索，将游戏不断创新、升级，从而获得游戏的乐趣和满足感。

三、民间游戏感悟

"贴烧饼"是一个非常传统的民间游戏，能进一步加强幼儿的规则意识和同伴之间的团结协作意识，并体验到与同伴共同合作游戏的乐趣，能够体会没有办法参与游戏的同伴的感受，从而一起想办法，这让我看到了幼儿的集体意识和与同伴之间友好相处、互相关心的情感。

首先，在游戏中，幼儿需要围成一个大圆圈，跑动、追逐、躲闪，这些动作无疑有助于增强幼儿的体质，提高幼儿的运动能力。特别是在当前电子产品充斥的时代，幼儿普遍缺乏户外活动，"贴烧饼"游戏有效地填补了这个空缺，让幼儿在快乐中得到锻炼。

其次，"贴烧饼"游戏培养了幼儿的团队协作精神。在游戏中，幼儿需要相互配合，紧密协作，共同完成任务。这使得幼儿在游戏中能充分体验到团队的力量，明白团结协作的重要性。此外，游戏中还会产生一些矛盾和摩擦，幼儿需要在面对问题时学会沟通、妥协和理解，这对幼儿日后发展人际交往能力有很大的帮助。

再次，贴烧饼游戏锻炼了幼儿的应变能力。在游戏中，跑的人需要随时选择一名圆圈上的幼儿站在他的前面，而被选择的幼儿则需要立刻沿着圆圈外跑起来，不被追的人抓到。这种瞬息万变的游戏环境，使得幼儿在游戏中不断面临挑战，能学会快速反应、果断抉择，这对他们日后面对生活和学习中的困难有着积极的借鉴作用。

复次，贴烧饼游戏还培养了幼儿的规则意识。在游戏中，幼儿需要遵守一定的规则，如每人之间间隔一人宽距离，跑的人在跑的过程中不能穿过圆圈等。这些规则使得幼儿在游戏中学会了自律，明白了规则的重要性。

最后，"贴烧饼"游戏是一种非常有趣的活动，由于开展的时间不太长，目前所呈现出来的新玩法较为片面。在后期的民间游戏玩法中，我还需要继续以支持者、合作者、观察者和引导者的身份，鼓励幼儿在"贴烧饼"游戏中持续创新出不一样的玩法，如：加入一些新材料，让体育器械(轮胎、彩带、钻桶等)与"贴烧饼"进行融合；改变活动场地，将多人玩的"贴烧饼"游戏与室内"丢手绢"游戏相融合，让幼儿体验追逐跑的同时，还能充分调动自己的观察力、思维力等以获得游戏胜利。环境或材料的改变能进一步激发幼儿在活动中大胆创新、积极思考，促进幼儿之间相互配合，协调自己的动作，以保证游戏的顺利进行。

"贴烧饼"游戏让幼儿感受到了民族文化的魅力，他们在玩的过程中专注、认真、投入，洋溢着新奇、热情、喜悦和坚持！其中蕴含的丰富教育价值，是幼儿园教育中值得挖掘的资源宝库，让他们在游戏中快乐成长吧！

(案例撰写教师：郭萍)

椅子保卫战
——"抢椅子"民间游戏案例

一、民间游戏缘起

生活活动中，幼儿把椅子搬到活动室，然后奔向了饮水区，待他们去喝完水回来坐下来时，一阵争吵声在活动室响起："这把椅子是我的。""我先拿到这个椅子的。""我的椅子后面有贴纸。"两名幼儿拿着同一张椅子僵持着。接下去的几天都有"抢贴纸椅子"的事件发生……

欣欣说："我们轮流坐这把椅子，今天你坐，明天他坐。"但是这个办法并没有奏效，争抢仍继续着……经过师幼的深入讨论，我们结合民间游戏"抢椅子"开展了本系列游戏活动——椅子保卫战。

游戏开始前，我们一起学习了"抢椅子"游戏的基本规则。十名幼儿为一组，活动室中间放九把小椅子，教师说开始后，其他幼儿一起随着音乐打节奏，中间的十名幼儿便按节奏开始走，当音乐停下来的时候，抢到椅子就坐下来。没抢到的幼儿就要被淘汰出局，直到选出最后的冠军。随着"椅子保卫战"系列游戏活动的不断推进，幼儿的玩法也不断带给我们新的惊喜。

二、民间游戏实录

(一)初识民间游戏

❋ 椅子游戏多又多

面对眼前的小椅子，幼儿都有自己的游戏想法，嘟嘟说："我们可以把椅子摆成圆形、长条形，像玩独木桥游戏一样。"倩倩说："我们可以把椅子倒过来放，可以玩钻山洞的游戏。"听到这么多椅子游戏的玩法，我提出对于教室的空间过于狭小的担忧，为了安全，我们将椅子搬到空旷的操场上进行游戏。在强调了安全游戏的规则后，我便让幼儿自行创造和感受多样的椅子游戏。

这天，婷婷和桐桐抢到了同一把椅子，都说是自己先抢到这把椅子的，不肯谦让对方。沟通后，双方依旧不想把椅子让出来。于是，我便提出利用"抢椅子"的传统游戏规则化解他们之间的小矛盾，得到了幼儿的同意。我将椅子放在正中间，让婷婷和桐桐跟随音乐围着板凳走，当音乐停止时，坐到板凳的幼儿即为胜者。

图211 利用抢椅子游戏解决矛盾

游戏时间中，幼儿在活动室里面围着椅子转来转去。乐乐跑过来跟我说："老师，我想要玩抢椅子的游戏。"一旁的花花和多多也表示想玩，我随即跟他们详细讲解了"抢椅子"的游戏规则和玩法，"抢椅子"游戏持续进行着……

★ 我们的思考与支持

现在的幼儿活动对民间游戏的渗透较少，而"抢椅子"游戏第一次让幼儿意识到，游戏不仅可以拿来娱乐，也可以解决生活中出现的一些小矛盾。当出现幼儿抢椅子的教育契机时，我通过"抢椅子"的游戏，化解了他们之间的矛盾，引导他们在矛盾中解决问题，在解决问题中成长。在"抢椅子"的冲突中，我也欣喜地看到了幼儿的进步，一起讨论、探索解决问题的方法，一同感知他们成长的变化。游戏源于生活，幼儿原来也可以用平时一件不起眼的物品玩出不一样的游戏。

(二)再探民间游戏

✦ 椅子争夺战

一声令下，幼儿围着椅子朝着同一个方向转圈，其他幼儿都在尽兴地跑着。这时晨晨一直边跑边往后看，一脸害怕的样子，我看到后鼓励他道："晨晨，加油！你做得很棒！快跟上队伍往前跑。"晨晨听到我的鼓励后，加快了行进的脚步，表现得不再那么胆怯。当音乐停下来的时候，晨晨迅速抢到一把小椅子并赶快坐下。游戏进行到尾声时，就剩下晨晨和小文两名幼儿，当音乐再次响起时，两个人边跑边盯着最后一把小椅子，摆出一种"你不让我，我不让你"的架势……音乐停止，晨晨提前一步抢坐在小椅子上，获得本次游戏的胜利，他高兴得跳了起来！

图212　椅子争夺战　　　　图213　认真听口令

第二轮游戏进行得热火朝天，最后就剩下涵涵、童童和糖糖三名幼儿。只见糖糖一到椅子旁边便放慢脚步，手轻轻地靠近椅子背，等到音乐停止的时候，便立刻抽动椅子，走到椅子前坐下。等到把涵涵淘汰，就剩下糖糖和童童时，糖糖会时不时地看看我，看我什么时候关掉音乐，随时作好抢椅子的准备。

我们的思考与支持

"抢椅子"的游戏激发了幼儿的胜负欲，在游戏中获得胜利让缺乏自信的幼儿增强了自信心。"抢椅子"游戏不仅能够不断发展幼儿的反应能力和身体灵活性，增加师幼、幼幼之间的感情，还培养了幼儿的竞争意识，能进一步探索游戏的各样玩法，同时也感受到了"抢椅子"游戏所带来的快乐。

在日常教学中，我时常会发现有很多幼儿没有足够自信，比如会表现出不敢大胆说出自己的想法，不敢在同伴面前展示自己等行为，通过"抢椅子"游戏，我们可以鼓励幼儿找到自信、增强自信，这是一个非常好的途径。而对于中班幼儿来说，其身体动作的灵活度也有了进一步的提高，利用幼儿能够接受并喜欢的游戏，帮助他们发展自身的反应能力，非常贴合中班幼儿年龄特征。

（三）创新民间游戏

不一样的抢椅子

今天玩了一轮"抢椅子"游戏后，小米说："老师，我觉得一局的时间好长啊，我都感觉有点累了。"听到小米的声音，其他幼儿也附和道："我也累了。"

图 214　变换规则玩游戏　　　　图 215　难度再升级

我说:"那我们一起来商量一下,这个抢椅子的游戏能不能换个规则或者方式呢?"盼盼说:"可能是因为我们的人太多了,如果玩游戏的时候没有这么多人就好了。"花花说:"那我们可以分组,这样的话是不是人就少很多了。"在充分听取了幼儿的意见后,我们决定对"抢椅子"游戏的玩家进行分组,并让幼儿自行选择是同时进行游戏,还是采取轮流的方式进行。为了确保每位幼儿都有足够的休息时间和参与机会,我们最终决定采取分组轮流的方式来进行"抢椅子"游戏。这样既能让幼儿充分体验到游戏的乐趣,又能够合理地分配活动时间。

图 216　做动作抢椅子

团团和妍妍在教室里用一把椅子进行"抢椅子"游戏,而且好像还自说自话。我走过去问他们:"你们是在玩抢椅子的游戏吗?"她们开心地说:"是的。"我了解到,原来她们在熟悉传统"抢椅子"游戏的基础上,探索出了不一样的玩法——做动作抢椅子。两人为一组,每一组幼儿抢夺一把椅子,幼儿根据他人的口令做相关的动作,当听到抢椅子的口令时,幼儿以最快的速度坐到椅子上,谁先坐到椅子谁就胜利。全班幼儿对这样的新规则产生了极大的兴趣,在团团和妍妍的示范下,大家采取新的"抢椅子"玩法进行游戏。

"加油!加油!"在一阵阵激烈的加油声中,我看到有两组幼儿在地上摆好了障碍物,路线尽头有一把椅子,两组队员都在奋力地越过脚下的障碍物到达终点,坐上椅子,取得胜利。我默默走到游戏场地,观察着正在起点准备出发的多多。多多一听到裁判员乐乐的口令,便出发了,在比赛的过程中,他还不忘看看对手花花到哪里了,生怕自己落后。经过激烈的竞争,多多终于取得了胜利,其他的幼儿也为获胜的多多感到高兴,而失败的花花也不气馁,又继续参与下一轮游戏中去了。

✦ 我们的思考与支持

　　对于有丰富经验的幼儿而言，重复、简单的游戏规则已难以满足他们日益增长的探索欲望。在游戏的过程中，不同幼儿的创造力和表现力逐渐显现出差异。他们开始主动提出创新的玩法，如将绕障碍物与"抢椅子"游戏相融合，不仅丰富了游戏规则，也为游戏增添了新的挑战。这种对新玩法的探索正是他们迎接挑战、渴望学习的表现。通过不断尝试新的游戏方式，幼儿对"抢椅子"游戏的探索积极性得到了显著提升，他们的创造力和团队合作精神得到了激发。

　　在整个游戏的过程中，时常有幼儿提出新的游戏想法，我及时引导幼儿改变游戏的规则，在老游戏的基础上设计出新玩法，既保留了"抢"这一竞争的形式，又避免了幼儿在游戏中被淘汰的遗憾，也解决了在游戏中人多位子少的问题，不断增强他们团结、协作的意识。

三、民间游戏感悟

　　《3~6岁儿童学习与发展指南》指出：幼儿阶段是儿童身体发育和机能发展极为迅速的时期，要利用多种活动发展他们的身体平衡和协调能力。"抢椅子"游戏是我国传统民间游戏中流传非常广泛的一个游戏，它不受时间、地点、人数的限制，操作性强，能够不断发展幼儿身体的反应能力和灵活度。

　　游戏是幼儿的基本活动方式，也是其天性的体现。而创造游戏是幼儿的本能，为了增强游戏的趣味性和持久性，我逐步引导他们在原有游戏的基础上进行了一些创新，注入一些新的元素，将一种游戏演变出多种玩法，让"抢椅子"游戏更丰富、更好玩、更能调动起幼儿的兴趣。

　　在游戏环节上，我采用了由易到难递进的方式。从"花样玩椅子"到"抢椅子"传统玩法再到创新抢椅子玩法，每一轮的游戏在规则和难度上各有不同，满足了幼儿不同的动作发展需要，提高了游戏的质量。

　　从整个游戏过程来看，他们的情绪高涨，积极投入。该游戏不仅发展了幼儿的走、跑、跳等基本动作，提高了动作的灵敏性和协调性，同时也锻炼了他们的平衡能力和快速反应能力。反复的游戏让幼儿不断积累了游戏经验，获得胜利的概率不断增加，也让他们的自信心得到了增强，感受到游戏的快乐与成就感。

"抢椅子"游戏对幼儿来说，并不只是简单的竞技游戏，更是一种成长的信号，还是一种对社会规则的探索。在不断地探索中，他们积极开动脑筋，发挥想象力，想出了很多稀奇古怪的玩法，他们乐在其中，充满成就感！童年只有一次，成长无法重来，愿我们都能见证幼儿成长路上的每一个脚步，收获幼儿脸上的每一个笑容。

（案例撰写教师：向蕊）

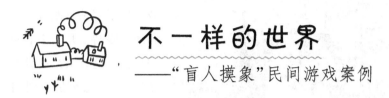

不一样的世界
——"盲人摸象"民间游戏案例

一、民间游戏缘起

在一次阅读分享活动中，妮妮带来了一本故事书《盲人摸象》。这个蕴含哲理的寓言故事很快吸引了班上众多幼儿的注意，故事中盲人通过触摸大象不同部位得到对大象截然不同的认识，引发了幼儿无尽的好奇与思考。

基于幼儿对《盲人摸象》故事的喜爱，我设计了一个特别的游戏活动，模拟"盲人摸象"的互动游戏。在游戏环节中，幼儿可以尝试蒙住眼睛前行，感受未知与挑战，这样既有助于锻炼他们的身体协调性和空间定位能力，又能在欢乐的躲闪和追逐游戏中提高反应力。"盲人摸象"活动紧密贴合《3~6岁儿童学习与发展指南》的精神指导，"鼓励幼儿在亲身体验中理解和演绎故事"。

在游戏中，幼儿模仿盲人摸象，通过自身的探索行动，感悟故事背后的道理：观察事物需要全面，不能只看到局部就下定论。每一个幼儿都化身为故事的主角，用自己的方式探索世界。他们用童趣盎然的视角和充满创意的游戏表现，赋予了古老寓言崭新的生命活力，共同编织出一个个扣人心弦、充满智慧与成长的故事瞬间，让我们一同跟随幼儿的脚步，探寻那些即将发生的精彩故事吧！

图 217 蒙眼玩"盲人摸象"游戏

二、民间游戏实录

（一）初识民间游戏

悦悦在教室里拿了一条"尾巴"扎在了自己的裤子后面，只见她手脚撑地

图218　根据对《盲人摸象》故事的理解创编游戏

说："你们快把眼睛闭起来，游戏开始了。"话音刚落，三名幼儿就闭着眼睛，开始小心翼翼地走向悦悦。这时朵朵摸到悦悦的耳朵说："这怎么是一把扇子。"悦悦偷偷地捂着嘴巴笑，圆圆摸到悦悦的腿说："这怎么像一根大柱子。"接着，又听到有小朋友说："这尾巴好细，像根绳子。"她们的对话让旁边的幼儿都哈哈大笑起来，他们争先恐后地想玩这个游戏。

✦ 我们的思考与支持

　　我以讲述《盲人摸象》寓言故事的方式开启游戏，让幼儿对该故事有一个基本的理解，鼓励他们根据自身对故事的认知，尝试创编游戏内容。从第一次的游戏可以看出，以故事为引子的游戏方式新颖独特，成功激起了幼儿浓厚的兴趣，为后续的游戏构思打下了坚实的基础。在参与"盲人摸象"游戏的过程中，幼儿初期游戏行为受限于故事本身的框架，后续教师将引导他们从游戏材料的选择或是规则设定等方面进行创新拓展。

（二）再探民间游戏

　　今天的户外可真热闹，幼儿围成了圈圈玩游戏，轩轩蒙住眼睛，然后告诉其他幼儿："我说开始时，你们就往那个方向绕圈走，当说停的时候你们就停住不动，我就开始来摸，看看我能不能猜出来是谁？"大家很开心，配合着走圈圈，当轩轩大声说"停"的时候，大家都屏住了呼吸，像木头人一样一动不动，轩轩则慢慢地挪动脚步去摸。当走到瑶瑶面前时，他摸摸她的头发，摸摸她的衣服，当她说出名字时，幼儿齐声说："不对。"

又猜了几轮后，轩轩皱着眉毛嘟着嘴说："为什么我总是猜不出来？"我走过去问幼儿："你们觉得怎样可以很快地猜出是谁？"这时朵朵说："可以闻身上的气味，每个人身上都有独特的气味。"灏灏说："在玩之前我们要认真地观察每个小朋友身上的特点，这样才会猜得更准。"大家你一言我一语地表达着自己的想法。在接下来的游戏中，我听到了一片欢声笑语，也看到了有的幼儿名字被猜到的那一幕中他们脸上的惊喜，大家对游戏意犹未尽。

图219 蒙眼"摸"同伴，根据同伴特点进行猜测

★ 我们的思考与支持

在游戏中，幼儿尝试摸同伴来进行游戏，通过观察和记忆同伴的特点进行猜测，这一玩法的转变无疑增加了游戏的挑战性，但也激发了幼儿更高的参与热情。幼儿逐渐学会观察细节，总结规律，明白了观察在解决问题中的重要性。随着游戏的深入，幼儿学会不断根据自己的游戏体验调整玩法，获得了游戏带给他们的成功体验。

教师始终坚持放手原则，鼓励幼儿自主探索。当幼儿在猜测同伴身份遇到困扰时，教师适时地介入游戏，引导幼儿思考如何快速识别对方的身份。鼓励幼儿自行评价游戏过程，从他们的评价中了解到游戏的真实兴趣程度，提升他们发现问题和解决问题的技巧，游戏得以持续优化。

(三)创新民间游戏

★ 猜猜是什么？

辰辰戴上眼罩，然后邀请乐乐去教室的各个角落找物品，把找到的物品放在辰辰的手上，辰辰根据触摸去判断手里拿的是什么物品。辰辰歪着头疑惑道：

图220 幼儿挑选材料，教师蒙眼摸物

图221 蒙眼站在同一起点往前走

"我手里拿的到底是什么呀?"当他准备放弃时，乐乐提醒他："这是美工区的材料。"他马上说出正确的答案，露出了开心的笑容。桐桐对于手里这个贝壳十分熟悉，刚拿到贝壳不久，就准确地猜出了正确答案。

看到幼儿玩得不亦乐乎，我也参与游戏，他们很乐意帮我挑选材料，尤其会挑选一些比较难猜的东西。轩轩还直接拿了美工区的一幅平面作品，让我猜一猜是什么。

冰冻"盲人"

操场上有六七名幼儿蒙着眼睛站在起点上，朵朵站在离他们差不多五米的圆圈里，当朵朵说："123结冰。"时蒙着眼睛的幼儿往前走；话音落下时，他们则要静止不动。朵朵喊着口令，最先走到朵朵前面摸到她的幼儿则为获胜者，获胜的幼儿继续喊口令。这一轮游戏蕊蕊先摸到朵朵，便换蕊蕊喊口令。围观的幼儿都拍着手，兴奋地叫着："又冰冻了一个盲人。"

我们的思考与支持

幼儿对于这个新的游戏方式很感兴趣，学会自己分配角色，结合类似的游戏玩法，比如平时最感兴趣的"木头人"游戏，迁移经验创新游戏。

他们还能利用身边的资源进行游戏，也充分说明他们解决问题的能力正在向更高水平发展。这些游戏比较有挑战性，但幼儿并没有放弃，而是坚持不断尝试。同时我也意识到，前期准备的材料要充足一点，由于眼罩的数量有限，所以一次性邀请参与游戏的幼儿的数量有限，其他幼儿虽然当观众时也看得非常认真，但是在谈话中他们都表达了参与游戏的想法。所以下次活动开展时，应该准备更充足的材料，减少幼儿等待的时间。在材料、空间等方面不断推进幼儿持续游戏的欲望，使幼儿在游戏中成为真正的主人。

三、民间游戏感悟

民间游戏"盲人摸象"的探索揭示了独特的教育价值。《3~6岁儿童学习与发展指南》强调，儿童应通过直接实践活动深化理解、积累经验。教师抓住幼儿对《盲人摸象》故事有浓厚兴趣的时机，打造了一系列以"盲人摸象"为主题的创新游戏活动，让幼儿在游戏的快乐中领略民间传统文化的魅力，同时提升他们的自主创新能力。

(一)创新游戏点燃幼儿的探究热情

以低结构材料为基础的游戏活动，赋予了幼儿广阔的想象与创造空间。在"盲人摸象"的创新游戏中，幼儿根据自己的观察和体验，自发地对游戏材料和玩法进行了大胆创新。从最初的《盲人摸象》寓言故事延伸至"猜猜我是谁""猜猜是什么"等多元化的游戏形式，最终发展到更具挑战性的"冰冻盲人"游戏。这一系列的变化，无不彰显了游戏的趣味性与创新性。教师通过聚焦于民间游戏"盲人摸象"的创新实践这一生动而富于挑战的环节，有效点燃了幼儿的探索激情与创新冲动。

(二)问题解决磨炼幼儿的多元能力

幼儿始终是游戏的主导者和创造者，围绕"盲人摸象"这一核心要素，不断尝试解决各种问题，比如：如何快速辨别同伴身份或物品属性。他们将生活中的经验迁移至游戏中，通过增添辅助材料、改变游戏场景、建立新的规则等途径丰富游戏内容。从最初简单的角色猜谜，到最后复杂有趣的"冰冻盲人"合作游戏，幼儿的合作人数和合作难度逐渐增加，游戏规则也变得更加复杂。面对挑战，幼儿学会了与同伴有效地沟通交流，通过言语互动获取关键信息，不断推动游戏进程。将"游戏化"的内核渗透每一处细节，不断创新民间游戏的形式与内容，精益求精，为幼儿的成长之路注入鲜活的能量。

（案例撰写教师：徐翠翠）

好朋友，抱一抱

——"抱抱团"民间游戏案例

一、民间游戏缘起

"抱抱团"游戏源自幼儿的自发性游戏，它巧妙地将学习与娱乐融为一体。在游戏中，幼儿运用已学的数字知识，随机报数进行互动。每当特定的数字被报出，相应数量的幼儿便迅速聚集成团，相互拥抱以增进彼此间的情谊。这种游戏不仅锻炼了幼儿的数字辨识能力和反应速度，更重要的是，它为幼儿提供了一个轻松愉快的社交环境，让他们在不受场地限制的情况下，随时随地都能与同伴尽情玩耍，因此深受幼儿的喜爱。

在一次数学活动中，我发现幼儿对数字的实际含义理解较为模糊，于是开展了一次"喊数抱团"的游戏，让幼儿通过游戏的方式切身体会到数字的实际意义，例如：数字1表示一个人，数字2表示两个人，依此类推。幼儿在游戏中体验了数字游戏的快乐，这同时也让我想到传统的"抱抱团"游戏。该游戏玩法简单，且富有变化，非常适合中班年龄段的幼儿参与。"抱抱团"以幼儿喜欢的方式来开展的运动和益智游戏，他们能够在围圈跑当中得到体育锻炼，也能通过喊数抱团的方式强化对数的认知，感知数的实际含义，还能在和同伴拥抱、合作游戏当中增进彼此的感情，提高反应能力。因此，我们班选定了"抱抱团"作为本次民间游戏的主题。

二、民间游戏实录

(一)初识民间游戏

⭐ "抱抱团"游戏初体验

抱抱团游戏开始了，旺仔、瑄瑄、森森、然然、溪溪、小怡踊跃地参与游戏，大家先手牵手围成一个圆圈，站定后等待着音乐的响起。《开始和停止》

的音乐开始播放，大家围着圆圈轻快地走着。音乐突然停止了，他们赶紧找身边的小伙伴抱在了一起，脸上洋溢着既开心又紧张的神情，并期待着音乐的再次响起。

图 222 围成圆圈，边听音乐边拍手

此时，周围的幼儿也被游戏的氛围所感染，兴奋地喊着加油。当音乐再次响起时，旺仔和森森迅速松开对方，准备继续绕圈走。然而，瑄瑄和然然似乎还没有完全进入状态，仍然抱在一起。周围的幼儿见状，急忙提醒道："快走呀！快走！音乐响啦！"听到提醒，瑄瑄和然然这才反应过来，急忙松开对方，跟随着大家继续绕圈行走。

轮流体验了几次游戏之后，安安提出："我想比赛！男生和女生来比赛，看看谁的反应快。"我立刻附议："这个提议很不错。"于是四名男生围成一个圈，四名女生围成了一个圈，大家同时听音乐开始抱抱团游戏。男生组表现得非常兴奋，绕圈走的时候都跑起来了；相反女生组表现得要冷静一些，她们仔细地听着音乐的变化，音乐一停止就立刻和身边的伙伴抱在了一起，最后女生组赢得了比赛。

✦ 顶球抱抱团

在昨天的抱抱团游戏中，幼儿已经掌握了基本游戏玩法。今天游戏开始前，我提问："你们希望抱抱团游戏能怎么玩呢？"幼儿积极发表自己的看法，提出各自的创意。

这时，濛濛兴奋地说："我有一个新想法！昨天我在家里和爸爸妈妈玩，是用海洋球顶在头上玩的！"濛濛的提议立刻引起了大家的兴趣。为了让每个幼儿都能参与决策，我提议大家就这个新玩法进行投票。结果，濛濛的玩法以高票数当选。濛濛非常自信地介绍新规则："我们每个人拿一个颜色的海洋球，顶在头上，然后像昨天一样绕圈走。当音乐停止时，我们需要找到所拿到的海洋球颜色和自己头上海洋球颜色相同的人抱在一起。"

听完濛濛的介绍，大家对这个新游戏充满了期待和好奇，纷纷表示："我们也想玩这个游戏！""教室里有海洋球，我们快开始吧！"于是，一场充满趣味和挑战的"海洋球抱抱团"游戏就这样展开了。

第一组的幼儿选择了红、黄、蓝、绿、橙五种颜色的海洋球，每个人都将海洋球高举在头顶，小心翼翼地绕圈行走。当音乐突然停止时，他们迅速开始寻找举着相同颜色海洋球的同伴。然而，由于刚开始时都过于急切地寻找伙伴，许多幼儿都在找的过程中把手中的海洋球放了下来，场面一度有些混乱。

图223　围成圆圈站立，将彩色小球举至头顶

不同颜色的海洋球也在这个过程中被混淆，使得一些顶着不同颜色海洋球的幼儿抱在了一起。但是，他们很快就调整了自己的策略。他们意识到，在寻找伙伴时，应该一只手将海洋球高举在头顶，用另一只手去拥抱同伴。这样，他们就能更清晰地看到对方海洋球的颜色，从而准确地找到同伴。游戏更加有序和有趣地进行着……

✦ 我们的思考与支持

初次接触"抱抱团"游戏时，部分幼儿稍显懵懂，反应速度较慢，但在同伴的鼓励下迅速融入集体，增进了与同伴的友情。分组后，男生和女生均展现出强烈的团队意识和竞争意识，努力争取胜利。在掌握基础玩法后，幼儿积极创新，提出了多种玩法，例如：用海洋球玩、用瓶子玩、用分类垃圾桶玩、用玩具玩等。大家经过投票最终选定了"海洋球抱抱团"这一玩法，这是他们自主创新的成果。在游戏中，他们表现出了极高的热情和活力，全身心地投入其中。他们对游戏音乐《开始和停止》的节奏变化有了更深入的理解，因此能够迅速响应并准确地完成抱抱动作。

在游戏的过程中，仍然存在一些问题。幼儿虽掌握了基本的玩法，但也出现部分幼儿不能仔细倾听游戏音乐的情况，在音乐还没有停止的时候，幼儿就提前抱在一起，或者是音乐停止了却没有行动。这可能与不熟悉《开始和停止》节奏有关。为此，我鼓励他们加入不同道具以增加游戏参与度和新鲜感。在确保幼儿对基础玩法有了一定掌握后，我更注重启发他们创新思考，激励他们利用教室里的道具开展更多元的游戏。

（二）再探民间游戏

喊数抱抱团

幼儿希望在户外体验"抱抱团"的乐趣，因此今天选择在二楼的操场上进行游戏。然而，一个突如其来的问题摆在了我们面前——没有音响设备播放游戏音乐。面对这一挑战，幼儿围坐在围墙边讨论解决方案。就在幼儿困惑之际，旺仔提出了一个富有创意的想法："我们可以喊口令来替代音乐，指挥大家绕圈走。"这个建议立刻得到了大家的认同。接下来，幼儿纷纷出谋划策，讨论应该使用什么样的口令。经过一段时间的热烈讨论，大家最终选出了一个既简单又好记的口令："抱抱团，抱抱团，×个小朋友抱一团。"这个口令清晰明了，便于幼儿在游戏中快速响应和执行。

图224 女生组听到口令后，四名幼儿抱成一团

在初次体验"喊数抱团"游戏时，幼儿商议决定让男生和女生分成两组来进行游戏。我也兴致勃勃地选择加入其中，与他们一同一边喊着口令，一边绕着圈行走。刚开始，当喊出数字"3"时，幼儿的反应都非常迅速。然而，当喊到数字"4"进行抱团时，就出现了一些状况。小沙突然愣住了，她看着身旁已经抱成一团的同伴，一时间有些不知所措，不知道该往哪个方向走。与此同时，民民和小草莓那里只有两个人抱在一起，于是她们赶紧向周围的幼儿发出邀请："快点过来，快点过来，

我们这里还差两个人呢!"

男生组开始游戏了,他们对于游戏的热情依旧很高,一到喊数抱团的时候就激动得不得了,和对方紧紧地抱在一起,还时常因为抱得太用力了导致两个人都失去重心,摔倒在草地上。在轻松愉快的环境中,幼儿肆意欢笑……

★ 我们的思考与支持

为了让游戏真正成为以幼儿为主导的活动,我积极转变教师角色,化身为观察者和支持者。我发现,在游戏中教师越退后,支持越隐形,幼儿学习探究的空间就越大。在户外开展"抱抱团"游戏时,没有音响设备播放音乐,幼儿自行商讨解决方案,提出想法并进行优化,整个过程我没有参与,始终以观察者的身份去倾听。当游戏开始时,我追随幼儿脚步,参与游戏,秉承"幼儿在前,教师在后"的教育观念。在"喊数抱团"游戏中,幼儿需要集中注意力,听清楚数字,然后根据数字快速分配好人数并抱在一起,在游戏过程中,当出现无法"抱团"成功时,幼儿灵活变通,迅速调整。幼儿的反应能力、专注力、合作协调能力都有了显著的提升。

(三)创新民间游戏

★ 报纸抱抱团

在今天的游戏中,我引入了"报纸"这一废旧材料,这让幼儿充满了好奇:"原来用来看的报纸还可以用来玩游戏。"在观看完讲解游戏玩法的视频后,幼儿所给出的反应各不相同。有的幼儿快速掌握了游戏的精髓,迫不及待地想要尝试一下;而有的幼儿则仍感到困惑,对游戏的玩法不太清楚,纷纷询问:"到底怎么玩呀?"面对幼儿的不同需求,我请已经掌握玩法的幼儿来为大家进行详细解说。多多说:"我知道怎么玩!首先,我们要把报纸铺在地上,然后大家都站上去,但一定要注意不能踩到报纸外面哦。接下来,我们要把报纸越叠越小,看看最后能不能都站在上面。"

图225 四名女生一起单脚站立在折小后的报纸上

游戏正式开始了,男生组和女生组展开了激烈的比赛。男生组由于站得不够紧凑,空间变得紧张起来。哲哲发现自己的脚还没有站稳,急忙往前挪动,并大喊:"快让我挤挤,我还没站稳呢!"与此同时,女生组进展顺利。她们在通过第一关之后,小队长曦曦迅速地将报纸对折,进入了第二关。她一边折叠报纸,一边提醒队友们:"我们要抱紧一些哦!"随着报纸面积的减小,女生们紧紧地抱在一起,稳稳地站在了报纸上。

在游戏的过程中,我一直在观察幼儿之间的合作能力。为了从幼儿那里获得更直观的游戏反馈,我邀请了几位幼儿来分享他们的游戏经验。小怡说:"我们玩的时候有人抱得太紧了,我都没有地方站,所以就站到报纸外去了。"多多说:"我在后面需要单脚站的时候很稳,不过我感觉有的小朋友总是晃来晃去。"天天说:"我看见有人用力地踩报纸,把报纸都给踩破了!"

卡片抱抱团

游戏时兜兜在材料柜里找到了数字卡片,让每个参与游戏的幼儿手上都有一张随机抽取的卡片,然后他们喊口令边走边转圈:"抱抱团,抱抱团,数字××抱一团!"

大家都很喜欢随机抽取卡片,有一种抽取盲盒的神秘感,卡片上的数字是1~5。一开始游戏非常简单,他们只用找到拿到数字相同的卡片的伙伴抱在一起即可,兜兜的口令开始念了起来:"抱抱团,抱抱团,数字朋友抱一团!"大家听后赶紧抱在了一起,为了方便找到对方,数字相同的幼儿都站到了一起。

慢慢地游戏不一样了,兜兜嘴里喊出的口令变成了:"抱抱团,抱抱团,数字2抱一团!""抱抱团,抱抱团,数字4抱一团!"每一次喊的数字是单独的,没有被喊到数字的幼儿需要原地不动,气氛一下子变得紧张起来了,为了不听错口令,大家变得更加认真了。

当进行到高潮阶段时，游戏变得更难了，抽取卡片的幼儿随机站成一个圆圈，等待着游戏的开始。兜兜开始喊口令："抱抱团，抱抱团，3 和 5 抱一团！"口令一出，大家立刻激动起来，急忙看向身边的同伴，试图确认他们手中的数字。而嘻嘻和然然由于一时的疏忽，看错了自己手中的数字，错误地与其他数字的同伴抱在了一起。

图 226　手拿数字卡片，听到口令后快速找到同伴并拥抱

★ 我们的思考与支持

"报纸抱抱团游戏"对中班幼儿而言，既新颖又富有趣味性，也颇具挑战性。在首次尝试中，它不仅检验了幼儿之间的合作默契程度，还对他们的平衡感提出了考验。从幼儿的分享中，我们了解到失败的原因多种多样：站位过于分散而难以保持平衡、未能紧密相拥导致脚下空间不足、操作不当而让报纸破裂。虽然在挑战中时有失败，但幼儿的游戏热情却未曾减退。他们没有被失败击败，反而更加斗志昂扬，渴望通过不断尝试和练习，掌握这个游戏的技巧和诀窍。同时，教师也应适时介入，指导幼儿发现并解决问题，帮助他们调整策略，从而提高游戏成功的概率，并深化他们对游戏的兴趣。幼儿的成长并非一蹴而就，可以将一些低结构材料，例如：瓶子、纸类等材料投放到环境中，供幼儿在日常游戏中自主选择并练习，以便他们逐步掌握技巧，优化游戏表现。

在"卡片抱抱团游戏"中，幼儿需在有数字卡片的情况下，边转圈边寻找与自己所持卡片中数字相同的伙伴，这一过程中，他们的注意力和倾听能力得到了显著提升。作为游戏的组织者，兜兜所展现出的交往能力、组织能力、沟通能力让人印象深刻。在下次游戏开始前可以邀请兜兜分享他的组织经验和心得，以此鼓励其他幼儿大胆表达、积极沟通。兜兜的出色表现不仅让他在游戏中的地位得以确立，更因其良好的社会交往能力，为其他幼儿树立了一个值得效仿的榜样。

三、民间游戏感悟

游戏"抱抱团"以其灵活性和趣味性深受幼儿喜爱。它不需要特定场地、材料，对参与人数也无严格要求，这极大地增加了游戏的可操作性和适应性。其中，"顶球抱抱团"和"卡片抱抱团"两次游戏尤为引人注目。在"顶球抱抱团"中，我引导幼儿发挥创意，鼓励他们从教室游戏材料中寻找灵感，设计玩法。令人惊喜的是，他们不仅立刻响应，而且迅速找到了合适的材料，通过讨论，大家还选出了最受欢迎的顶球玩法。这充分展现了幼儿的创造力和团队协作能力。"卡片抱抱团"更是幼儿自发的游戏，在游戏中，幼儿不仅熟练地运用基本玩法，还能进行创新，这无疑提升了他们的创新能力。同时，通过与同伴的互动和合作，幼儿的社会交往能力也得到了同步发展。综上所述，"抱抱团"游戏不仅能够激发幼儿的兴趣，更能通过多样化的玩法和互动方式，培养幼儿的综合素质和能力，为他们的身心健康发展提供有力支持。

"抱抱团"游戏既可以按照固定的基本玩法进行，也可以通过幼儿的集体讨论推选出创新玩法，增加了游戏的多样性和趣味性。当幼儿在游戏中获得成功时，他们的身心会得到极大的愉悦，游戏信心也会随之增强。然而，当幼儿在游戏中遭遇失败时，他们可能会感到失落和受挫。但正是这种失败和挫折，促使他们暂时停下脚步，反思自己的不足，并努力克服。在"抱抱团"游戏的创新玩法"报纸抱抱团"中，由于其具有一定的难度，每个幼儿都有可能遭遇失败。但令人欣慰的是，大多数幼儿能在期待和不安中重新振作，再次投入游戏。这种经历不仅锻炼了他们的抗挫折能力，还让他们学会了自我控制，提升了自我评价的能力。通过"抱抱团"游戏，幼儿不仅能够在游戏中获得乐趣，还能在挑战中不断成长，培养出性格开朗、勇于面对困难的良好品质。

（案例撰写教师：黄雨萱）

玩转小棒
——"挑小棒"民间游戏案例

一、民间游戏缘起

有一天，班里有位幼儿带来了一些棍棒，我将这些材料投放在了活动区，在后续的游戏时间里，我发现幼儿对棍棒展现出了浓厚的兴趣。此外，幼儿还会和爸爸妈妈一起收集各种各样的小棒子和小棍子，他们还利用网络资源，学习到了丰富多彩的棍棒手工制作方法和棍棒游戏玩法。

"挑小棒"是传统民间游戏的一种，也是很多父母在童年时常玩的一种游戏。其材料简单、人数自由、规则明确，且趣味性强，还带有一点挑战性，同时又具有一定竞争性，符合中班幼儿的年龄特点。因此，幼儿在活动中的参与度极高。

《幼儿园教育指导纲要(试行)》指出："要善于发现幼儿感兴趣的事物、游戏和偶发事件中所隐含的教育价值，把握时机。"于是，我顺着幼儿浓厚的兴趣和强烈的探索欲望，开启了一场对"挑小棒"游戏的探索之旅。

二、民间游戏实录

(一)初识民间游戏

⋆ 有趣的小棒

长的、短的、木头的、彩色的……多样小棒在我们班深受幼儿的喜爱，每次活动时，幼儿总是迫不及待地拿出小棒，动足了脑筋，运用他们的巧手拼搭出各种令人惊叹的作品。在一次分享时，坐在下面的小逸"熬"不住了，脱口而出："老师，下次我要搭一个和大家都不一样的作品!"我马上回应小逸：

"好呀，下次你去搭一搭哦！"

游戏活动开始了，他们都选择了自己喜爱的材料，开始玩起游戏来。涵涵选择了用小棒来拼图玩，用冰棒棍和筷子拼成了一个带有栅栏的小房子。

图 227　幼儿初次体验挑小棒游戏

"老师，你看，我们在用小棒玩'跳房子'游戏呢！"妍妍高兴地说。

我循声过去一看，原来是妍妍和小逸在拼图时，他们发现桌子太小，已经不能满足他们拼图需要了，就索性挪到地上开始了他们的拼图大计……

两人把小棒一根根依次摆放在地面上，每根小棒间的距离相等。其他幼儿都被妍妍和小逸的游戏吸引了过来，他们一起分享"跳小棒"的游戏经验，一起比比谁跳得更远、更快。

✱ 比赛挑小棒

他们不经意的"小失误"引发新的游戏奇迹……

"你看，你把小棒弄到地上去了！"

"我又不是故意的！"听到皓皓和轩轩的争吵，其他幼儿都闻声跑了过去。

雯雯调解道："没事，捡起来就行。哎，这个图形很特别，我们都摆不出来。"幼儿被错综复杂的图案吸引着。

这时龙龙说："我在小区里见过一个爷爷和小哥哥玩捡小棒的游戏，就和这个差不多。要不，我们也玩玩这个游戏？"

"怎么玩？我不会！这有什么好玩的？"幼儿你一言我一语地讨论着。

"就是石头剪刀布，谁赢了谁就从上面捡起小棒，赢一次捡一次。"小龙接着说。幼儿达成一致，就这样一场"挑小棒"的游戏开始了……

游戏分享时，他们兴奋地分享着自己的游戏新玩法，讨论在游戏中遇到的问题。

雯雯说："我们就是先石头剪刀布，赢的人捡小棒。"

涵涵说："我一次都没捡，这样不行，我觉得大家可以轮流捡。"

泽泽说："我觉得捡的时候可以是最上面的一层，也可以是落到地面上的，但是只能捡一次，捡的时候，不能让小棒塌了。"

龙龙说："我觉得这个方法挺好！不过，有的人拿得太多了，到我赢的时候都快没有了，最后比输赢时不公平。"

轩轩说："就是，到我也快没了。我们要规定一下，一次拿几根。"

……

经过交流探讨，他们确定并形成了最初的游戏规则，"挑小棒"游戏成功了。

★ 我们的思考与支持

《3~6岁儿童学习与发展指南》中的"社会领域"版块提出："良好的社会性发展对幼儿身心健康和其他各方面的发展都具有重要影响。"幼儿在游戏中慢慢地能理解规则的意义，能与同伴协商制定游戏规则，体现了他们合作意识、语言表达能力和组织能力的提升。几名幼儿第一次在幼儿园玩"挑小棒"的游戏，都表现得很兴奋，每个人都分享着这个游戏的玩法。大家渐渐地探索出了游戏规则，并自觉去遵守。在游戏过程中，我没有过多地进行干预，对于幼儿的自发游戏，我一直处于持续关注状态。民间游戏"挑小棒"源于生活又回归生活，是幼儿既感兴趣且熟悉的材料，具有浓厚的本土文化气息，我能够在幼儿的游戏中细心观察，发现该游戏所蕴含的丰富教育价值，始终基于《幼儿园教育指导纲要(试行)》中所强调的"以幼儿为本"的教育观，着眼于有利于幼儿长远发展的综合素质的培养。

(二)再探民间游戏

★ 挑小棒游戏的"正确打开方式"

在一次次的游戏中，幼儿开始自由结对，将对战的范围由最初的五六名幼儿，逐渐缩小到现在的双人和三人对战模式，新的游戏情境需要新的游戏规则和玩法，起初的"捡"已经满足不了他们对战游戏的需求。

这天的游戏中，小雅、涵涵和妍妍一起选择了挑小棒游戏。游戏开始进行得还比较顺利，但没一会儿就传来了告状声。

小钰："老师，妍妍的小棒动了，可是她还要挑。"

妍妍："我没有动，是你看错了。"

我说："妍妍，没事，你仔细想一下，是不是碰到其他小棒了。"

妍妍："老师，我的小棒好少，我想多挑一些小棒……"

妍妍看到自己的小棒有些少，担心

图 228　幼儿进行挑小棒比赛

自己会输，做出了违反游戏规则的行为。出现这样的情况后，我随机组织了谈话活动，大家就发生"我挑的小棒很少"这一问题，共同谈谈我们解决的方法，幼儿纷纷积极发言。

思思说："要先拿上面的小棒，小心一点哦。"

泽泽说："先拿离得远一点的小棒。"

豆豆说："我也可以用一根棍子来挑，对准了，不要碰到其他的小棒……"

在交流探讨中，我适时地将传统民间游戏"挑小棒"向幼儿进行了介绍，并将他们的游戏和传统民间游戏深度融合，最终在幼儿的共同商议下确定了游戏的传统玩法。

经过一段时间的游戏，他们已经能够比较熟练地进行"挑小棒"游戏了。

✦ 彩虹小棒

这天，雯雯拿了一盒彩色的小棒，与涵涵一起玩了起来。雯雯的两只小眼睛紧紧地盯着桌子上的小棒，她先从四周下手，连拖带挑，从周边顺利地挑出了两根小棒，挑第三根时不小心碰到了下面的小棒。

接下来轮到涵涵了，她先仔细观察，然后轻轻拿走边上没有小棒挡着的小棒。接着，她拿着已经得到的小棒，信心满满地说："我来了。"说完很迅速地挑起一根翘起来的小棒，就这样小涵又获得了一根小棒。

旁边一直认真观赛的妍妍开始为涵涵出主意，指着橙色的小棒说："涵

图 229　挑出相同颜色的小棒

涵，挑这根橙色的肯定能行。"涵涵认可了妍妍的提议，拿着手上的小棒挑起了妍妍为她指的地方，可是由于用力过猛，三四根小棒都飞了起来。

这时雯雯突然说："我们来玩彩虹挑小棒吧！"

妍妍和涵涵疑惑地说："什么是彩虹挑小棒啊？"

雯雯得意地说："这是我刚刚想到的新玩法！你们看这盒彩色的小棒里面有好多颜色。我们一人选择一个颜色，谁先把自己选择的颜色小棒挑完谁就成功了！"

妍妍和涵涵都愉快地同意了挑"彩"棒的提议，三人各自选择了自己最喜欢的颜色，开始了游戏。

几轮游戏结束后，三个人都收获满满，抓着很多相同颜色的小棒。

"这次我来数数，看看谁手上相同颜色的小棒最多。"雯雯说。旁边的妍妍没有听，自顾自地数着手里的小棒，越数越大声："1、2、3……"数着数着，妍妍嘟着小嘴巴说："数量太多了，我都数不过来了！"涵涵提议道："我们把小棒握在手上比比谁的粗不就知道谁多一些嘛！"说着，三个人都握着小棒开始比起来了。

✳ 我们的思考与支持

　　幼儿的想象力和创造力是无限的！他们将挑小棒游戏与颜色分类的经验建立联系，制定了"挑彩棒"的游戏玩法，不仅使游戏具有更强的趣味性，还充分发挥了自己的创造力。《3~6岁儿童学习与发展指南》指出："4~5岁的幼儿应能感知和区分物体的粗细、厚薄、轻重等量方面的特点，并能用相应的词语描述。"他们能够运用自己的方式记录小棒数量，且能通过比较粗细看看谁的小棒数量多。这说明这些幼儿的数学感知能力已经发展到了一定的水平。生活是幼儿最好的学习场，我引导幼儿把已有的知识经验运用到生活中，鼓励幼儿关注周围与自己生活密切相关的数的信息，体会数学的有用和有趣。正是有了我的支持，他们用自己的双手、自己的眼睛，去观察、去探索、去操作、去实践、去比较生活中的多和少、粗和细等。而我则捕捉那些瞬间，给予幼儿前进的动力，为他们新一轮的探索创设条件。

(三) 创新民间游戏

✱ 平衡木棒塔

游戏开始啦！芊芊对龙龙说："我们去玩挑小棒的游戏吧！"征得龙龙的同意后，两人笑眯眯地走向材料柜选择了游戏小棒。

"芊芊，桌面有了很多小朋友。白磁板那里没人，我们去那玩吧！"龙龙一边思考一边喃喃地和芊芊说道。

来到白磁板前，龙龙首先拿起一捆小棒，把小棒的一端立在桌面，松开手，小棒散落在垫子上。

龙龙看着散开的小棒，对芊芊说："有没有什么方法能够让这些小棒都立在桌面上不散开呢？"

图230　利用双面胶中间的空心"绑"住小棒，使小棒立在桌面上

芊芊想了想说："我们用绳子把小棒都绑在一起就不会散开啦！"

龙龙说："这是个好主意！"说完两人便去材料柜寻找可以把小棒都绑在一起的绳子。两人寻找了很久，发现绳子不是太长就是太短，没有办法，只能借助其他材料把小棒都绑在一起。

又过了一会，芊芊找来了一个双面胶，看到龙龙疑惑的表情后，她解释说："你看这个双面胶中间是空心的，肯定能正好把小棒都绑起来。"说完，芊芋为了验证自己的想法，开始实验起来。芋芋请龙龙把小棒都拢起来立在桌面上，然后自己拿起双面胶往小棒的一端往下套，果然不出芋芋所料，小棒正好都被双面胶中间的圆环套住了，两人高兴极了。还没等两人高兴太久，小棒塔便因为桌面的晃动而坍塌。

芋芋和龙龙并没有因为这个小小的失误而气馁，而是决定再添加一些小棒重新用双面胶套住，这一次两人成功了。

这时芋芋灵机一动，说："我们一人抽一根小棒，一直抽，一直抽，谁把这个木棒塔弄倒了谁就输了，怎么样？"龙龙愉快地同意了。

图231　依次抽取平衡木棒塔中的小棒

两人决定猜拳比出谁先取小棒，这一轮芋芋先玩，芋芋小心翼翼地从木棒塔的中心抽取一根小棒，木棒塔并没有倒塌，芋芋得意地看着龙龙，龙龙高兴地叫起来："哈哈，轮到我了，轮到我了!"

一轮游戏结束后，芋芋和龙龙分别数起了自己的小棒，龙龙高兴地笑起来："我有12根。"

芋芋得意地拍手："我有16根，我赢了。"

我顺势问道："你赢了几根?"芋芋没有立刻回答我，而是重新数了一遍自己的小棒，数完后自信地说:"我赢了4根，我右手数了12根，左手还剩4根，就是赢得的小棒。"

说完，两人又开启了新一轮的游戏。

✨ 木棒高楼

"老师，你看我搭建的木棒高楼。"我被宸宸的声音所吸引，宸宸在用小棒搭建"高楼"，几根小木棒拼成"井"字形，一层层垒高。不一会儿，一个由小木棒搭建的高楼就完成了。

搭建完成后，宸宸围绕着作品左右看了看，邀请芋芋一起玩"抽取木棒"的游戏，两人你一根我一根，小心翼翼地抽取搭建高楼的小木棒，一边用手维护着高楼，不让其倒塌，一边又咬紧牙快速抽取小木棒。

几轮游戏结束后，宸宸说："玩了这么多局，刚刚这一局是你赢还是我赢?"

芊芊想了想："好像是你，又好像是我。"

宸宸说："记不住了，那怎么办?"

芊芊看了看周围材料柜里的工具，

图 232　抽取木棒高楼中的木棒

说："要不，我们用笔和纸把成绩记录下来吧!"

两个幼儿达成共识，说干就干。他们拿来了笔和纸，又商量着来一场"挑小棒之王"的 PK 赛。

周围的幼儿被两人的比赛吸引，在大家的加油声中，将这场 PK 赛的气氛推向最高潮。其他幼儿都很激动，纷纷要去尝试"挑小棒之王"PK 赛。

⭐ 我们的思考与支持

在前期探索小棒的过程中，幼儿发现了小棒的乐趣，也在逐步探索中知道了挑小棒的技巧。其中发生了他们因为想要先玩或者记不住比赛结果等问题而产生的争论。让我感到十分欣慰的是，幼儿在每一次的活动后的反思交流中，都尝试用自己的方式去解决问题。在对小棒的逐步探索中，幼儿也提升了他们发现问题、解决问题的能力，从而摸索出属于中班的游戏棒探索之旅。在一次次不间断地探索中，他们学习遇到问题时不争吵、不放弃，尝试自主解决问题，再进行游戏实践，真正做到了在玩中学，在学中玩。

三、民间游戏感悟

时代在变，童趣不变。经典的"挑小棒"游戏，竟能引发幼儿这么高的兴趣。随着游戏的进行，他们始终能以积极主动的态度参与游戏的探究，一次次讨论、一次次试玩、一次次调整与记录。幼儿在与小棒的"相处"中，也被其丰富多彩的玩法吸引，跟随探究的步伐，不断跟进游戏、探寻其中的乐趣。

教育家杜威说：探索是儿童的本能，观察则是了解孩子的第一步。通过"挑小棒"游戏，我也会发现幼儿的学习能力竟是如此地强大，他们能够按照自己的意愿自由分组结伴进行游戏，如在拿到材料后，能自主探索、操作；在经典玩法上，结合"石头剪刀布"玩法；在游戏中遇到问题时，尝试自主解决问题；在游戏发生争吵时，学会一起商量解决办法；在计分方法上能用多种符号和图画来进行记录……这些充分展现了幼儿在游戏中良好的学习品质。

在整个游戏过程中，幼儿一直是游戏的主人。作为教师，我们应尊重他们的意愿，听取他们的心声，让他们自由探索小棒的玩法，选择自己喜欢的材料等，全都由幼儿自己做主，教师真正做到放开手，始终以观察者和陪伴者的身份，去记录幼儿的成长和他们的惊喜发现，给予他们鼓励与支持，看见幼儿成长，支持幼儿探究。

这是一个充满探索与挑战的游戏。在游戏中，幼儿通过自主探索、交流，尝试迁移、运用各种经验对游戏的材料和玩法大胆进行再创造，使"挑小棒"民间游戏的玩法得以有意义地拓展，赋予民间游戏更丰富的教育内涵。游戏是儿童的生命，回顾我们的童年，在不够富裕的年代，我们依然可以通过火柴、树枝、小棒等工具进行民间传统游戏，并且玩得不亦乐乎。所以，在国家飞速发展的现在，我们应该相信孩子，相信自己，只有足够信任才能真正放手，让幼儿在游戏中学习成长。

（案例撰写教师：戴紫钰）

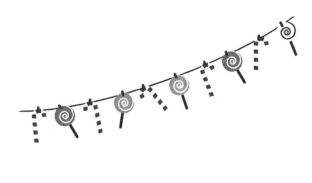

大 班

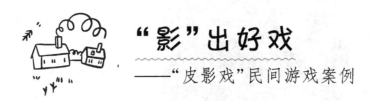

"影"出好戏
——"皮影戏"民间游戏案例

一、民间游戏缘起

酷暑渐渐消散,幼儿回到了告别两个月的幼儿园。新学期伊始,我们在班级里增添了绣绷、彩色玻璃纸、幕布架、手电筒、双脚钉、丙烯马克笔、打孔器、小木棍、色卡纸、各类布料等丰富的材料。新的班级与新的环境,让升入大班的幼儿兴奋不已,大家三三两两,结伴拿着绣绷和手电筒等材料在自由摆弄。"可可,看!我变出了一朵花。""我也可以变出一朵花。""我还可以用手变成一只小白兔,还会动咧。"活动区里幼儿的嬉戏声、欢笑声此起彼伏,我循声望去,被他们的游戏场景吸引。

5~6岁的幼儿对游戏的兴趣浓厚,游戏水平相比中班幼儿更高了,他们会自主发现问题、思考问题、解决问题,与同伴之间的合作紧密度也有了显著加深。教师会关注幼儿的需要和兴趣,适时调整教育行为,做到《幼儿园教育指导纲要(试行)》所指出的:"善于发现幼儿感兴趣的事物、游戏和偶发事件中所隐含的教育价值,把握时机,积极引导。"基于幼儿对"影子游戏"的兴趣点和前期玩民间游戏的经验积累,如何借助班级材料让幼儿在皮影表演游戏中玩出不一样的精彩呢?于是一场关于皮影戏的探索之旅开始了。

二、民间游戏实录

(一)初识民间游戏

"高人气"的表演后台

皮影表演区传来嘈杂的声音,一部分幼儿在进行皮影表演,一部分幼儿手

图233 "高人气"的表演后台

里虽然拿着皮影，但是却笑着闹着故意往在表演的幼儿身上挤。在表演游戏的幼儿不得不一边操纵着皮影，一边用身体为自己争取更多的表演空间。龙龙说道："哎呀，你们表演的是什么呀，都听不清楚。"听到龙龙的评价，大家安静了一些，我也提议："你们的表演虽然很精彩，但是大家都聚在一起各自表演各自的节目，观众看不明白，有什么办法既能让大家一起表演，又能听清故事内容呢?"沫沫说道："我们可以几个小朋友一起合作，一起表演一个节目。"我继续追问："怎么合作呢?"琪琪："每个人表演一个角色就行了。"大家根据自己想表演的皮影戏开始自由组队，绘制剧本，确定所需角色并进行角色分配。

✱ 合作表演一出好戏

三个小朋友选定了中秋节的皮影剧本，他们分配完角色后开始表演嫦娥和小白兔过中秋节的故事。当沫沫操纵的月亮皮影缓缓升起时，本来有点吵闹的观众席一下子便安静了下来，大家一下子就被吸引了，尤其是涵涵，她目不转睛地盯着幕布上美丽的画面。玉兔出来后，故事表演突然停止了，航航忘记了

图234 合作表演皮影戏"嫦娥奔月"

接下来的故事内容，声音越来越小，小玉兔在幕布中间停顿着。我见状小声提示她，这时表演月亮的沫沫也发现了同伴的不知所措，她主动帮助航航讲述故事，航航只负责操纵皮影偶，完成了一出表演。这轮表演结束后，航航提议："沫沫声音大，而且讲得好，她讲，我们表演怎么样?"调整后的皮影表演进行得很流畅，观众纷纷反映："听得很清楚。""真好看，我也想一起表演。"……

★ 我们的思考与支持

在这个阶段，幼儿能积极主动地投入皮影表演游戏，大家均表现出非常兴奋的表情以及强烈的表演欲望，以至于后场出现你推我挤的情况。幼儿此时更满足于自己的游戏体验，还没有形成演什么、怎么演的想法，也没有建立"戏"的意识。此时幼儿的游戏表现处于嬉戏性游戏阶段，他们在游戏中获得了良好的情感体验，促使他们愿意积极寻找办法，通过"选择内容—绘制剧本—分配角色—组队表演"的游戏过程，解决游戏中出现的混乱问题。在合作表演游戏中，幼儿没有因一个角色的失误而责怪同伴，而是自发地相互配合，互相帮助，表现出超高的个人素养及表演水平。

在幼儿的皮影表演游戏中间出现混乱情况时，我没有直接制止，而是充分尊重幼儿的表演欲望，同时扮演着观众的角色参与到游戏中，观看他们的游戏，在共同游戏中增强幼儿体验感。同时及时反馈观众的评价，将幼儿集中起来，通过问题引导他们思考："怎样既让大家都能玩皮影，又能让观众听得清。"留给他们自主解决问题的空间，想出多人合作同演一个节目的办法，逐步凸显"合作、创新"等品质。在能合作表演皮影后，幼儿开始关注声音和皮影动作的结合，想出了由专人负责讲述，其他同伴操纵皮影的办法，游戏开始向生动性表现迈进。

（二）再探民间游戏

★ 节目单的诞生

琪琪和同伴的皮影表演还没结束，龙龙从旁边侧着头不停地对他们说道："你们表演完了让我们演啊。"琪琪不得不一边表演，一边回应他："知道啦！知道啦！"游戏结束后，我组织幼儿进行分享活动，琪琪对皮影表演的规则提出了自己的看法："我们可以排一个表演顺序，制定一张节目

图235　自制节目单

357

单。"制作出节目单后，幼儿又搬来小黑板，将节目单张贴在黑板上，清晰地展示出本次游戏的表演顺序。

观众席的管理

观看皮影表演的幼儿越来越多，站在幕布前观看的幼儿不得不逐渐向前靠拢，有的还伸出手去和幕布后的幼儿"互动"。最后，前面的幼儿直接蹲在幕布前，后面的幼儿则一拥而上。在中间的龙龙向左右两方的同伴说了几次："往后一

图 236　有座位的观众席

点，往后一点。"没有得到同伴的回应。在表演的豆豆停下手里的游戏，向他们提议："你们可以像看电影那样坐着呀。"一些幼儿顺势直接坐到了地上，豆豆又说："坐在地上不卫生，把小椅子搬过来吧。"大家一起搬来小板凳，于是观众席出现了座位。

工作人员的加入

虽然观众席有了小板凳，但由于人数众多，出现争抢小板凳的现象。在游戏分享讨论环节，幼儿便谈论起解决"人多板凳少"的办法，比如"增加工作人员""凭票进入""轮流玩"等。

图 237　工作人员检票

第二天游戏开始时，穿红背心的沫沫被大家选为工作人员，她找出和小板凳数量一样的纸牌代替门票，想看表演的幼儿整齐地排着队取票，然后有序入座。很多幼儿体验了一轮又一轮的取票入场过程，皮影表演游戏的人气持续火爆着……

我们的思考与支持

当大家表演的皮影戏模式越来越丰富，游戏参与者越来越多，观看区的情况逐渐变得复杂时，大家开始转向关注游戏规则。大家共同制定节目单，增加观众席摆放的小板凳的数量，不仅只是让小观众了解本轮游戏表演的内容，能有礼貌地欣赏皮影戏，更是让表演者知道表演顺序，能不被影响，更加专注地进行游戏，创造出具有更高欣赏性的皮影戏。我在引导中正确地处理好了"游戏性"与"表演性"的关系。幼儿在持续的游戏中出现了表演被干扰的情况，我没有直接介入强调规则，而是引导小朋友自发生成体验性游戏过程——找工作人员凭票入场。在这一过程中，幼儿有多次重复性参与游戏的表现，自发地遵守游戏规则，有礼貌地欣赏同伴表演，在快乐游戏的同时促进了幼儿的社会性发展。

（三）创新民间游戏

自制彩色皮影偶

幕布后面的几个幼儿变换着不同材料映出影子，幕布前的幼儿根据影子说出物品名称。萌萌站在幕布前手指着幕布中间的影子说道："哇，这个是红色的花，这个花为什么是黑色的？"几个同伴被她的发现吸引过去，纷纷伸出手去抓红色小花的影子，拿着红色小花的航航不想被他们抓到，将小花藏在了自己的影子里，可是同伴们还是在幕布上抓来抓去。看到大家非常喜欢自己的小花，航航从材料柜中找到彩色玻璃说："我是用这个做的，你们也可以自己做一个呀！"其他幼儿取出勾线笔、剪刀开始制作彩色皮影。

动起来的皮影偶

多种多样的彩色皮影被制作出来，大家玩了一段时间后，琪琪说道："不对！我们的皮影不会动。"萌萌一边用手移动皮影，一边说："你看，我们的皮影会动啊。"龙龙也说道："我的皮影也会动啊。"琪琪从幕布后站起来，来到幕

图238　自制会动的皮影

布架前，用手摆弄着挂着装饰戏台的皮影偶说："你看，真正的皮影是脚可以动，手也可以动，身子也能动。"龙龙和萌萌一起反复观察了皮影偶连接的方式，随后将自己做好的皮影偶的头部、身体剪开，再用打孔器在两部分的连接处各打了一个孔，接着用两脚钉重新连接，连接好后他们用手上下拨弄着，皮影偶的头和身体能单独活动了，最后幼儿又为皮影偶装上了棍子，各种各样形态不一的皮影在幼儿的手中诞生了……

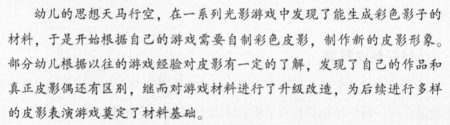

★ 我们的思考与支持

　　幼儿的思想天马行空，在一系列光影游戏中发现了能生成彩色影子的材料，于是开始根据自己的游戏需要自制彩色皮影，制作新的皮影形象。部分幼儿根据以往的游戏经验对皮影有一定的了解，发现了自己的作品和真正皮影偶还有区别，继而对游戏材料进行了升级改造，为后续进行多样的皮影表演游戏奠定了材料基础。

　　我在此次游戏过程中，扮演着支持者和观察者的角色，所创造的游戏环境极大地激发了幼儿的游戏兴趣，能充分支持幼儿进行皮影表演；提供的游戏材料有强烈的对比性，便于幼儿在游戏过程中发现不同点，继而激发幼儿继续游戏的意愿。我始终关注幼儿在游戏中的情绪体验，观察他们的表情和肢体动作，判断幼儿对游戏的探索欲望，发现他们对创造性表演游戏充满兴趣，愿意积极主动寻找材料制作与创新游戏道具。制作皮影偶、道具的过程，也是幼儿与材料和同伴互动的过程，是艺术、设计、表征、想象的综合创新活动。幼儿运用前期投放的不同材质的纸、打孔器等工具进行游戏创新，做出了属于自己的新皮影。

三、民间游戏感悟

(一)从"会玩"到"慧玩",助力探究能力发展

1. 丰富了皮影戏艺术文化的经验

皮影戏是中国的传统文化艺术,也是世界非物质文化遗产。开展皮影戏游戏有助于幼儿了解皮影戏文化,丰富他们对于中国传统艺术文化的经验。如幼儿在游戏中认识到了影子产生的原因,丰富了皮影戏故事的认知,知道了皮影戏演出的方法和顺序等,在游戏中感受了中华优秀传统文化的魅力,也激发幼儿自主进行皮影表演的兴趣。

2. 提升了发现问题和解决问题的能力

随着皮影戏游戏的进程来到表演与欣赏皮影戏环节,越来越多的伙伴的加入,我们的游戏秩序也逐渐变得混乱。但幼儿展现了极强的问题解决能力。在众人的集体思考之后,幼儿开始执行解决问题的方法(见表1),我们的游戏秩序很快得到了恢复,幼儿也获得了成长的经验,提升了问题解决能力。

表1   **幼儿解决游戏冲突的路径**

核心要素	遇到的问题	解决办法	习得的经验
表演顺序	表演顺序不明确	根据表演内容设计节目单	按节目顺序依次表演皮影戏
观众表现	观众无序、拥挤,甚至影响表演	摆放小板凳,设立观众席	有礼貌地观看皮影戏
入场规则	人数超过小板凳,出现争抢	聘请工作人员,凭票入场	自觉遵守场所规则

3. 发展了耐心坚持和自主创新的学习品质

整个游戏中,幼儿要了解皮影戏表演的多种知识,一遍又一遍地试错并开展表演,我们的游戏才能够顺利地完成。其中体现的是幼儿坚持不懈的良好品

质。其次，虽然皮影戏是传统艺术，但是幼儿通过加入新的元素，根据现代剧情制作出《小猪佩奇》《小红帽》等皮影偶，为皮影赋予了创新意义。

(二)从"去"玩到"趣"玩，助推游戏发展进程

1. 自主探究，激发幼儿兴趣

让幼儿有自主探究和体验的空间，是本次游戏成功开展的基础。在幼儿进入皮影表演区进行游戏时，教师借助低结构游戏让幼儿主动去探索、去体验。幼儿通过游戏中的照射实验，了解到关于光源、影子的基本知识，以及透明与不透明物品产生的影子的差异，一系列新经验和兴趣点使他们对皮影充满了探索欲望，避免幼儿在游戏时因遭遇挫折而丧失游戏兴趣。正是有了幼儿这种对皮影持续的兴趣，才能让我们的游戏更加灵动自然。

2. 适时介入，展现教育机智

教师的细致观察和支持，是本次游戏成功开展的关键。在游戏中，教师观察到幼儿皮影表演的声音逐渐变小，猜想幼儿可能对故事情节有所遗忘，于是加入他们一起讲述故事，当幼儿中间出现可以连续性讲述故事的小伙伴时，教师又及时退出了游戏，留给幼儿和同伴表演和创新的空间。在不影响幼儿游戏兴趣、不干扰幼儿表演的情况下，通过语言提示、共同表演等方式提升幼儿的表演能力。

3. 问题解决，构建游戏支架

让幼儿在真实的游戏情境中解决问题，是本次游戏成功开展的支架。每一次游戏的结束，教师都会让幼儿进行游戏的回顾和分享，这有助于幼儿实现自身经验的自主建构、深入探究与迁移运用。如在"你推我挤"的游戏场景分享时，幼儿积极进行对话，在观点的碰撞中，教师和幼儿共同发现了下一步的游戏契机，共同制定出"设计节目单""依次表演"等游戏规则，帮助幼儿获得良好的游戏体验，不断维持幼儿主动游戏的动机。

(三)从"想"玩到"享"玩，助长深度学习发展

幼儿的皮影游戏火热开展中，但受班级环境及幼儿经验的限制，仍有一定

的局限，因此还需要教师提供进一步的支持。首先，鼓励幼儿思考皮影戏表演的舞台设置，丰富皮影戏表演场景，将游戏场地转移到空旷的户外，扩大游戏空间，搭建适合多人观看的"大戏台"；其次，增加幼儿游戏材料，加强表演的趣味性。如教师可以提供与皮影戏有关的打击乐器，增加幼儿表演的角色，让皮影表演形式更加多样。最后，开展多种活动，拓展幼儿的皮影戏经验，如继续欣赏皮影戏故事，保持幼儿对皮影戏表演游戏的兴趣；思考皮影表演的创意方式等。在多种支持策略下，帮助幼儿在游戏中感知皮影戏文化，推动自身的发展。

（案例撰写教师：龚念慈）

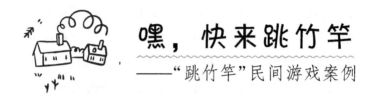

嘿，快来跳竹竿
——"跳竹竿"民间游戏案例

一、民间游戏缘起

秋风静静地吹拂脸庞，挂在枝头的梧桐树叶像一只只翩翩起舞的蝴蝶，一片又一片地从树上落下，"飞"满了幼儿园的各个角落。一转眼，刚入园哭哭啼啼的小孩儿也进入了大班。本学期幼儿园对户外场地重新进行了调整与规划，民间游戏长廊活动区铺上了塑胶板，更便于幼儿跑跳，并开辟了一大块竹子墙面，投放了许多民间游戏材料，如沙包、高跷、铁环、投壶等，让幼儿有了更充足的游戏场地和丰富的游戏材料。

最近，幼儿带着欢声笑语在幼儿园讲述着自己的国庆假期趣事。在大家一同商讨户外活动时，佳佳说："我在云南大理看到过有跳竹竿的，我们幼儿园也有竹竿，我也想来试试跳竹竿。"幼儿一下子来了兴趣，都想要去跳竹竿。看着他们期待的眼神，我貌似看到了正在跳竹竿的他们，综合考虑大班幼儿的年龄特点、兴趣点及经验需求，我们开展了"跳竹竿"游戏。"跳竹竿"游戏极具趣味性和挑战性，简单易学，不仅能够开阔幼儿的视野，发展幼儿的弹跳能力，还能锻炼幼儿自主创新、合作探究、加强交往的能力。

《3~6岁儿童学习与发展指南》明确指出："幼儿园要利用民间游戏，适当地向幼儿介绍我国主要民族文化，帮助幼儿感知文化的多样性和差异性。"大班年龄段的幼儿有着一双敏锐的眼睛，有着一双探索的小手，有着一双矫健的小腿，有着一张好问"为什么"的小嘴巴。前期，幼儿对"骑竹马""踩高跷"等竹类游戏有所了解，会将竹子夹在两腿之间进行蹦跳，会踩在高跷上保持平衡等。他们还会利用竹子进行创新游戏玩法，但是鲜少有幼儿与同伴合作游戏的现象。这次我们会在"跳竹竿"民间游戏方面进行多方面的扩展，让他们自己去寻找所需材料，和伙伴相互合作以及商讨竹竿的不同玩法、规则等。那他们会在"跳竹竿"游戏上跳出怎样有趣的游戏故事呢？

二、民间游戏实录

（一）初识民间游戏

✵ 摆一摆，跳一跳

根据幼儿活动前的游戏计划，他们见到竹竿后很兴奋。一个个小脸上挂满了好奇，纷纷想要自由去尝试跳竹竿，想出了各种各样关于跳的动作，有单脚跳、双脚跳、交换跳，甚至有人想出了和好朋友手拉手螃蟹跳等动作。但大部分幼儿刚开始没想到需要竹竿动起来，所以将竹竿摆在地面上，结合之前跳皮

图239 按跳皮筋进进出出的跳法跳竹竿

筋的经验，两个或者三个一起共同"跳竹竿"。恰巧，晨晨、一一、小雨凑在了一块，他们这几个幼儿围在一起商讨。晨晨指着竹竿说："这个跳竹竿就跟我们跳皮筋差不多吧！跳过去就可以。"一一歪着小脑袋望着晨晨说："那就是之前的那种进进出出的跳法呗！"小雨附和道："要不我们就按照之前跳皮筋的方式跳吧！""可以啊！我感觉超级简单。"一一跟着小雨说道。接着幼儿开始了自己的"跳竹竿"游戏……

✵ 学一学，跳一跳

游戏时间结束后，幼儿回到班级就游戏过程进行了探讨与分享。我问："今天的跳竹竿游戏好玩吗？你们是怎么玩的？"幼儿一听，大家都想第一个来说说自己的跳竹竿感受，一一率先站起来说："我们是用跳皮筋的方式来跳竹竿的，就这样子。"他一边说，还一边用身体比画动作。佳佳说："我记得我在旅游时看到过跳竹竿，人家竹竿是动起来的，而且还有音乐。乐乐说："我们玩跳皮筋游戏时也有音乐，有音乐就有节奏。"小雨说："你有别人玩竹竿的视

频和照片吗？我们一起来看看!"——走过来和我说："老师，您可以帮我们找一些跳竹竿的视频吗？我们想来学一下真正的跳竹竿是怎么跳的。"根据视频，幼儿看到了真正的"跳竹竿"游戏，各个拍手叫好。很快，他们对"跳竹竿"的游戏玩法进行了调整，还准备了一些节奏感强的音乐或鼓点。然后大家练习跳竹竿的基本动作，包括跳跃、抬腿、交叉步等，幼儿一步步地练习着，在操场上他们笑着、跳着，忙得不亦乐乎。

图240　观看真正的"跳竹竿"游戏　　图241　在操场上练习跳竹竿的基本动作

★ 我们的思考与支持

　　《3~6岁儿童学习与发展指南》指出："5~6岁幼儿能主动发起活动或在活动中出主意、想办法。"从上述实录中，幼儿看到竹竿，联想起了之前外出游玩的经历，于是将已有经验迁移到游戏活动中，经过与同伴的商讨，自发地玩起了"跳竹竿"游戏。虽然幼儿对"跳竹竿"游戏兴趣浓厚，但由于其他幼儿经验有限，大家没办法顺利地完成像旅游时看到的"跳竹竿"游戏。当看到幼儿围坐一团，面对"停滞不前"的游戏状况，大家你一言我一语地说着对游戏的看法时，我没有马上介入幼儿的游戏，而是等待幼儿主动寻求我的帮助。对于他们的需求，我能以"幼儿为中心"及时进行回应，引导幼儿一步步探索如何"跳竹竿"，推进幼儿的游戏进程。从"跳竹竿"游戏的发起到让竹竿"动起来"，也让我看到了幼儿活动时能倾听和接受别人的意见，且遇到困难能一起克服的学习品质。

（二）再探民间游戏

⭐ 垫一垫，跳一跳

经过前期对竹竿的自由探索，在今天的游戏活动中，我看到三三两两的幼儿在操场上拿着竹竿跳着，正在跳竹竿的一一说："我不知道什么时候该跳进去。"乐乐也发出了一样的疑惑："我跳进去的时候，一不小心脚就被夹住了。"朵儿说："是的，是的，刚才我的鞋子就被夹了。"蹲在地上打竹竿的旺仔说："你们的脚会被夹住，我的手在地上也磨得好疼呀！""嗯，我的手也好疼。"同样打竹竿的萌萌说。小雨睁大眼睛，望着她们说："我知道了，你们打竹竿的手离地面太低了，打开合拢的时候就摩擦到地面了。"站在旁边观看的龙龙说："我感觉你们是在瞎跳，打竹竿的人也是在瞎打，节奏都不一样，这样肯定会夹脚呀！"我走过去顺势问道："那怎么样解决打竹竿伤手和节奏不统一的问题呢？"他们停下来围在一起商量着，最后大家决定像演奏打击乐一样，用图谱来进行练习，学习打竹竿的节奏，也可以看着图谱上的示例来练习跳竹竿，等大家都熟悉了节奏再合起来。又经过仔细观看视频，他们发现打竹竿的时候，手握着的竹竿的下面各放了一根长长的竹竿。说干就干，大家在竹竿的下面放了一根长竹竿当作"垫子"，并通过"翻手心手背"的方式，选出了"打竹竿"和"跳竹竿"的人，开始了分头练习。

图 242 通过"翻手心手背"的方式选出"打竹竿"和"跳竹竿"的人

图 243 分头练习"跳竹竿"

⭐ 敲一敲，跳一跳

今天的游戏时间开始了，一一、乐乐还有佳佳都在练习"跳竹竿"，突然

"咚咚咚"的声音传来,大家回头一看,原来是小雨在敲着铃鼓。这时,乐乐说:"小雨,你用铃鼓帮我们打节奏,我们来跳吧!"小雨说:"好呀!"说完就开始拍起了铃鼓,小雨一边拍,一边看着之前准备好的图谱,嘴里念着:"开合,开开合。"渐渐地,大家在小雨的口令声中,再也没有出现竹竿夹脚的现象。看到他们玩得不亦乐乎,我趁热打铁,伴随着小雨的铃鼓声,念起了《打竿口诀》:"小皮球,香蕉皮,马兰开花二十一……"开始时,他们还没有及时反应过来,随着他们慢慢对《打竿口诀》熟悉起来,大家的动作也越来越整齐了。

第二天游戏时,晨晨看到大家又进行着"跳竹竿"游戏,说:"我上次看过的跳竹竿都有音乐,我们要不跟着音乐跳一跳吧!"于是大家伴随着音乐开始跳竹竿。"可是选什么音乐呢?"有的说选《你笑起来真好看》,有的说选《孤勇者》,有的说选《加油鸭》……大家争论不休,不知道该选择什么音乐跳竹竿。可乐打住了大家的争论声,说:"我们来投票吧!哪首歌票数高就选择哪一首!"

图244 伴随着铃鼓声和教师的《打竿口诀》,练习跳竹竿

最终《孤勇者》以最高票被大家投选了。为了能更好地跳竹竿,幼儿一起跟随音乐练习了起来。随着音乐声,他们跳竹竿跳得很是欢喜,跳着,闹着,好不热闹!

★ 我们的思考与支持

游戏开始时,"打竹竿"的人与"跳竹竿"的人总是合不上节奏,经常出现竹竿夹脚的现象。有的幼儿害怕竹竿合起来时,夹住自己的脚,于是在开合时,直接跨了出去,并没有跟着节奏来跳!还有"打竹竿"的幼儿有时会夹到手……幼儿在多次游戏后经过观察发现,他们节奏不统一,且"打竹竿"的幼儿的手会摩擦到地面。我适时向幼儿提问以解决问题,在与幼儿讨论之后，我利用图谱让幼儿了解节奏。幼儿大致了解了跳竹竿需要有节奏的音乐后，又通过对比视频和亲身实践，知道了垫一根竹竿的"妙处"。

由于前期的多次游戏与实践，幼儿对"跳竹竿"的基本玩法掌握得较好，大部分幼儿知道伴着鼓点进行跳，"开合，开开合"的口令帮助幼儿熟悉"打竹竿"的节奏和"跳竹竿"的节奏，他们在鼓点节奏下更快地掌握了跳竹竿的秘诀，大家的游戏体验有了一个质的突破。同时大班幼儿在游戏中一步步以合作游戏为主，自行讨论音乐，每个幼儿能分工明确，他们的规则意识进一步增强，"跳竹竿"的能力也得到了进一步提升。

（三）创新民间游戏

★ 变一变，跳一跳

随着户外音乐声的响起，操场上的幼儿渐渐多了起来，一一、晨晨、乐乐、佳佳等幼儿，一个个地抬着竹竿往中间走来，看来他们又要来开始跳竹竿了。一一、晨晨作为打竹竿的人，蹲在了地上，手持竹竿的两头，晨晨、乐乐、佳佳，还有七八个幼儿依次排队跳竹竿。游戏进行了一会儿，这时，多多说："我

图 245　两两结伴在竹竿前跳过去

们每次一个接着一个跳过去，不仅费时间，玩多了也不好玩了。"小雨歪着脑袋，望着多多说："那要怎么跳才好玩呢?"一一说："要不两个两个一起跳过去?"说完，他朝着大家笑了起来。大伙一听都乐了起来，同意两个两个一起跳过去试试。于是幼儿在佳佳的带领下，迅速两两结伴在竹竿前跳过去。进行了几轮游戏之后，有几个幼儿就发出了"抗议"："我感觉这样还不是很有意思，总是我们几个跳，腿太累了。""我也老在打竹竿，我也想玩玩两个两个一

起跳的。""那我们就男生女生轮换着打竹竿，不能总是让那几个人打。""可以，可以，我们还可以再加入一组竹竿。""我觉得我们还可以分成男生女生组来进行计分，最后看哪一组获得胜利！"幼儿你一言我一语，都发表了自己的观点。

⭐ 搭一搭，跳一跳

"跳竹竿"游戏的玩法在大家的建议中又得到了创新，幼儿依据其他幼儿提的建议，决定分性别来继续游戏，佳佳自告奋勇地对游戏规则进行了简单的复述："我们进行了男女分组，现在再用"石头剪刀布"的方式决定是男孩先跳还是女孩先跳。然后选四个小朋友分两组打竹竿。"大家听完佳佳的话，似乎都明白了意思，开始有序地忙碌着。紧接着游戏中出现了一对又一对一起跳竹竿的幼儿，甚至还有三人一起跳竹竿的。大家的笑脸表现出他们真的很开心。随后，他们已经不满足于传统的跳竹竿方法，他们看见了墙上布置的民间游戏跳竹竿的玩法后，又提出了新的玩法需求。他们将四根竹竿两两垂直交叉，摆成"十字形"，其他幼儿轮流围着"十字形"竹竿跳来跳去。在跳竹竿游戏过程中，有的幼儿还扮演各种角色，如小兔子、小青蛙等。角色扮演让跳竹竿游戏更有趣了，还有的幼儿发起了一起搬运"食物"的活动，共同完成任务……

图 246　幼儿将四根竹竿两两垂直交叉，　　图 247　幼儿轮流围着"十字形"
　　　　摆成"十字状"进行打竹竿练习　　　　　　竹竿跳来跳去

伴随着音乐声，幼儿由易到难进行探索，尝试变着花样跳竹竿，在游戏中感受跳竹竿的魅力！一场别开生面的"跳竹竿"活动拉开了序幕，但是他们的游戏探索并没有在欢呼声中落幕。

✦ 我们的思考与支持

　　随着游戏过程的推进，幼儿通过对"跳竹竿"游戏的反复探索与实践，能很好地掌握游戏规则。幼儿结合已有经验，灵活运用，针对跳竹竿游戏的枯燥乏味，他们敢于提出自己的见解，并能够综合大家的意见，很快与其他幼儿达成一致，形成了新的游戏玩法，让他们尽可能地享受跳竹竿的乐趣。与此同时，他们一步步地探索，也萌发了新的游戏需求，竹竿变换、角色扮演、承担"任务"，都将跳竹竿游戏推向了活动的高潮。

　　作为教师，我充分尊重幼儿，给予幼儿更多的探索空间，始终支持着幼儿继续发现"跳竹竿"的更多奥秘、更多玩法，这也说明了"幼儿是在与材料不断互动中进行学习的"。他们在操作中学习，在体验中成长。简单跳竹竿、打竹竿等反复的过程，就是幼儿对"跳竹竿"游戏理解提升的过程，符合"做中学"的理念，遵循了幼儿学习发展的规律。

三、民间游戏感悟

（一）基于观察与支持，追寻"幼儿在前，教师在后"的理念

　　"跳竹竿"这一传统民间游戏，具有独特的文化底蕴和丰富的教育价值，它将人、声、竿三者有机融合在一起，极具趣味性和挑战性，幼儿在参与、尝试、挑战的过程中体验着民间游戏的乐趣，感受着成功的喜悦。基于此，在我与幼儿的互动游戏中，也有些许感悟：

　　1. 幼儿在前，了解幼儿的兴趣和游戏水平

　　游戏中，我一直观察着幼儿的游戏表现，在幼儿遇到困难或者向我求助时才介入游戏。通过观察，我发现幼儿具有很强的合作意识，懂得分工，在游戏中虽然会出现意见不统一的情况，但幼儿在大部分时间能够自己解决问题，从

跳竹竿开始，到后来延伸到双人游戏，再到变换竹竿等游戏，经验不断丰富，水平不断提高，我欣赏幼儿的游戏创意，更欣赏他们在游戏中有趣的想法，细致入微的扮演和积极合作的表现。

2. 教师在后，选择适宜的时机和指导方式

在案例中，基于观察和思考，我有针对性地选择适宜的指导方式，适时介入幼儿游戏，真正推动游戏逐步深入，从而促进幼儿发展。我根据幼儿游戏的实际情况，主要采取了以下两种做法：

一是静观其变：当幼儿突发奇想，想玩竹竿游戏时，我给予及时的鼓励和支持，鼓励幼儿大胆探索尝试；当幼儿说用跳皮筋的方式玩竹竿时，我选择静观其变，这时幼儿需要的并不是来自教师的"指导"，而是足够的自主游戏空间。

二是适宜介入：当幼儿向我寻求跳竹竿的视频时，我默默地支持着幼儿，引导幼儿观看视频中的竹竿玩法；当幼儿提出竹竿夹脚、地面磨得手疼等困难的时候，他们虽然没有寻求我的帮助，我也没有给予指定游戏内容，而是用语言启发幼儿们思考，解决游戏中的问题。

(二)基于实践与思考，把握"幼儿为主体，互动有深度"的原则

纵观"跳竹竿"民间游戏的整个推进过程，虽然幼儿参与跳竹竿的积极性有了很大提升，热情高涨的他们在游戏过程中也愈加有节奏感，以及幼儿之间的合作程度明显提升了很多，但是还是有些许未考虑周全的地方。

1. 以幼儿为主体，推进与其他游戏的相互融合

教师在组织跳竹竿游戏时，每个幼儿的学习能力和发展水平都不尽相同，我们应关注幼儿的情感需求，及时给予关爱和支持。对于在游戏中遇到困难或受伤的幼儿，教师要给予关心和安慰，帮助他们渡过难关；对于在游戏中取得成绩的幼儿，教师要给予表扬和鼓励。此外，幼儿感兴趣的事物、材料、现象、民俗等都是重要的课程资源，这就需要教师充分关注他们的兴趣爱好，善于发现并利用幼儿喜欢的音乐、故事等元素，将"跳竹竿"游戏与其他游戏相结合，让幼儿在愉快的氛围中学习。

2. 以幼儿为中心，持续挖掘民间游戏的生长点

幼儿对"跳竹竿"游戏意犹未尽，许多幼儿通过游戏故事把"跳竹竿"游戏中的过程讲给了自己身边的人，这样他们不仅局限于跳竹竿，还了解了少数民族的民俗和民风。借此机会，班上的其他幼儿也播放了自己的视频和照片来和大家分享自己在旅游中遇到的民俗民风。教师还可以顺着幼儿的好奇心和这份热情，在家园共育中与家长一起帮助幼儿"圆梦"，一起制作少数民族的服饰，并且进行走秀展示，制作民族的美食，感受民族特色文化。

（案例撰写教师：周庆）

有趣的洋画片
——"拍洋画"民间游戏案例

一、民间游戏缘起

在一次自主游戏时，一群幼儿围在桌子旁边热闹地讨论着，于是我凑近了看看，原来是有幼儿在玩拍蜡光纸的游戏，他们尝试着用不同的工具把蜡光纸翻过来，并且吸引了许多同伴加入他们的游戏。他们的游戏场景勾起了我的童年回忆，他们现在的游戏与我们小时候的"拍洋画"游戏如出一辙。我们小时候会收集一张张洋画片，画上有各种神话人物或动画片人物，几个小玩伴聚在一起，只要一张桌子或一块相对平整的地面，就可以玩上好久，简单的游戏时光快乐无比。现如今，电子游戏、科技产品盛行，幼儿熟知各种新媒体技术，高科技玩具也是数不胜数，他们在平时生活中较少有契机去探究怎么借助卡片来组织一场好玩的游戏。因此，能在幼儿的自主游戏中看到"传统归真"的游戏场景，引发了我的思考，我们何不顺应幼儿的游戏行为，深入挖掘传统民间游戏在如今社会背景下的游戏价值？于是我将"有趣的洋画片"引入幼儿的游戏中。

二、民间游戏实录

（一）初识民间游戏

✴ 一起认识洋画片

"老师！你手上拿的是什么？这卡片有什么用？是玩具吗？还有葫芦娃！我最喜欢葫芦娃了。"我把洋画片一拿出来，幼儿们便七嘴八舌地问道。于是我将洋画片发给大家，让他们先自主探索洋画片怎么玩。只见墨墨将洋画片蒙住，请小伙伴猜洋画片上是什么图案；汐汐喊着几个小伙伴一起拍洋画，他们有的用手拍，有的用画本拍，有的用卡纸拍；熙熙和可可将洋画片放在桌子上吹，比比谁将洋画片吹得远；大家的游戏"花样"有点出乎我的意料。

图248　认识洋画片

洋画片不好玩

"老师，这个洋画片不好玩，我们想去玩拼图了！"阳阳玩了一会就要把洋画片还给我，并且拉着轩轩准备去玩别的游戏。我问他为什么不想玩了，他嘟囔着说就是不好玩，拍洋画拍得手疼死了，也总是拍不好。玩了一会儿洋画片后，有一部分幼儿都开始自主游戏了，洋画片零零散散地被丢在了桌子上和材料柜里，只剩下几名幼儿围在一起讨论着洋画片上的图案。

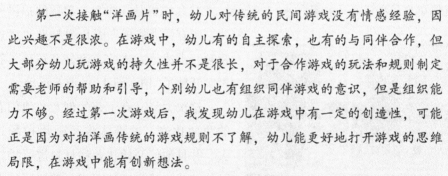

⭐ 我们的思考与支持

第一次接触"洋画片"时，幼儿对传统的民间游戏没有情感经验，因此兴趣不是很浓。在游戏中，幼儿有的自主探索，也有的与同伴合作，但大部分幼儿玩游戏的持久性并不是很长，对于合作游戏的玩法和规则制定需要老师的帮助和引导，个别幼儿也有组织同伴游戏的意识，但是组织能力不够。经过第一次游戏后，我发现幼儿在游戏中有一定的创造性，可能正是因为对拍洋画传统的游戏规则不了解，幼儿能更好地打开游戏的思维局限，在游戏中能有创新想法。

为了让幼儿对拍洋画片这个游戏有所认知，我组织幼儿观看了视频，了解了拍洋画片以前的传统玩法。看完视频后，大家七嘴八舌地讨论了起来，对于视频中竞赛比拼赢洋画片的游戏规则似乎比较感兴趣。可可说还可以和小伙伴一起将洋画片丢到地上，正面朝上就赢了，反面朝上就输了，输了的人要给赢了的人一张洋画片。在"初识""拍洋画片"游戏时，我选择了先引导幼儿自主探索再了解传统玩法的方式让幼儿走进"拍洋画片"这个民间游戏。在游戏中，我及时肯定了幼儿的游戏创意，鼓励幼儿进行同伴合作，并适时地加入幼儿的讨论，和幼儿共同制定了规则和玩法。为了解决幼儿兴致不高的问题，我还充分发挥家长资源，请家长和幼儿一起回忆童年，和幼儿一起感受游戏的乐趣。同时，可以让家长引导幼儿一起探索创新拍洋画片的更多游戏玩法。

（二）再探民间游戏

★ 家园共"玩"洋画片

在"初始"游戏阶段，幼儿对拍洋画片的游戏兴趣不够浓厚，于是我开展了"借洋画片"的家园互动活动，幼儿可以带一些洋画片和家长一起玩，有了和家长游戏的经历后，幼儿纷纷开始分享自己和家人的"游戏战果"。婉婉说："我和爸爸一起比赛用书本拍洋画片，我拍翻了三张，爸爸拍翻了一张，最后我赢了。"汐汐说："我在家和妈妈一起拍洋画片，我们发现在手上哈一口气，就能更容易把洋画片拍翻过来。"笑笑说："我和妈妈是在床上一起玩的拍洋画片，床有弹力能把洋画片弹起来。"通过视频、讲述等方式的交流分享过后，我再次开展了"拍洋画片"的游戏活动。

这次大家又有了新的创意，他们有的两两比赛，看谁能将洋画片拍翻过去，并且他们开始找各种材料进行拍洋画片游戏，语言区的图书、美工区的卡纸、表演区的铃鼓、角色区的菜盘，一种不行就去找另一种；在游戏中也有这样的对话："我们比赛的时候一人拍一下，不能拍多了，我拍完之后要等你拍，不然就犯规了！"有的幼儿立刻附和着要遵守游戏规则。

图249　交流游戏经验

洋画片守卫大战

在游戏中，我总能在材料柜中和地上发现被"丢弃"的洋画片，于是我们开始了一场"洋画片守卫大战"。我给幼儿每人分发了五张洋画片，计时三十分钟，请幼儿自由与同伴开始用洋画片进行游戏，并且合作商量游戏玩法和规则，三十分钟过后，比比谁的洋画片变少了，谁的洋画片变多了。

图 250 "吹洋画"游戏　　　　图 251 在自主游戏中玩洋画片

随着游戏的开始，只见婉婉和可可在商量游戏规则：首先两个人一人拿出一张洋画片放在桌上，用"石头剪刀布"的方式来决定谁先拍。看到婉婉和可可的比拼，大家对"赢洋画片"来了兴致，纷纷开始找同伴玩游戏。星星说："老师你快来看，我和轩轩把手上的洋画片叠起来，谁能把洋画片拍翻过来，那张洋画片就给谁。熙熙说："这个洋画片太难拍了，拍得我手都疼了，我们来试试吹的方法吧，看谁吹得远，谁就赢了。"于是有的幼儿加入熙熙的"吹洋画片"游戏，只见大家把洋画片都放在桌上，一起开始吹洋画片。墨墨说："我们两个把洋画片从高处丢到地上，看看谁的洋画片是反的，谁就赢了。越来越多幼儿开始和同伴合作游戏，尝试自主制定游戏的规则。

⭐ 我们的思考与支持

有了和家长共同游戏的经验后，幼儿的兴趣明显提升，对拍洋画片的游戏也不再陌生。再探民间游戏，幼儿与同伴之间的竞技变多，合作游戏是他们主动探索的过程，同时对幼儿的社会交往能力、游戏组织能力也有着较高的要求。同伴共同游戏中规则怎么制定？听谁的？能不能接受竞技之后的输赢？这些都是促进幼儿社会性发展的契机。在游戏中，个别组织能力较强的幼儿可以通过讨论、初步游戏、调整、再次尝试的合作过程，逐渐与同伴制定出新的游戏玩法和规则。通过游戏，幼儿的组织能力、交往认知都得到了慢慢提升。

在"洋画片守卫大战"游戏中，幼儿需要与同伴商讨规则的制定与创新，有合作就会有争论。游戏后，我组织幼儿分享了他们在游戏中遇到的问题，有的说拍洋画片太难了，有的说五张洋画片太少了，还有的说有些幼儿在输了比赛之后不愿意给洋画片等。对于这些问题，有的幼儿已经能尝试自己协商解决，有的也会寻求老师帮助。大班幼儿具备一定的合作游戏意识，但是当幼儿遇到问题时，教师不要急于干预，要给予幼儿充分的交往空间，先让幼儿自己尝试解决问题。比如说有的幼儿输完了洋画片，可是还想游戏时，我试着鼓励其他的幼儿帮助他，有的也会拿出自己的洋画给同伴，并邀请他继续游戏。在游戏的具体情境中，教师应指导幼儿学习友好交往的基本规则和技能。当幼儿遇到问题想要放弃时，我一直以鼓励支持的态度引导幼儿，而不是直接简单地替幼儿作决定，幼儿合作的意愿往往就是在支持鼓励的正面引导中慢慢萌发的。

（三）创新民间游戏

✱ 洋画片加工厂

"洋画片总是一会就输完了，我们一起来自己画洋画片吧！"我在班级投放的洋画片数量虽多但有限，有的幼儿在与同伴比拼的时候，手头的洋画片总是很快就没有了。玥玥就和笑笑来到了美工区，找了一些彩纸和水彩笔，先是直接就在一张大的纸上画，然后将画的图案剪下来。熙熙、安安、卷儿也加入了制作洋画片活动中，她们开始讨论画什么，并且拿来洋画片观察、仿画，把彩纸换成硬的卡纸，不一会儿，美工区变成了"洋画片制造工厂"，各式各样的洋画片被设计出来，有美人鱼海洋系列、动物系列、机器人系列、植物系列等。

有了自己制作的洋画片之后，幼儿将洋画片放在了不同的材料柜里，洋画片的玩法也变得越来越多。在表演区，有的幼儿玩"你演我猜"游戏——一个人表演，另一个人猜洋画片的图案，在益智区有人用洋画片排小火车、猜谜语。

图 252 制作洋画片

★ 洋画片这样玩

在今天户外活动中，轩轩问我可不可以把洋画片拿到外面来玩，我立刻就同意了。于是轩轩和卷卷开始玩起藏洋画片的游戏，轩轩把洋画片藏起来，卷卷闭着眼睛数十下，然后卷卷去找。有了轩轩打头阵，大家纷纷开始玩"藏洋画片"游戏，两两组队，三人合作，户外成了最大的"储藏空间"，这对于找洋画片的人来说也更有挑战。

图 253 你藏我找

阳阳说："我们来比谁能把洋画片飞到更远的地方吧!"星星、瑞瑞几个男孩子立刻就加入了阳阳的游戏队伍。这次户外活动中，大家没有去选游戏器械，而是开始玩"洋画片花样游戏"。

★ 我们的思考与支持

在自己制作洋画片的过程中，幼儿表现出了对洋画片极高的兴趣。幼儿需要仔细观察洋画的特点，讨论后明白一大张洋画片是一个主题，每一张洋画片的图案都不相同，于是就有了"机器人系列""动物系列""海洋系列"等，有效地提高了幼儿的自主创造与表达能力。基于前期游戏经验的积累，幼儿制定游戏规则的组织能力逐渐提升，个别幼儿能起到推动游戏进展的作用。幼儿从不认识洋画片，不了解拍洋画片，到喜欢玩，乐意玩，能很好地将洋画片这个游戏材料由陌生变成熟悉，甚至融入户外等日常生活场景中，由教师的有意引导变为自主"游戏"，成为游戏的主人。

旧时洋画片上面的图案丰富多样，人们通过洋画的图案判断一张洋画片的价值，有的还会收集洋画片，只为了凑齐自己喜欢的图案。如今的幼儿对以前洋画片上的图案没有情感认知经验，于是开始自发设计洋画片，当把自己制作的各具特色的洋画变成游戏材料时，幼儿又开发出了新的游戏创意。在整个探索民间游戏的过程中，幼儿从兴趣不高到自发游戏，我自始至终做到"放手"，引导幼儿自主探索，合作游戏，不直接干预幼儿的游戏过程，而是在发现问题后，组织幼儿集体讨论，以平等的角度和幼儿对话，以支持的态度激发幼儿探究的兴趣，丰富其经验，通过扮演"合作者"的角色，让幼儿在游戏中慢慢提升自身能力，将洋画片这个"旧"游戏变成"新"游戏。

三、民间游戏感悟

(一)尊重幼儿想法，支持传统民间游戏不断创新

"有趣的洋画片"这个民间游戏案例的灵感始于幼儿一日活动的寻常时刻，幼儿从一开始不认识洋画片，觉得不好玩，导致游戏的持久性不强，到在游戏后期不断衍生出层出不穷的游戏玩法，一改以往"拍洋画片"的固定传统规则，将"拍洋画片"变成幼儿自发的游戏。整个游戏过程中最难掌握的是抓住幼儿游戏的兴趣点，因为"拍洋画片"这一民间游戏依托20世纪八九十年代的社会背景，当今时代的幼儿与之没有太多情感关联，但是教师在游戏中都用接纳和鼓励的方式面对幼儿的游戏创新和生成活动，在促进幼儿游戏的过程中，教师

要学会扮演观察者、支持者、引导者和合作者的角色，例如在幼儿游戏遇到困难并尝试解决困难的时候，教师应作为观察者，给予幼儿自主解决困难的机会；在幼儿想要创造新的游戏玩法，但是缺乏经验、信心不足的时候，教师应作为支持者和引导者，帮助幼儿积累经验，鼓励幼儿自行制定游戏规则；在幼儿自定的游戏规则不够完善，游戏无法进行，需要帮助的时候，教师可作为合作者，同幼儿一起将规则完善，使游戏得以顺利进行，不断发展幼儿积极探索的意识，鼓励幼儿自主发现、自主创造，推动幼儿的学习向纵深发展。

（二）推动幼儿合作，发现传统民间游戏的持久价值

《3~6 岁儿童学习与发展指南》指出："教师要在共同的生活和活动中，以多种方式引导幼儿认识、体验并理解基本的行为规则，学习自律和尊重他人。""有趣的洋画片"游戏本身规则性较强，存在竞赛、比拼，相对地就存在输赢和合作等。教师在游戏中会鼓励幼儿自主创新游戏，因此游戏规则会根据幼儿的需要和自身意愿不断得到调整和改变，在制定和不断完善游戏规则的过程中，很好地激发幼儿的创造力，锻炼幼儿的交往能力，萌发幼儿的规则意识。当然，这也会更加凸显幼儿的个体差异，在他们之中会有人积极组织游戏，制定、讲解游戏规则，遇到困难积极寻求解决办法，也会有人在游戏中漫无目的，游离于游戏之外或违背游戏规则，因此在游戏中，合作能更好地促进幼儿社会性发展。在"有趣的洋画片"游戏故事的后期，幼儿的交流越来越多，两人结伴，三人成组，竞争中有团结，合作中有分享。

"有趣的洋画片"游戏故事连接着"老"与"小"，传递着"旧"与"新"，民间游戏伴随着我们的成长，儿时的游戏到现在还是会让人觉得很亲切。在幼儿园内实施民间游戏，是对民族文化的一种传承，它寓教于乐，其独特的教育价值也能不断影响如今的幼儿。作为教师，我们要有一双善于发现的眼睛，及时捕捉幼儿的游戏瞬间，将游戏对幼儿的带动影响发挥到最大。

（案例撰写教师：瞿紫怡）

花轿乐章
——"抬轿子"民间游戏案例

一、民间游戏缘起

> "一月一，年初一，一月二，年初二，
>
> 年初三，早上床，今夜老鼠娶新娘，
>
> 老鼠新娘美叮当，想找女婿比猫强，
>
> 大小老鼠来帮忙，抬花轿，办嫁妆……"

　　这是童谣《抬花轿》里的歌词。"抬花轿"作为我国的传统文化活动，也是我国非物质文化遗产。古时候，由于交通不发达，老百姓婚姻嫁娶活动，都是以轿代步，一是显得隆重气派，二是表示热闹喜庆。"抬花轿"所衍生出来的民间游戏"抬轿子"是一项传统的体育游戏，两个人用双手搭起轿子，用手臂和身体力量合作抬起人。这段时间班级幼儿对绘本《老鼠娶亲》的兴趣浓厚，幼儿对其中"抬轿子"的情节都很感兴趣，朵朵说："有一种游戏就是'抬轿子'，我听妈妈说过。"听了朵朵的讲述，大家都十分感兴趣，对这个游戏都跃跃欲试。

二、民间游戏实录

(一)初识民间游戏

✦ 轿子怎么抬？

　　今天是开启民间游戏"抬轿子"的第一天，由于幼儿在生活中对于轿子的了解都不太多，因此用了较长时间才初步理解了轿子的外形特点以及它的由来。我提问："我们可以用什么方法玩活抬轿子的游戏？"他们立即陷入了七嘴八舌的讨论中。喆喆说："我觉得门口的那个板子好像还挺合适的。"朵朵说："我们可以拿几根木棍和一块木板粘到一起，这样就可以做成一个轿子了。"这时，博学的曦曦小声说："我们可以把手交叉抬起别人。"

图 254 曦曦介绍抬花轿

捕捉到她的回答，我立马给出反馈："曦曦，你说的这种方法很有趣，可以到前面来分享吗？"她开心地走到前面来，双手做出交叉的姿势，向小朋友们示范用怎样的动作才能"抬轿子"，观察到她的动作与标准的"抬轿子"姿势有出入，我提出了问题："这样真的抬得动小朋友吗？"部分幼儿表示不相信，部分幼儿则是深信不疑。

怎样抬最好？

我邀请另外一位幼儿上前与曦曦合作，一起摆出她所描述的抬轿姿势，等

图 255 幼儿尝试抬花轿

到她们摆好后，萌萌举起小手紧紧盯着"轿子"，想要尝试坐一下，当萌萌坐上"轿子"时，幼儿都欢呼了起来，脸上满是兴奋与惊讶，而当曦曦和卓卓合力想要抬起"轿子"时，则显得有些吃力。我发现了他们的困难，出于安全和健康的考虑，我立马请他们先停止尝试，并抛出了新问题："怎样才能更轻松、更安全地抬好轿子呢？

要改成怎么样的姿势会更好？"幼儿在下面积极地尝试着各种各样的"抬轿子"姿势。突然，依依和浩浩摆出了不一样的手势——两个人相互抓住对方的手腕摆出了一个正方形，多多坐上去后，"轿子"坚持了很长时间。

我们的思考与支持

抬轿子作为一种民间习俗，当今已经很少能看到了，顶多出现在传统婚礼仪式的一个环节中，因此班级幼儿的前期经验是比较少的，特别是男生，他们对于抬轿子有一种天然的抵触情绪，他们认为只有新娘才需要坐轿子，男生则不应该坐，因此我展示出了轿子的更多用途，从而帮助他们消除抗拒的心理。幼儿在游戏中能自主探索抬轿子的玩法，调动已有经验相互分享，相互学习，感受到了"三人行，必有我师焉"的无限快乐。通过我的引导，幼儿能够主动解决问题，发现更适合的抬轿子玩法。

(二)再探民间游戏

✹ 观察与思考

今天的民间游戏活动一开始，我就邀请依依和浩浩上前示范他们发现的能坚持很久的"抬轿子"姿势，并请其他幼儿观察他们姿势的外形特点，奇奇说："我觉得他们两个人摆出了一个正方形的形状。"乔治说："我发现他们的手都是抓在一起的。"看着幼儿都能够认真观察并说出自己的感受，我鼓励他们也尝试着学习模仿抬轿子的姿势。

✹ 不断地尝试

幼儿两两合作开始了尝试，淳淳和乐乐虽然在中间摆出了正方形，但是手与手并没有抓紧，晨晨和依依虽然手抓紧了也摆出了正方形，但是臂弯之间的空间特别小，依依对淳淳说："你们的手没有抓好，到时候会容易断开。"浩浩对晨晨说："你们两边的空间太小了，别人根本坐不进来。"在自由尝试结束后，依依和浩浩分享了自己的观察心得，朵朵说："那我们不仅要把手和手搭出正方形，还要让手抓紧，并且手与手之间的空隙不能太小。"

✹ 坐稳啦！

其他幼儿纷纷开始了新一轮的尝试，这一次大家的姿势合适多了！"当我们真正开始玩抬轿子的游戏时，你们觉得除了姿势标准外，还应该注意什么?"思考了一下,曦曦说:"我们要找一个抬得动的小朋友。"恒恒说:"我们要等别人坐稳了才能开始抬。"诗诗说:"坐在上面的小朋友也要坐稳了。"就这样,幼儿来到户外开始了新的尝试。

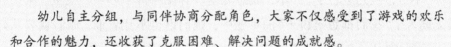

✦ 我们的思考与支持

幼儿自主分组,与同伴协商分配角色,大家不仅感受到了游戏的欢乐和合作的魅力,还收获了克服困难、解决问题的成就感。

抬轿子作为一项有挑战性的游戏,在前期一定要作好充分的准备和铺垫,因此在动作的标准性上,游戏的一些注意事项方面,我都会和幼儿充分地研究、讨论,以保证幼儿在活动时能够玩得开心、顺利且安全。今天,在尝试传统玩法的过程中,幼儿都感受到了别样的快乐,后期还会在捕捉游戏瞬间时多多发现他们在游戏中的亮点。

(三)创新民间游戏

✦ 轿子的轻与重

"哎哟!"伴随前后不一的呼喊,身型比较高大的晨晨被依依和瑶瑶抬了起来,瑶瑶得意极了,一边抬着"轿子"一边说:"我们可真是太厉害了,就连晨晨都可以抬起来。"依依回应道:"是呀,一开始我们可是不敢尝试的,练习了几次就做到了。"

不远处的熠熠、恒恒和涵涵正忙着搭建三人版"轿子",只见大块头成成正在他们搭建好的轿子一旁尝试着坐进去,他仿佛有点为难:"你们的轿子有三个孔,我只有两条腿,怎么坐得进来呢?"熠熠急忙回答:"你太重了,他们两个抬不起来。"成成想了想说:"那你和涵涵的

图256 练习抬花轿

力气都大,你们俩抬我,恒恒当保镖不就行了吗?"涵涵说:"是个好办法,我们试试吧!"于是,熠熠和涵涵搭起了"轿子",成成紧接着坐上了"轿子",恒恒托住成成的身体,三个人咬紧牙关,喊着"一、二、三",奋力地将成成抬了起来,他们成功了!

⭐ 我们都想坐轿子

"不行,我先坐轿子。""不,我想先坐。"伴随一阵争吵声,宝宝、果果和蕊蕊陷入了"我们都想坐轿子"的难题中,她们谁也不让着谁,眼看就要从好朋友发展成"仇人"了。一旁的诗诗劝慰道:"你们用猜拳来决定谁先坐轿子呗。"听到诗诗的建议,宝宝觉得很有道理,大家于是采用"黑白配"的方式决定先后顺序,蕊蕊在黑白配中胜利了。

紧接着宝宝和果果也开始玩起了黑白配,但是无论她们俩出一样的颜色,还是不一样的颜色,都始终难分胜负。宝宝和果果皱起了眉头,有点不知所措,就这样僵持了一会儿,果果说:"我们两个人用黑白配是比不出来的,应该用石头剪刀布。"在玩了一轮"石头剪刀布"后,她们终于决定好了坐轿子的顺序,愉快地开始玩起了抬轿子的游戏。

一旁的姐姐、妹妹和曦曦也因为坐轿子产生了矛盾,但是曦曦很快就提出了一个想法:"我们可以通过蒙着眼睛猜一猜来决定,谁猜得准谁就可以先坐轿子。"妹妹说:"谁来给我们猜呢?"姐姐也说:"而且那个人一出来我们就知道了,根本不用猜呀。"曦曦点点头,觉得很有道理,便没有继续坚持自己的想法。突然,妹妹看到一旁宝宝、果果和蕊蕊的方法,连忙拉着姐姐和曦曦一起去看,她们一边"围观",一边点头,转过身来也开始用这个方法决定自己的游戏顺序。

⭐ 滚简抬轿子

"我快坚持不住啦。"只见豪豪和恒恒共同抬着欢欢,正在苦苦坚持着,一旁的涵涵扬扬得意地说道:"你们没我们厉害吧!"成成也紧接着说:"我们抬着萌萌就比你们俩坚持得久。"豪豪和恒恒感到被挑衅了,气愤地叉起了腰。这时萌萌开口了:"我比欢欢轻一些,所以你们可以坚持得久一点。"豪豪眼里立马泛起了光:"是呀,是呀,你们不公平!"成成说:"那你也抬萌萌,看你能坚持多久。"涵涵自信地笑道:"肯定没我们久。"恒恒和豪豪听了,立马就走上前抬起了萌萌,并保持着抬轿的姿势站了很久,这时豪豪说:"看我们坚持了多久!"成成说:"虽然你们很久,但我觉得我们更久。"恒恒不服气地说:"那我们重新比一次,看时间的长短。"说着他们开始了比赛。

浩浩发现户外的滚筒也可以用来当作"轿子",他立马邀请豪豪钻进滚筒,豪豪疑惑地问:"我钻进去干什么呢?"浩浩说:"这是我的轿子,你坐进去我抬你呀!"听到这话,豪豪开心极了,立马钻进了浩浩的"轿子"里,享受着最新款的"轿子"。

图 257　比赛抬花轿

✿ 抬轿跨栏

不远处的成成和涵涵一边喊着:"完成啦!"一边做好"轿子"抬起了恒恒,他们抬着恒恒往前走着,走到了跨栏前,涵涵喊了声:"预备开始。"他俩抬着恒恒跨过了第一个跨栏,只见成成满怀自信,又听成成喊了一声:"预备开始。"他俩抬着恒恒又跨过了一个跨栏,其他幼儿在一旁连连为他俩加油打气。

图 258　抬轿跨栏

✿ 我们的思考与支持

幼儿抬轿子的动作已经非常熟练了,并且可以根据自己的练习不断地尝试和挑战,有些一开始抬不动的幼儿,现在也能够抬动了。遇到困难他们不断地尝试用各种办法去解决,并且根据解决的情况灵活地调整自己的抬轿子的方式，实在不能够达成目标时，也能够为自己变换解决方法。幼儿通过尝试、探索，发现了抬轿子的轻松程度与坐轿人的体重的关系。幼儿们在不断的失败和尝试中，克服困难并达到自己的游戏目标，在游戏中更加自信，相互之间的关系也更加密切了。

他们在游戏中因为角色的分配问题产生了小小的矛盾，而他们积极尝试解决矛盾，运用不同的方式使游戏更加"公平"，幼儿在这个过程当中的思考与成长是非常可喜的。在"抬轿子"游戏的后期阶段中，幼儿都能够更好地发散自己的思维，有的利用自己的巧妙思考创设出了新的抬轿子方式，有的则是不断刷新抬轿子坚持的时间记录，通过一边抬轿一边跨栏等方式实现体能的自我挑战，让"抬轿子"游戏能健身、健脑又健心，让幼儿始终能够在游戏中收获快乐和新奇感。

三、民间游戏感悟

(一)放手不是放任

教师因为懂得理解和尊重，所以会信任幼儿，选择放手。在本次"抬轿子"游戏开展过程中，我发现，放手后，幼儿才会给我们展示一片精彩的世界，让我们由衷地敬佩和欣赏。放手不等于放弃，更不等于放任自流。放手是"幼儿在前，教师在后"的细心观察，放手是了解幼儿真实发展水平后对有效支持的深入思考。"请帮助我独立完成"是每个幼儿发展的需求，教师应该用陪伴的方式默默地支持幼儿的发展，见证他们的每一步成长。

(二)相信幼儿的智慧

幼儿天生就喜欢游戏，也擅长游戏。对于游戏的探索与创新，作为教师，我们需要做的就是站在幼儿的身后，持续不断地给予幼儿关心和支持，让幼儿有更多发挥的空间，生发出更多的智慧。

（三）理解幼儿的想法

幼儿在游戏过程中，会有很多的表现，在我们看来可能并不是很"常规"，但教师还是应该努力地尝试理解他们奇奇怪怪的想法，站在幼儿的角度去玩游戏，始终用欣赏的眼光去看待他们，这样才能让他们的游戏创意落到实处。民间游戏"抬轿子"，让幼儿通过直接感知、实际操作、亲身体验去放手学习，在游戏中给予幼儿自由操作的时间与空间，真正做到以幼儿为主体，充分发挥幼儿的主动性和创造性，让幼儿学会用周边熟悉的事物来制作、探究自己需要的"花轿"，更能激发幼儿与同伴之间深入探索、解决问题的能力。

（案例撰写教师：何素琴）

"足"够精彩

——"两人三足"民间游戏案例

一、民间游戏缘起

一天，两名幼儿在争一根皮筋，他们都表示是自己先拿到皮筋的。于是我启发他们共同玩这根皮筋，便提出了"两人三足"游戏，其他幼儿见状纷纷效仿。《幼儿园教育指导纲要(试行)》强调要"开展丰富多彩的户外游戏和体育活动，培养幼儿参加体育活动的兴趣和习惯"，要用"幼儿感兴趣的方式发展基本动作，提高动作的协调性和灵活性"。"两人三足"是幼儿非常喜欢的一种民间游戏，它能锻炼幼儿的下肢力量，增强身体的协调性和平衡性。同时，大班幼儿在与同伴交友中，应做到和谐相处，团结友爱。"两人三足"游戏恰好能促进幼儿之间团结友爱，此游戏便在我班开始啦！

二、民间游戏实录

(一)初识民间游戏

★ 三足变形记

我向幼儿分享了用一根绳子玩的"两人三足"游戏，听到这个名字，其他幼儿便对这个游戏展开了激烈的讨论。

喆喆说："这是两个人一起玩的游戏，然后两个人要分三个足。"

豆豆听完了也说："足可能是足球吧，两个人一起玩三个足球，有一个人有两个足球，还有一个人只有一个吧。"

"对，就是一起踢足球的意思，而且有一个人会多一个足球。"

"是的，是一个人踢两个足球！"

“可是，我们今天没有踢球。”

幼儿纷纷发表了自己的意见。

我告诉他们“两人三足”里的“足”不是“足球”，是我们的“脚”，就是两个人用三只脚进行游戏。听完我的解释后，幼儿睁大了双眼，叽叽喳喳地又讨论了起来。

“两个人怎么会只有三只脚？”

“对呀，两个人三只脚，这也太好笑了吧。”

萌萌说：“是不是有个小朋友的腿没了啊，然后她和好朋友一起就只有三只脚了。”

这时，我将问题抛给了幼儿：“两个小朋友的脚都没有问题，都是好好的，那怎么才能变成三只脚呢？”

淳淳说：“一个人把脚抬起来，就可以了。”

惟惟说：“有一个人要跳着走路，就可以少一只脚了。”

琦琦说道：“我知道了！一个人把腿放在另一个人腿上就可以了，他们把两只脚叠起来了，就是三只脚。”

思思说：“我跟爸爸一起玩过这个游戏，两个人的脚要用绳子绑起来。”

听到大家的讨论，我打开了录制的“两人三足”游戏视频，幼儿眼睛紧紧盯着屏幕，不敢错过一个画面。视频播放完成，他们恍然大悟：“原来把腿绑起来，两只脚就变成一只了。”

问题产生

游戏正在如火如荼进行着……

幼儿玩得特别开心，我发现宁宁坐在旁边低着头，噘着嘴巴，有些闷闷不乐的样子，嘴里还在小声嘟囔着：“我和慧慧老是摔跤，根本就走不好。”一旁的赫赫听到了，立马凑过来说道：“是的，我和点点也是这样，不仅走不快，还不停地摔跤。”

讨论问题

分享时间到了，我邀请宁宁分享自己在游戏中出现的问题，于是，一场关于“三足如何走得又快又稳”的讨论开始了。月月说：“两个人一定不能离得太远，不然绳子就会松开，就走不快了。"

格格说："我跟嘻嘻发现，绑在一起的那条腿一定要一起走，不然就会摔跤。"

思思说："我们两个人刚开始走得也很慢，多多练习就越走越快了。"

琪琪说："对的，我也觉得两个人要一起走，不然就会摔跤。"

心心说："我在家里跟爸爸一起玩的时候，爸爸会喊'一二一二'的口号。"

幼儿在分享中讨论出了各种各样的方法，游戏又继续开始了……

再次尝试

"慧慧，你等会不要一个人走太快哦，我们要一起走。"宁宁和慧慧认真地将两个人相邻的腿绑在一起。腿绑好后，两人开始了新一轮的尝试，只见两人紧紧靠在一起，将绑在一起的腿往前走，站稳后，再慢慢地将另一条腿往前走，就这样一遍又一遍地重复着同样的动作，他们的配合越来越有默契，已经可以又快又稳地朝目的地前进了。

图 259　活动前的准备　　　图 260　两人配合多次练习"两人三足"

在操场的另一边，赫赫和点点说着"一二一"的口令慢慢地行走，当赫赫的口令越喊越快时，他们的口令变得不一致了，脚步也慌乱了起来。"砰"的一声，赫赫带着点点摔倒了。点点睁大眼睛瞪着赫赫，大声喊叫道："赫赫，你干吗走那么快，都把我弄摔跤了。"赫赫挠了挠头，赶紧起身，说道："对不起，点点，我等会再也不走这么快了。""我们两个人一起喊口令太乱了，都不知道听谁的了，一次只能一个人喊。""好，那我们一人喊一局，你先喊，下一局我来喊。"商量好后，两个人又开始游戏，"一二一""一二一"，跟随着点点的口号声，两个人的步伐越来越整齐，不一会儿就到达了终点。

⭐ **我们的思考与支持**

在第一次的游戏中，"如何配合向前走"是幼儿都会遇到的一个问题，通过喊口号的方式，幼儿对游戏进行探索和练习，运用前期的游戏经验共同商讨，逐渐找到游戏的技巧。在游戏的过程中，幼儿积极思考并表达自己的想法，不断地尝试解决出现的问题，是思维转化也是能力提升的表现。

教师应注重与幼儿的交流，提供幼儿平等参与的机会。例如，发现宁宁的情绪低落，我没有直接告诉她应该怎么做，而是鼓励她在分享环节中表明自己的困惑，引导其他幼儿讲述游戏成功的方法，体验合作的重要性，幼儿自主探索、遵守规则等社会性行为逐步形成。

(二)再探民间游戏

⭐ 三足升级记

轩轩一个人站在旁边，眼睛盯着其他幼儿游戏的身影，原来兮兮今天请假了，没有人跟他搭档游戏。我上前询问他要不要和其他幼儿一起玩。

"但是，他们都有伴了，没有人能跟我一起玩。"

龙龙和诚诚从旁边走过，听到了我们的对话，连忙上前邀请轩轩跟他们一起玩，三人游戏开始了。

龙龙说："轩轩，你把绳子拿过来，我们三个人绑在一起。"

轩轩说："我们现在有三个人了，应该就不是两人三足了。"

幼儿看着绑好的腿数着："1、2、3、4。"现在有四条腿了，我们正在玩"三人四足"。

⭐ 新问题出现

"砰——"

"砰——"

这次游戏更难了，龙龙、诚诚和轩轩没走几步就摔倒了。

三人爬起来后，再次尝试游戏，跟随着龙龙的口号"一二一，一二一"，站在中间的诚诚随着左右两人前进的动作变成了"一前一后"的样子，队伍变成了一条斜线。

诚诚说："我的两条腿都被绑住了，这可怎么走呀。"

龙龙说："三个人比两个人难多了。"

在多次尝试以后，这个问题还是没办法解决，于是幼儿找到了我，想要寻求帮助。

合作解决

听到求助时，我并没有第一时间告诉他们解决方法，而是邀请他们一起玩"三人四足"的游戏。龙龙、诚诚和我将脚绑在了一起，而轩轩则站在旁边看我们一起玩游戏，随着龙龙的口号"一二一，一二一"我们向前走了起来，我在喊"一"的时候，顺势将站在中间的诚诚抬起来了一些，虽然只有一个人抬姿势有些奇怪，但也算是顺利地向前走了，就这样三人顺利地走到了终点。

一旁看着我们的轩轩尖叫起来："成功了，成功了，三人四足可以走。"

"老师，为什么你跟我们一起玩，我们就可以成功呢?"龙龙问道。

"我看到了，每次喊'一'的时候，老师会抬起诚诚，这样诚诚就不会走不动了。"轩轩说。

"对，老师会把我抬起来，我的脚也没这么难受了。"诚诚说。

"原来站在中间的那个人需要我们的帮助。"

方法找到了，三人再次尝试了起来，诚诚将手搭在龙龙和轩轩的肩膀上，随着"一二一，一二一"的口令，龙龙和轩轩尝试将诚诚抬起来，又一个问题产生了，诚诚因为身材比较高大，体重也较重，旁边两人的身材较小巧，体重的悬殊，让他们两人抬起诚诚来非常吃力。

"诚诚，你太大了，我们两个抬不动你。"

"轩轩，你看起来比较轻，你跟诚诚换个位置。"

诚诚和轩轩换了位置后，他们继续游戏。这次，龙龙和诚诚很轻松地将轩轩抬起来了，他们的"三人四足"也顺利地开始了。玩到最后，轩轩大笑起来："被人抬着向前走也太好玩了。"

我们的思考与支持

大班幼儿喜欢探究新鲜事物，单一的游戏并不能满足幼儿的好奇心。因为"轩轩"落单，龙龙思考出新的玩法并要求尝试，老师应鼓励并支持幼儿，让幼儿尝试自己的新发现。通过尝试，幼儿知道，"两人三足"的游戏靠的是同伴之间的合作，而在原有基础上，"三人四足"要求多名幼儿合作，在锻炼了幼儿体力的基础上，更加考验幼儿之间的团结合作。

幼儿在多次尝试后还是无法找到方法，最终向教师求助。教师采用了平行介入的方法，加入幼儿的游戏，让他们观察、感受教师是如何去玩的，培养了幼儿的观察力及感知力。幼儿如果经过多次尝试后始终无法得到答案，那就会产生一定的低落情绪，而这种情绪将会直接影响到幼儿后续的游戏。在教师的介入后，幼儿对于游戏又有了自信心，并在后续出现"抬不动"的问题时，他们解决问题的积极性达到了高潮，他们迅速发现问题，并进行有效调整，最终顺利地完成游戏。

（三）创新民间游戏

爬爬向前冲

"一二一，一二一"，思思和彤彤配合得越来越默契了，她们开始慢慢地走，然后速度越来越快，最后直接跑起来了。这时，彤彤的脚步慢了下来，思思还在继续向前冲，两人因此"啪嗒"一声摔倒了，思思和彤彤互相望着对方哈哈大笑。

"哈哈哈哈哈哈，我们又摔跤了。"

"站起来老是摔跤，我们试试不站起来，这样就不会摔跤了。"

商量好后，思思和彤彤保持着爬行的姿势玩起来地面"两人三足"。

"这样感觉更好玩，我们再也不会摔跤了"。

看着她们在地上爬得不亦乐乎，其他幼儿也开始模仿起来了，有的幼儿还拿来爬垫在操场上搭建了一条爬道，她们说："爬垫软软的，这样爬起来更舒服。"

图 261　爬着玩的"两人三足"

射球入门

　　刚刚结束的足球课让米乐和琛琛意犹未尽……"我们来玩'两人三足'踢足球吧。"琛琛说。听到这个想法，米乐拍手表示赞同。两人拿出一个足球就开始踢，琛琛抬起自己的右脚想将球踢走，但脚和米乐绑在了一起，导致他无法踢到球。

　　"米乐，踢球的时候，我说'踢'，你的脚要跟我一起动。"

　　第二次尝试，随着"踢"的口令落下，琛琛跟米乐绑在一起的脚同时向前踢球，这次他们将球踢得很远，看到球被踢走了，他们配合着一起追到足球的位置，重复着踢足球的游戏。

　　"踢足球应该需要球门，不然我们将球踢到哪里去呢?"

　　"那我们去找球门。"

　　"拱门的形状跟球门很像，我们就拿它当球门吧。"

图 262　足球与"两人三足"

"好呀。"

两人将拱门摆好，再次踢起了足球，这次，他们将球踢进了"球门"里。

翻山越岭

"我们用它来当障碍物吧!"只见琪琪拿起塑料跨栏对着心心说道。

"障碍物怎么玩?"

"我们把跨栏摆成一条，然后两人三足跨过去，这多有意思呀。"

说完，琪琪就拿起跨栏摆了起来，不一会就摆出了一条障碍物小道，"一二一，一二一"，当遇到跨栏时，琪琪和心心便抬高脚迈过去，两人的配合越来越默契，一下就走完了这条障碍物小道。

"这条跑道太短了，我们再去找找还有什么东西可以用来当作障碍物。"

琪琪和心心来到玩具柜前翻找，只见障碍物小道上的东西越来越多，有平衡木、高低三角块、跳圈等，小道越来越长，不一会就吸引了许多幼儿围观。

"琪琪，你们在玩什么游戏呀?"

"我们在玩两人三足过障碍物。"

"看起来真好玩，我们能跟你们一起玩吗?"

"可以呀。"

就这样她们的障碍物小道排起了长队，有些幼儿看排队的人太多了，在旁边重新摆起了一条新的障碍物小道。

我们的思考与支持

《3~6岁儿童学习与发展指南》提出应幼儿的学习是以直接经验为基础，在游戏和日常活动中进行的。教师要理解幼儿的学习方式和特点，珍视儿童游戏的独特价值。本次游戏利用了环境、材料为幼儿提供潜移默化的隐形支持，能够激发幼儿在已知经验理解的基础上主动学习，也收获了对"两人三足"游戏的认知和合作行走的技能。随着幼儿成功地开展合力向前行，他们的好奇心和创造力被点燃，不再满足于简单的游戏，开始自发性地探索更具挑战性和可能性的玩法。

三、民间游戏感悟

(一)大胆实践,培养幼儿解决问题的能力

《3~6岁儿童学习与发展指南》提出应支持和鼓励幼儿在探究的过程中积极动手动脑寻找答案或解决问题。在游戏中,教师应充分给予幼儿实践的时间和空间,引导幼儿通过多种方法思考问题、解决问题,不断锻炼解决问题的能力。"两人三足"是幼儿十分喜欢的合作性民间体育游戏,它不仅可以锻炼幼儿的下肢力量,提高其协调能力和平衡能力,还能提高幼儿的合作能力,体验合作的乐趣。在活动过程中,教师应让幼儿进行自主选择,使不同能力的幼儿在自己原有的水平上得到进一步提高。同时也培养幼儿坚强、勇敢、不怕困难的品质和主动、乐观、合作的态度。在幼儿将民间游戏的传统玩法熟练掌握的基础上,利用同一种游戏材料进行自主创新玩法,感受"玩中学,学中玩"的乐趣,真正展现出教育的价值所在。

(二)充分思考,发挥游戏活动的独特价值

在游戏的过程中,教师始终尊重幼儿身心发展规律,保护幼儿的好奇心和想象力,积极转变教师角色,让教师成为观察者、支持者。幼儿自主选择游戏材料、游戏伙伴、游戏方式,主体地位和游戏权利被充分尊重。教师鼓励幼儿在游戏中积极思考,学会与他人分享自己的经验成果。同时耐心等待并倾听幼儿的表达,根据游戏难度选择恰当的介入方式,更好地理解他们的需求和兴趣,支持和引导幼儿从原有水平向更高水平发展,在顺应幼儿天性的前提下,培养幼儿积极主动、好奇探究的学习品质,真正做到"润物细无声"。

(案例撰写教师:万清)

弹珠滚滚乐

——"打弹珠"民间游戏案例

一、民间游戏缘起

今天的游戏时间里，乐乐跑过来跟我说："老师，豆豆把玻璃珠拿到地上在玩。"我悄悄地走过去，看到豆豆认真地将两个弹珠来回进行撞击。轩轩大声说道："弹珠是可以这样玩的，我在家里见我哥哥玩过，不过我哥哥是把弹珠打出去的，不是像他这样子丢出去的。""我见过。""我也见过。"

五彩缤纷的弹珠瞬间游离在幼儿手中，耳边响起清脆的撞击声。打弹珠又叫"弹玻璃球""弹球儿""打珠子"，参与游戏的人每轮游戏各出一枚弹珠，轮流撞击对方弹珠，将对方弹珠撞进洞则获胜，输者便丧失对弹珠的所有权，需再取出一枚弹珠继续游戏。本班男孩子尤为热衷于打弹珠这类技术性的游戏，且打弹珠对场地和参与人数的要求较低，在室内区域可以玩，在室外宽敞的区域也可以玩，一个人可以玩，多个人也可以玩。不少幼儿的家里收集了很多这样的珠子，大家都跃跃欲试，于是我在教室内投放了数量充足的弹珠，旨在让幼儿在游戏中通过与弹珠的深入接触，萌发游戏新姿态，解锁民间游戏新技能，提高自身专注力，发展手部精细动作和控制力。"打弹珠"游戏便开始了。

二、民间游戏实录

(一)初识民间游戏

✱ 弹珠虽好玩，安全率先谈

本次民间游戏的主要材料是弹珠，在正式玩弹珠前，我将所有的弹珠放在一个袋子里，轻轻摇晃布袋，请幼儿摸一摸，听一听，猜猜袋子里面装的是什么，一张张可爱的小脸上写满了好奇。随后，我将弹珠倒在托盘里，请幼儿看一看，感受弹珠的活动方式，大家总结出玩弹珠的安全注意事项和保存方式：弹珠外形圆润、质地光滑，不能塞到鼻子或嘴巴里，保存时要放在容器内，放好后盖好盖子。

图263　观察弹珠活动方式

✹ 弹珠怎么偏偏不"听"我的话

幼儿采用各种办法与弹珠进行互动，小骏运用视频《听话的小球》里的知识，尝试用吸管让弹珠按指定路线行进；轩轩正在组织小伙伴观看他的打弹珠手势，一边表演一边说："看，要把弹珠像火箭一样发射出去。"接着他神气地说："我早就会了，我学我哥哥的，我们还在家里玩过呢。"说着抬头看向周围的小伙伴："他们都是我教的！"弹珠在他的手里确实很"听话"，一点不"调皮"，大拇指轻轻用力，弹珠便发射出去，距离还不短呢！可是旁边的幼儿就有点着急了，几经努力，弹珠要么直接从手里掉下去，要么受力不当，无法前进。但大家没有

图264　互相学习打弹珠手势

被一两次的失败打倒，依然认真地玩着游戏……

我邀请轩轩分享让弹珠"听话"的秘诀，只见他将一颗蓝色的弹珠卡在大拇指的前方，目不转睛地盯着要撞击的弹珠，拇指轻轻一弹，弹珠便飞了出去，蓝色的弹珠在托盘上方画出一道美丽的弧线。其他幼儿一边看，一边学，慢慢地弹珠都变"乖巧"了。

✹ 我来试一试传统的打弹珠玩法

轩轩再次自告奋勇地举起小手，表示想分享自己从哥哥姐姐那里学到的游戏经验和游戏规则。"首先，从起点出发，谁先将别人的弹珠撞进"家"里，谁就获胜并赢得对方的弹珠。"看到幼儿疑惑的眼神，我请乐乐和珺珺示范双人

对战游戏，他们取出适合的材料摆放在地面上当作弹珠的"家"，然后依次撞击对方弹珠，由于教室的地面光滑，轻轻一击，弹珠便不受控制地滑行，几轮游戏后，弹珠依然没有回"家"。围观的幼儿越来越多，大家你一言我一语地分析着打弹珠的路径和方位，接着两人为一组找寻材料帮弹珠回"家"。

图 265　尝试击打对方弹珠

✳ 我们的思考与支持

　　弹珠深得幼儿的喜欢，但是它圆润的外形存在一定的安全隐患。游戏前期，我从视觉、触觉、听觉等多方面让幼儿了解游戏材料的特性，帮助幼儿自发地提高危险防范意识，大家在初次玩弹珠时通过观察和自我分析总结，知道了玩弹珠的注意事项，安全意识和自我保护能力有了进一步提高，为后续打弹珠游戏的持续进行奠定了基础。

　　部分幼儿不能灵活地发射弹珠，我没有直接介入，而是让幼儿之间互相模仿，相互教授，自行练习，尝试用大拇指与食指、中指配合托住弹珠，再用大拇指用力向外一拨，让弹珠直射而出，手指灵活度和手部精细动作得到了锻炼。在游戏中，幼儿要面对一些实际问题，教师通过引导、观察，鼓励幼儿的游戏行为，为他们提供机会来协商制定游戏和活动规则，让幼儿能在清晰了解游戏玩法的同时，促进他们语言表达能力、社会交往能力的提升。

（二）再探民间游戏

✳ 看我变变变

　　"我们不能在教室的地面上挖洞，这样会破坏掉地面的。"琪琪说道。豆豆歪着脑袋想了一会儿："我去用积木试试。"他设计出一个三周和顶部均封闭、只在一面留有一个供弹珠进入的小孔的"家"。其他幼儿见状，纷纷效仿，不过每个幼儿的设计有共通之处，也有属于自己的特色：喆喆设计的洞口有屋顶，航航的洞口设计得更大一些。弹洞的问题解决了，大家又七嘴八舌地说起来："教室的地板太光滑了，弹珠一下就滚不见了。""对呀，我的弹珠还有一颗溜进柜子底下去了。""我们得找一块粗糙一点的地面玩。"不一会儿，大家商量出一个结果，在户外的悬浮地板上玩，每组幼儿选取自己需要的游戏辅材进行游戏。

图 266　自制一面留有供弹珠进出小口的游戏装置

✦ 看谁打得远

乐乐和小治为了一较高下，从教室内取出一根毛线来到户外的操场上，将毛线拉直后作为固定的起点线，两个人同时发射弹珠，比一比谁的弹珠打得远。在游戏中由于两人同时发射弹珠，弹珠在前进途中总是撞到一起，无法判断游戏结果。于是，他们找到我，希望我能担任裁判，我便问他们："你们想一想怎样才能避免撞在一起呢？"

图 267　谁先打出弹珠

乐乐说："要一个一个地打。"

小治说："你是女生，那你先来。"

乐乐想了一下又说："你打的时候又把我的撞到了怎么办？"

小治笑着说："我力气比你大，肯定打得比你远。"

我说："想一想，有没有什么办法在拿走弹珠的情况下也知道弹珠的位置呢？经过商讨，他们决定轮流发射弹珠，第一局乐乐先打，在弹珠停止的地方贴上小贴纸，然后将弹珠拿走。小治接着进行游戏。两人都完成后，通过对比贴纸的距离来判断本轮游戏的冠军。随后，更多的幼儿加入到他们的游戏中……

不同区域的分值不同

卓卓和航航约定以黄色垫子为起点，打进蓝色垫子得一分，打进黄色垫子则得两分，打进绿色垫子不得分，谁的分值高谁获胜。他们先用"石头剪刀布"的方式确定游戏顺序，航航率先用力将弹珠打了出去，弹珠虽然滚出很远的距离，可是最后落在绿色区域，不得分。卓卓左右动了一下捏弹珠的手，打出后弹珠也停在绿色区域，第一局平局，游戏继续着……

将对方弹珠成功打进"洞"内

部分已经能熟练打弹珠的幼儿进行着更有难度的挑战游戏，他们利用教室的积木材料制作出四周封闭、只留有一个小孔供弹珠进出的终点装置，三五成群地进行游戏。帅帅从起点出发，先将自己的弹珠打出去，接着童童也从起点出发发射自己的弹珠，但是她的弹珠除了要撞击帅帅的弹珠外，还要控制角度将帅帅的弹珠撞击进"洞"内，两人轮流撞击对方的弹珠，几个回合下来，还是没能将对方弹珠赢回来。这个时候，厨师叔叔过来啦。幼儿也纷纷信心满满地再次开始了新一轮的游戏，游戏结束时，叮咚赢了对方的弹珠，他说："明天我要想办法改变一下我的游戏装备，赢更多的弹珠。"俊俊和言言进行了多回合的游戏，还是没能将弹珠打进洞内，两个人都有点泄气。俊俊说："哎呀，怎么回事，弹珠就是打不进去！"言言也说道："你发现没，每次超过这个洞口就要往回打，浪费了很多次机会。"两个人便商量："我们不用这个板子了，我们去找别的材料来设计终点。"言言和俊俊的终点装置便从"三周封闭、只有一个方向有洞"的设计改成了"四周都有洞"的设计，无论从哪个方向进洞都算赢，不一会儿，两人就互相赢了对方很多次。

图 268　将对方弹珠打进洞

淳淳和冉冉的打弹珠技术逐渐提高，他们想要增加难度，于是在"弹洞"周围设计了障碍。冉冉的弹珠快要接近"弹洞"时，撞上了障碍物，随即弹到相反方向。淳淳先使用一次机会小力地将弹珠打到障碍物的开口方向，然后再一次性把弹珠打进洞内。

✦ 我们的思考与支持

经过游戏体验和思考，我们把场地从室内转移到了户外，悬浮地板的特性增大了弹珠和地面的摩擦力，为打弹珠游戏创造了绝佳的游戏场地，增强了幼儿游戏时的体验感和趣味。当幼儿在游戏中遇到问题并无法解决时，我既没有否定他们的游戏规则，也没有直接给予指导意见，而是运用层层递进的提问方式鼓励幼儿自己开动脑筋，结合生活经验想出办法并解决问题。幼儿通过观察到的弹珠滚动规律，自主制作了各种各样的"洞"，这些材料都有一个共同的特点：留有出口供弹珠通过，进一步提升了游戏的挑战性，在自制游戏材料过程中幼儿的独立思考和动手能力得到了提高。在撞击游戏时，一次次的发射练习逐步开发幼儿的逻辑思维能力，让他们发现角度的"秘密"，体验输赢，享受不一样的乐趣。

（三）创新民间游戏

✦ 弹珠变"果汁"

宸宸和航航制作了一个"榨汁机"，将弹珠从上面的小孔中打入，观察弹珠能否顺利掉入柱形积木内。他们不断调试搭建中的连接角度，每调试一下就打进一颗弹珠进行观察，直至成功。他们还设计了两个出口，越越大方地介绍道："一个洞是出果汁的，一个洞是出榨完汁的果肉的。"

图269　借助户外材料搭建弹珠滚动通道

✵ 弹珠向前冲

豆豆、皓皓正在开发一个"大工程"，他们不断改进自己的游戏装置，想把弹珠从起点位置经过长长的"旅途"一次性滚到终点去。他们利用不同数量的泡沫积木搭造斜坡，每改进一次就打一次弹珠观察弹珠的行进轨迹，再根据实验结果进行调整。我经常能听到他们几个商量："这里要矮一点。""这个连接的地方要再近一点。"终于，弹珠可以一路前行，顺利进入终点的洞口。

✵ 我们的思考与支持

在草地上玩弹珠时，草地的阻力比较大，一般的玩法很难进行。幼儿完全突破了打弹珠的玩法，回归材料本身的特点来进行游戏。幼儿和操场上的材料一起互动，搭建各种各样的轨道，探索弹珠的滚动过程，衍生出形态丰富的花式玩法，提高了创新能力和动手实验能力。我充分认识到游戏材料是幼儿发展游戏、表现游戏、创新游戏的重要物质支柱。在游戏过程中，教师能不断增加材料，丰富打弹珠游戏的内容和形式，激发幼儿对这一游戏的动机和构思，引发其对打弹珠游戏的联想，并进行深入行动，从而将弹珠游戏又推向了一个新的起点。

三、民间游戏感悟

(一) 凸显幼儿创新能力，以开放性环境支持幼儿创新游戏

打弹珠游戏的开放性，给了幼儿一个自由宽松的环境，让幼儿能够自由地通过直接感知、亲身体验和实际操作不断发现问题、探索问题，直至能够解决问题，游戏更具趣味性和生动性。大班幼儿具有一定的游戏创新经验，在最初的打弹珠游戏中，幼儿自己发现了"场地缺陷"。大家通过商讨，将游戏场地立即从室内转到户外。当制定的游戏规则需要借助材料完成时，幼儿自主增加游戏辅材进行游戏，最终通过和弹珠的深入接触，综合利用环境、场地、材

料，发散出了各种新型规则以及玩法，观察能力、口语表达能力、思辨能力都得到了发挥和锻炼。

（二）尊重幼儿探索欲望，以肯定性态度助推幼儿深度学习

游戏是建立幼儿自信心直观、高效的方式，能利用良好的互动、评价和鼓励，打造愉悦和谐的游戏环境，让幼儿以更加饱满的热情参与游戏情境中，进行不间断的探索。在打弹珠的游戏过程中，教师充分鼓励幼儿尝试每一种设想，认真聆听幼儿的发言，支持幼儿的行动，为他们的创意实践鼓掌叫好。当幼儿在传统的打弹珠游戏玩法中得不到成就感和满足感时，他们便商量制定出简单、清晰的游戏规则，教师观察幼儿在游戏中的专注表现，及时肯定幼儿因专注而取得的成功。这些行为让幼儿获得了满足感和幸福感，帮助幼儿更好地展示自我，提升自我，超越自我。

（三）关注幼儿持续发展，以合作性形式引导幼儿经验迁移

幼儿在观察与撞击弹珠时锻炼了手眼协调能力，知道从哪个角度发射可以进行有效撞击，打弹珠除了是民间游戏外，其实还是一项益智游戏，能培养大局观和随机应变的能力，为今后相关的科学理论知识学习奠定基础。因此，在游戏过程中，教师如果能继续给予游戏支持，增加家庭之间的互动和合作，幼儿也许还会产生更加新奇的游戏想法，获得更加丰富的知识经验。

（案例撰写教师：龚念慈）

毽子那些事
——"拍毽子"民间游戏案例

一、民间游戏缘起

毽子起源于汉代,由古代蹴鞠发展而来,盛行于南北朝和隋唐,距今已有两千多年的历史,深受大众的喜爱。毽子是幼儿喜爱的民间游戏之一。户外游戏时间中,幼儿三三两两分成了许多小组,有的玩球,有的玩圈,有的玩大型的器械,有的玩沙包,有的玩毽子。放眼望去,玩毽子的几个幼儿好像都是男孩子,糖糖就是其中一个,他拿着毽子跑到我身边说:"老师,您看,我会踢毽子了!"我顺势踢了踢毽子,周围的幼儿见状,把手上的器械换成了毽子,有模有样地踢了起来,但是没有一个人踢成功!棉棉不甘心,他也想让毽子飞起来,于是找了一个硬板玩起了拍毽子,"毽子那些事"在我们班开始了……

二、民间游戏实录

(一)初识民间游戏

⭐ 大小材料各显神通

幼儿选择了能拍毽子的材料:棋盘、书、瓶子、乐器、盒子等。拿乐器的婉婉说:"老师,这个响板太小了,都碰不到毽子。"恩恩拿着棋盘神气地说:"你看!我能很好地接住毽子。"他在一旁拍着毽子,玩得特别开心。经过一番探索后,幼儿开始了讨论:"我拿的响板太小了,不能接住毽子。""我拿的画画板,太薄了,一碰到毽子,毽子就掉了。""我拿的玩具盒子,用背面可以接住毽子。""我拿的书,我可以用书接住毽子。"通过讨论,幼儿发现较大、较硬的材料要好用一些。

图 270　寻找适合拍毽子的材料　　　　图 271　尝试把毽子拍进篓子里

拍毽进篓

赜赜说："你看我能把毽子拍进篓子里，你可以吗？"

言言说："我也可以，你让我试试。"

在一旁玩的婉婉听到了也想参与，她说："你们让一下，我也可以拍进去。"婉婉走到他们面前，几名幼儿玩起了"拍毽进篓"的游戏。

我们的思考与支持

幼儿第一次玩拍毽子游戏时，缺乏前期的经验，他们能够利用自己找到的材料进行尝试，并不断调整和更换材料，这说明他们具有很强的探索精神和尝试欲望。我充分支持幼儿的游戏兴趣，提供了多种不同材质、大小、形状的材料供幼儿选择，让他们在实践中探索不同材料在拍毽子游戏中的适用性。其间，我引导幼儿观察和了解了不同材料的特性和用途，帮助他们更好地选择合适的材料进行游戏，在游戏中进行了创新。

（二）再探民间游戏

我的材料适合连续拍毽子

1. 实录一

操场上，幼儿选择了自己觉得合适的材料，拍毽子游戏开始了。

小彦很神气地跑过来告诉我："老师，我可以连续拍五个了。我拍给你看！"他有模有样地拍了起来："1、2、3、4、5……"

我说："我觉得你可以把毽子再拍高点，这样也许你会更厉害！"

图272 用硬纸板连续拍毽子

小彦说："那好吧！我试试。"

说着，小彦就拿起板子拍起毽子来，一拍毽子，毽子就掉到了地上。

小彦："哎呀！怎么总是掉到地上了！"小彦有点愁眉苦脸的，但还是坚持练习，一次、两次、三次，慢慢地他的脸上露出笑容，对游戏玩法越来越熟悉了。

他又一次跑到我面前说："老师，你看，这次我拍得比上次高，也能连续拍五个了！"

2. 实录二

幼儿玩得正开心，只见萌萌和桐桐从教室里拿出来两本硬壳书，跟我说："老师，纸板太软了，不好拍，我们换成了书，这样拍得又高又好。"我请她们展示一下，伴随着欢呼声，毽子在硬壳书上飞了起来。

★ 我们的思考与支持

再次探索拍毽子游戏时，幼儿听到毽子与纸板发出的声响，认为自己成功地拍了一下毽子，这体现了幼儿对游戏规则的直观理解和认知。当幼儿在游戏中遇到困难时，我引导他们思考问题所在，观察毽子和材料的特点，如重量、大小等。提醒幼儿注意观察毽子的飞行轨迹和高度，并给予及时的反馈和指导，例如，我提醒幼儿"试试把毽子拍高一点看看"或"选择一个更坚硬的材料来拍毽子，也许会更容易一些"，让幼儿在游戏中进行了深度思考和学习。

★ 自己做的毽子是最好的

1. 实录一

"这个毽子像毛线球一样，好可爱!"萱萱找到朵朵问，"这个毽子在什么地方买的? 我也想买一个。"

朵朵说："这是妈妈和我一起做的。"

萱萱问："怎么做的呀?"

朵朵说："就是用垃圾袋把硬币包在里面，然后用橡皮筋把放有硬币的部分扎紧，再用剪刀把垃圾袋剪成一条一条的，这样就做好了!"

2. 实录二

"老师，你看，我做的毽子。"果果大声说。我走近一看，只见他把绳子两端对齐，将绳子从螺帽中间穿过去，把绳子一正一反固定在螺帽上。大家把毽子做完后，发现有的很牢固，有的还没玩就已经松了。发现这个现象后，我请果果进行了分享，幼儿对毽子进行了升级改造。

图 273　自制毽子

★ 我们的思考与支持

幼儿动手操作自制的玩具大部分是裁剪好的半成品，很少去自己寻找材料，一点一点完成。在这次游戏中，幼儿相互沟通，了解到了毽子的制作方法，我提供了多种材料让幼儿自主搭配，幼儿认识了螺帽，知道利用螺帽的特点将毽子进行重新固定，同时发现了绳子的多种用途，除了可以打包物品外，还可以运用到游戏中。对于这种用生活中常见的物品简单加工制作的毽子，幼儿特别喜欢，非常愿意自己进行尝试。后续我将带领幼儿继续探索毽子的不同制作方法。

（三）创新民间游戏

✤ 我一定能接住毽子

1. 实录一

"快，快，快接住，哎呀！又没有接住。"只见朵朵捡起掉到地上的毽子，继续游戏。

小梓说："你要眼睛看着毽子，不要到处看。"

图274　双人抛毽子

朵朵说："嗯！好的！"

两人继续进行拍毽子游戏，只见毽子拍出去了，可是没有被接住，但两人没有气馁。

小梓说："你看到毽子快到你面前，你就赶紧接，如果离你太远了，你可以往前走，也可以往后退。不要站在原地不动。"

朵朵这次非常认真地盯着毽子，当毽子被拍过来时，她赶紧上前，一下子接住了毽子，挑战成功了。

2. 实录二

两人玩了没多久，就没有继续游戏了，小梓和朵朵开始单独练习如何连续地拍毽子。小梓慢慢地从两只手拍接毽子，到一只手连续拍接毽子，有时能连续拍五个左右，毽子高高飞起，稳稳落在小梓手中。幼儿看到后，都想像小梓一样单手拍毽子。顿时，高低不一的毽子在空中起伏着。

✤ 我们的思考与支持

随着游戏的进行，幼儿逐渐掌握了拍毽子的技巧，并能够有衔接性地拍毽子。在游戏中，幼儿发现"抛接毽子"的游戏特别有趣，他们便想要挑战新的玩法——两人相互拍毽子。他们开始两人一起拍毽子时，发现接住对方拍过来的毽子并不是一件简单的事，我及时鼓励幼儿在游戏中进行探索和尝试，引导他们用不同的方式来拍毽子，如双手拍、单手拍等，并观察哪种方式更有效，这激发了幼儿的挑战精神和求知欲。

毽子变乖了

1. 实录一

拍毽子比赛开始了！刚开始毽子落在板子上的响声还很整齐，不久后，毽子不停地往地上掉。只见歆歆能"啪啪啪"地连续拍十个了，但毽子离开板子的距离太短了，只是轻轻把毽子掂起来了。其他的幼儿有的将毽子往前拍，拍得太远了的话，就接不到；有的拍得太高了，没有把握好时间，毽子就掉到地上了。一轮游戏结束后，幼儿都有自己的想法。

果果说："他们在拍的时候，没看着毽子，所以他们接不到。"

小梓说："他们站在原地没动，毽子拍远了，没有跟上。"

想想说："不能把毽子拍得太高或者太低，拍的时候不要超过头顶就可以了。"

2. 实录二

墨墨把毽子拍到我这里了，我就顺手把毽子丢给了他，他随即就把毽子接住，又拍回来给我，就这样我们玩了好几轮。一旁的欣欣看到了，也想玩这样的抛接游戏，很自然地到墨墨身后开始排队，如果墨墨没接到就需要到后面排队，轮到欣欣玩，越来越多的幼儿看到了，慢慢地一个、两个……更多的幼儿加入到接毽子游戏中，只见这条队伍越来越长。幼儿都能自主地排队进行游戏，如果没接到，根据规则到最后一个重新开始排队。

图275 轮流抛接毽子

★ 我们的思考与支持

在游戏中，逐步提高要求并且根据幼儿的能力和表现进行适当的调整是非常重要的。如果一次性将要求定得过高，大多数幼儿无法达到目标，这会让他们失去信心和兴趣。教师需要仔细观察幼儿在游戏中的表现，了解他们的需求和困难。例如，我发现一些幼儿在掌握拍毽子的技巧上存在困难，没有注意到毽子的方向和高度后，便利用这些观察结果，引导幼儿思考如何改进他们的技巧，逐步提升幼儿在游戏中的成功体验。

三、民间游戏感悟

(一)成败归因，助力幼儿自主学习

"拍毽子"民间游戏从游戏的选择、角色的分配、材料的准备到游戏情节的发展，都由幼儿自己来组织、控制、完成。在游戏的过程中，幼儿始终处于积极、主动的地位，不断地体验着成功与失败、原因与结果、规则与自由，既丰富了知识，又得到了身心发展。

(二)合理引导，助推幼儿游戏持续进行

根据幼儿的游戏体验和需求，教师追随幼儿游戏进程提供适宜的拍毽子材料，根据幼儿的个体差异和实际需求适当调整游戏材料的大小和材质，以满足不同幼儿的需求，确保幼儿游戏水平向更高层次进行。教师通过设置问题、提供线索，引导幼儿自主探索不同材料的特性和使用方法；组织幼儿分享游戏经验，让幼儿之间互相学习和交流，促进共同成长。

(案例撰写教师：郭苗)

抢占四角

——"占四角"民间游戏案例

一、民间游戏缘起

进入大班之后，幼儿的集体秩序感不断增强，每天就似乎进入了一个"社区调解中心"。这天，芊芊和泽泽因为"这是我的座位"的问题起了争执，起因是他们如厕回来后，泽泽找不到刚刚自己坐的座位了，芊芊认为不应该找不到座位就随便坐别人的座位，泽泽表示老师说过可以随便坐，于是两人各执己见。"抢座位"只是一段小插曲，同时也提醒了我开始思考如何巧妙扮演好"调解员"的角色。

我尝试用趣味的游戏巧妙化解幼儿之间的矛盾。"抢座位"让我想到儿时的游戏"占四角"，"占四角"极具挑战性和趣味性，幼儿需要根据听到的口令迅速反应，跑去占据另一个角，相互抢占。占角的同时也要遵守规则，理解公平与协作的重要性，有团队合作精神和竞争意识。我将幼儿不喜欢的"抢占"行为变成有规则的竞技游戏，看似矛盾的两件事情，是否会碰撞出不一样的火花呢？让我们一起来看看吧！

二、民间游戏实录

（一）初识民间游戏

★ 什么材料最合适？

我简单地介绍完"占四角"的游戏玩法后，幼儿便开始四处寻找，拿起自己找到的材料在地上摆弄起来。没过多久，泽泽和熙熙跑过来告诉我："老师，我们摆好了，你快来看。"我走过去查看他们的摆放成果，然后问："你们为什么这样摆呢?"泽泽看着我回答道:"因为正方形有四个角,我本来材料不够,就借了他们的塑料圈。"我听后点点头,对他们说:"那你们试试吧。"

此时的场地上,有的幼儿用沙包代表角,有的用纸盒围成"正方形"。不一会儿,原本用纸盒做游戏的汐汐、琛琛、米乐和小翊却突然收起纸盒,改用塑料

图 276 探索用多种材料围成方形

圈玩了起来。一旁的慧慧好奇地问小翊:"你们为什么要换成塑料圈呢?"小翊回答:"我觉得他们的玩法更好玩。"汐汐接着说:"我们的长纸盒围起来容易倒,不太方便,塑料圈更合适。"

123……跑!

芊芊站在场地中央,大声喊道:"123……跑!"口令一出,芊芊迅速跑到一个圈里占好角,辰辰、歆歆、小小也紧接着各自占了一个角。婷婷站在中间四处张望,发现已经没有空圈了。小小见她一直没有喊口令,大声催促道:"你快喊口令呀!"婷婷闻言,立刻大声喊道:"跑!"辰辰和芊芊立即行动起来,歆歆和小小却站在原地没动。歆歆指着婷婷说:"你应该说'123……跑'!"然后对旁边的幼儿说:"你们都没听清楚

图 277 听到"123……跑"口令后抢占四角

口令就跑了,犯规了。"辰辰辩解道:"我听到她说跑就跑了。"小小附和道:"不行,要等她说完'123……跑'我们才能跑。"芊芊连忙说:"那我们再来一次。"第三次游戏时,婷婷喊着口令继续游戏。

石头,剪刀,布

汐汐轻声说出口令:"123……跑!"然而亮亮早已冲向依依并与她站在一起。依依占据一角并未移动,此时角内有亮亮和依依两位幼儿。瑜瑜听到口令

图278 用"石头剪刀布"决出输赢

后，迅速跑到亮亮之前的位置，婷婷则跑到瑜瑜原来的角。这时，汐汐转了一圈后发现了无人占据的一角，赶紧跳了进去。四个角都被占据后，大家都看向亮亮和依依，他们共同站在一个角。亮亮转头对依依小声提议："不如我们石头剪刀布吧，输的人到中间去。"依依认真倾听并点头。亮亮抬手摇晃着说："石头剪刀布。"依依照做，结果很快揭晓，依依走向游戏场地中间，准备开始新一轮游戏。

⭐ 我们的思考与支持

幼儿在游戏中表现出已理解并掌握游戏的基本玩法，通过自己的实践和体验，发现不同材料的特点和适用场景，调整游戏规则以适应实际情况。交流的过程中，幼儿能注意倾听他人讲话，有良好的倾听习惯，并大胆地将自己的所思所想表达出来，说话清楚且有一定的逻辑性，语言表达能力强。

当出现亮亮和依依共同占据了一个角导致游戏无法继续进行的问题时，亮亮提议通过"石头剪刀布"来决定输的人到中间去，依依接受了这个提议，快速解决了占位问题，使得游戏能够继续进行。从这一点可以分析出，大班幼儿在游戏中已经具备了一定的问题解决能力。他们能够自主地提出解决方案，并得到其他同伴的认可和执行，有助于提高孩子的自主性、合作能力和社交能力。

(二)再探民间游戏

濛濛找到蕊蕊和睿睿，微笑着说："我们一起玩吧！"一旁的歆歆听到了她们的对话，立刻拉着瑄瑄来到濛濛面前，兴奋地说："我们也一起玩吧，你们有三个人，加上我们正好五个人。"濛濛开心地连连点头，蕊蕊和睿睿也鼓掌表示欢迎。

蕊蕊迫不及待地说："我们先去拿圈，需要四个圈才行，等我一下，我马上就回来。"话音未落，她就跑去拿塑料圈，睿睿也紧随其后。不一会儿，他们一人拿着两个圈回来了。歆歆跑到蕊蕊身边，接过一个圈，急切地说："我们快点把圈摆在地上，这样就可以开始玩啦！"

等游戏场地布置好后，濛濛已经站在场地中间，她深吸一口气，然后大声地喊出："123……跑。"口令刚落，歆歆就朝着蕊蕊所在的角飞奔而去。濛濛紧接着也作出反应，迅速占好了蕊蕊的角。然而，一旁的瑄瑄动作比她更快，很快地冲进了歆歆刚才所在的圈，成功地占好了角。此时的蕊蕊正朝着瑄瑄的圈跑去，但她才跑了几步，就发现那个角已经被睿睿抢先占据了。而最后一个角也被濛濛占领了，成功占到角的孩子们都露出了开心的笑容。

✦ 我们的思考与支持

　　大班幼儿对游戏玩法和游戏规则的掌握速度快，他们的学习能力和适应能力强，在游戏中展现了一定的自主性和协调性。他们会自主发起游戏，能够根据自己的意愿和想法来组织、参与游戏。幼儿能根据需要，将两人与三人组成五人，两人分别拿两个圈，共四个圈，以满足游戏需要的条件。这种对数的合成和分解的理解，不仅体现了他们的数学能力，还展示了他们在游戏中的策略思维和问题解决能力。

　　幼儿听完口令后快速地反应，能根据观察、分析和判断进行占角，在游戏取得成功时会感到自豪和满足，这有利于建立其自信心和积极情绪。浓厚的游戏兴趣，有利于在反复体验的过程中熟练掌握"占四角"游戏的玩法及规则。

（三）创新民间游戏

向左向右跑

烨烨和暄暄在跑动中撞到了一起。烨烨生气地大声说："你撞到我了。"瑄瑄小跑过来，指着他们的路线解释道："面对面跑当然容易撞。"乐乐说："反

着跑也容易撞，刚刚我就跟歆歆撞到了。"暄暄听到他们的话，走到一个角说："都往前面跑呢？"乐乐马上说："这样也不行，你看我左边右边都能跑。"暄暄看了看，想了想接着说："那不管怎么跑都还是会撞到一起。"歆歆站在他们俩的中间，用手比画着说："都往一边跑就可以了。"等所有人占好角，歆歆发令：

图279　听口令一起向右跑抢占四角

"123……向右跑！"这次大家都没有撞到一起了。

★ 我们的思考与支持

　　在奔跑过程中容易发生相撞的问题，幼儿们通过交流各自的经验和想法，积极提出解决方案，如反着跑、一起往前跑都会出现碰撞，最后根据占角的位置，找到相应的方向，从而找到避免相撞的方法。幼儿在尝试的过程中快速反应并准确分辨方位，最后成功避免了碰撞，这不仅提高了他们的空间感知能力，还促进了思维的持续发展。我在确保幼儿安全的前提下，观察他们解决问题时的举措，发现他们的意愿，鼓励他们大胆表达自己的所思所想，通过良好的沟通，他们正确处理问题的能力得到了进一步升华。

看谁反应快

桐桐喊出"摸头发，拍拍手，抢圈！"的口令后，做完动作的呈呈和森森立

刻向中间的塑料圈跑去，淼淼速度最快，率先站入圈中。呈呈失败后，对桐桐说："我来喊口令。"刚要开始游戏，良良过来邀请她们玩"占四角"游戏，但是被呈呈拒绝了。他没有离开，继续看她们的游戏。冀冀找了过来，问："你还玩不玩？"良良说："他们不想玩占四角，我们可以跟他们一起玩这个吗？"冀冀听后也想加

图 280　听口令做完动作后抢占四角

入游戏，然后说道："我们也可以把动作加到占四角里面。"良良突然睁大了眼睛，开心地对冀冀说："听起来很好玩！"他又小声地说："可是没有人跟我们一起玩。"良良指了指还在游戏的三人说："要不要再问问她们？"冀冀走上前问："你们要不要跟我们一起玩占四角呀？"呈呈摆摆手说："我和良良说了不玩。"良良一听，接着说："我们有新玩法，跟之前不一样哦。"呈呈好奇地问："怎么玩？"良良说道："我们要听口令做动作，听到说跑的时候就去占四角就行了。"呈呈率先说："我们试试吧。"良良很快地布置好场地，五人用新玩法玩得不亦乐乎。

★ 我们的思考与支持

　　游戏的创新取决于幼儿对游戏玩法的理解和思考，能让他们在观察中收获经验，在游戏中感受乐趣。良良和冀冀在观察三位女生的游戏后，将事物之间的共同点联系起来，发现可以将"抢圈"游戏玩法与"占四角"游戏进行融合，增加塑料圈数和人数，就能融合出新的玩法。新游戏的趣味性吸引了幼儿的兴趣，原本不愿意玩"占四角"游戏的呈呈，因为新玩法的出现而积极参与游戏。良良和冀冀在邀请同伴时，表现出他们积极参与社交互动的意愿。冀冀在邀请的过程中遭到拒绝后，并没有马上放弃，而是尝试有效沟通，最后邀请成功，建立了自身的自信心和认同感。

要下雨了，快回家

玲玲兴高采烈地说："月月，昨天爸爸妈妈跟我一起玩了很好玩的游戏。"月月还没开口，玲玲又继续说："我们一边念'预报天气的动物'，一边玩抢椅子游戏。"这时，月月问道："什么时候去抢椅子呢?"玲玲说："听到最后一个字念完才能去抢。每轮减少一个椅子，没有抢到的人就被淘汰，剩下的人继续玩，最后一个人就赢啦。"月月听后连连点头，说："我们等会儿试试吧!"

户外游戏时间中，玲玲正在商量玩"占四角"游戏，月月提出可以玩早上分享的游戏并请玲玲介绍了游戏玩法。伟伟先问："我们还要回去拿椅子吗?"玲玲说："我们就用塑料圈代替椅子吧，就像玩'占四角'一样，但是规则不变。"说完，她赶紧把游戏场地布置好了，让所有人都围圈站，然后边说着童谣边绕圈跑，说完最后一句"要下雨了快回家"，所有人都去抢占四角。玲玲没有抢到角，于是在一旁指挥

图281　一同念完儿歌抢占四角

起来，说："减少一个角了就可以开始了。"说完拿走了一个塑料圈。两轮游戏后，妍妍获得了最终的胜利，大家都开心地为她鼓掌，说她"真厉害"。

✹ 我们的思考与支持

幼儿积极地分享自己的游戏经历，展现出了热情与开朗，能有序、连贯、清楚地讲述游戏玩法及规则，体现出语言表达能力以及思维能力的提升。在户外，当月月提议玩早上分享的游戏时，这说明她对这个游戏印象深刻且有参与意愿。玲玲在面对材料问题时能够灵活应变，用塑料圈代替椅子，使游戏能够顺利进行。她还能在自己没抢到角的情况下，承担指挥的角色，展现了较强的适应能力。而大家共同参与游戏，并为妍妍的胜利鼓掌，体现了良好的团队氛围和合作精神。

三、民间游戏感悟

(一)趣味占角,促进幼儿多元发展

通过民间游戏"占四角",幼儿在身体、认知、社会交往等多个方面得到发展。

在身体方面,幼儿在游戏中需要根据指令迅速作出反应,跑向指定的角落。在这个过程中,我发现有些幼儿的奔跑速度很快,反应也很敏捷,能够迅速抢占到位置;而有些幼儿则相对较慢,需要更多的时间来反应和行动。通过这个游戏,幼儿的奔跑能力和反应速度得到了锻炼,他们的身体协调性也得到了提高。

在认知方面,"占四角"游戏能够培养幼儿的数数能力和对空间的感知能力。幼儿游戏时需要数清楚场上的塑料圈,并且要快速准确地判断出哪个角是空闲的,以便抢占到合适的位置。此外,幼儿还需要根据不同的情况作出判断和决策,例如在选择占据哪个角时,他们需要考虑自己的位置、其他幼儿的位置以及游戏的规则等因素。通过这个过程,幼儿的思维能力得到了锻炼。同时,幼儿的观察能力和注意力得到了提高,他们需要认真倾听口令、密切关注游戏行动,以便及时作出反应。在社会交往方面,因为民间游戏"占四角"是一个集体游戏,幼儿需要互动、竞争占角。在占角的过程中,他们一同遵守"占四角"游戏规则,协商占角中存在的问题,相互分享并提升占角经验,合作创新"占四角"的玩法,提高社交技能和团队合作精神。

(二)合理指导,助力幼儿快乐成长

基于幼儿对民间游戏"占四角"的强烈喜爱以及发展需要,对于下一阶段的指导,教师可以从以下几个方面入手:

1. 拓展游戏内容:根据幼儿在游戏中的表现和需求,拓展游戏内容,增加游戏的难度和趣味性。例如,可以增加游戏的人数,让更多的幼儿参与游戏;也可以增加游戏的规则,让游戏更加具有挑战性。

2. 多领域渗透:结合其他领域的内容,让游戏更加丰富多彩。例如,将

数物对应、唱儿歌或多种体育游戏等内容融入游戏中，让幼儿在游戏中学习并巩固知识、经验与技能。

3. 家园共育：我将与家长合作，开展家园共育活动，让家长了解幼儿在游戏中的表现和需求。引导家长积极参与游戏，在体验的过程中发现更多"占四角"的创新玩法，带给幼儿不同的游戏体验。

（案例撰写教师：李珺清）